KB203318

AI시대,
코치형 리더의 탄생

AI시대, 코치형 리더의 탄생 코칭 레볼루션

초 판 1쇄 발행 | 2024년 10월 8일
지은이 김기진 김대경 최락구 이소민 김현 김영헌 강미숙
펴낸이 김기진
디자인 가보경 이소윤
펴낸곳 에릭스토리
출판등록 2023. 5. 9(제 2023-000026 호)
주 소 서울특별시 금천구 가산디지털1로 171, 318호
전 화 (031)348-9337
팩 스 (031)348-1238
이메일 ericstory1238@naver.com(원고 투고)
홈페이지 www.ericstory.net

ISBN 979-11-983453-7-0 (13320)

코칭 레볼루션

AI시대
코치형 리더의 탄생

김기진 김대경 최락구
이소민 김현 김영헌 강미숙

COACHING
REVOLUTION

ERiC Story

[들어가며]

대한민국에서 코칭의 역사는 길지 않다. 그 짧은 역사 속에서도 코칭은 개인과 조직의 성장을 위한 강력한 도구로 자리 잡으며 급격한 변화를 거쳤다. 2000년대 중반, 코칭은 처음으로 한국에 도입되었고, 주로 기업의 리더십 개발 프로그램이나 성과 관리 방법으로 사용되었다. 당시 코칭은 주로 외국의 코칭 이론을 도입하는 방식으로 이루어졌고, 국내 기업들은 리더십 개발과 변화 관리의 도구로 코칭을 활용했다.

코칭은 리더십 개발의 수단을 넘어서, 개인과 조직의 성과를 극대화하고 그들의 목표를 달성하는 데 필수적인 지원 도구로 인식되기 시작했다. 특히 2010년대에 접어들며, 한국 내에서는 코칭 전문가들이 양성되고, 한국코치협회와 같은 기관이 설립되면서 본격적인 코칭 산업이 형성되었다. 이로 인해 코칭은 더 체계적이고 전문적인 서비스로 발전했으며, 비즈니스뿐만 아니라 개인적인 삶의 질 향상에도 중요한 역할을 하게 되었다.

최근에는 디지털 기술과 AI의 발전에 힘입어, 코칭의 방법에도 큰 변화가 일어나고 있다. 전통적으로 일대일 대면 방식으로 이루어졌던 코칭이 이제는 디지털 플랫폼을 통해 언제 어디서나 접근할 수 있는 형태로 변화했다. 이는 한국의 코칭 문화에 큰 변화를 불러일으켰고, 조직과 개인 모두가 코칭을 통해 더 많은 기회를 제공받고 있다. 특히 디지털 시대에 필요한 리더십과 개인 역량을 개발하는 데 있어, 코칭은 그 어느 때보다 중요한 도구로 자리 잡았다. 이슈가 되고 있는 생성형 AI를 활용한 코칭은 데이터 분석에 의한 코칭의 방향과 대화법의 전개 프로세스를 고도화 하여 진행할 수 있게 되었다. 개인의 한정된 역량에 기대어 수행했던 코칭의 수준에 혁신의 바람이 일고 있는 것이다.

코칭을 통해 무엇을 얻을 수 있는가?

코칭은 일종의 기술이나 방법론이 아니라, 사람의 잠재력을 깨우고 이를 실현하는 과정이다. 《코칭 레볼루션: AI시대, 코치형 리더의 탄생》은 코칭의 본질과 그 혁신적 가치를 발견하는 구체적인 방법을 담았다. 코칭이 어떻게 AI와 결합하여 더 높은 수준의 맞춤형 서비스를 제공하고, 나아가 조직과 개인 모두에게 긍정적인 변화를 가져올 수 있는지에 대해서도 심도 있게 다룬다.

특히, AI시대에 코치형 리더로 성장하고자 하는 이들에게 유용한 지침을 제공한다. AI가 코칭 분야에서 어떤 방식으로 활용될 수 있는지, 그리고 AI와 인간 코치가 어떻게 협력하여 더 나은 결과를 창출할 수 있는지에 대한 구체적인 사례와 전략을 제공한다. 이를 통해 독자는 AI시대에도 자신만의 독창적인 리더십 스타일을 개발하고, 조직 내에서 중요한 역할을 할 수 있는 방법을 배울 수 있다.

코칭의 혁신적 미래: 도전과 기회

이제 코칭은 리더십을 발휘하는 효과적인 기술을 넘어, 개인과 조직의 변화를 촉진하는 도구로 자리 잡았다. 그리고 이 변화의 중심에는 AI와 디지털 기술이 있다. 이를 기반으로 코칭의 미래를 바라보는 새로운 시각을 제시하며, 디지털 시대에 필요한 코칭 역량을 개발하는 방법을 구체적으로 제안한다.

AI가 코칭 분야에 가져올 수 있는 기회는 무궁무진하다. AI를 활용하면 데이터 분석을 통해 고객의 성과를 실시간으로 모니터링하고, 고객의 필요에 맞춘 피드백을 제공할 수 있다. 또한, 고객의 학습 스타일을 분석하여 가장 효과적인 학습 방법을 제시하는 등, 코칭의 효율성을 극대화할 수 있다.

하지만 이러한 기술적 진보에도 불구하고, 코칭의 본질은 변하지 않는다. 기술이 아무리 발전하더라도, 인간적인 연결과 공감은 여전히 코칭의 핵심이기 때문이다. 코칭은 여전히 인간과 인간 사이의 신뢰와 소통을 바탕으로 이루어지며, AI는 그 과정을 더욱 원활하게 만드는데 기여한다. AI시대에도 코칭이 중요한 이유는 바로 이 점에 있다.

미래의 코치형 리더로 준비되었는가?

AI시대는 각 산업 영역의 기술적인 역량을 배가하는 기점이 될 것이기 때문에, 인간적인 통찰력과 창의성을 갖춘 리더가 필요하다. 이러한 관점에서 각장마다 미래의 코치형 리더가 갖추어야 할 역량을 구체적으로 설명하고자 한다. 코치형 리더는 자신뿐만 아니라 팀원들, 더 나아가 조직 전체의 성장을 이끄는 역할을 해야 한다. 이 역할을 성공적으로 수행하기 위해서는 기존의 코칭 기반 역량뿐만 아니라, 더 깊은 자기 인식, 의사소통 능력, 공감 능력이 필요하다.

AI시대의 리더는 '코치형 리더'로서 구성원들의 강점을 발휘하게 하고, 지속적인 성장을 유도할 수 있는 능력을 가져야 한다. 또한, 데이터에 기반한 전략적 의사결정이 필요할 때도 인간적인 통찰과 균형감을 발휘해야 한다. 이러한 리더가 되는 과정을 돕기 위해 코칭의 기본 원칙부터 코치로서의 시각을 확장하는 시도와 최신 기술 동향까지 체계적으로 다룬다.

코칭의 미래를 위한 준비

앞으로의 코칭은 더욱 개인화되고, 고객의 특성과 필요에 맞춘 맞춤형 접근이 중요해질 것이다. 이를 위해 AI와 빅데이터를 활용한 분석과 예측이 필수적인 역할을 하겠지만, 동시에 인간 코치의 공감력과 직관력도 그만큼 중요하게 다루어질 것이다. 코칭의 발전은 조직의 성장과도 깊은 연관이 있다. 코칭은 개인의 성공을 돕는 기술에 머무르지 않고 사회적 변화와 혁신을 촉진하는 기술로 확장하고 있다. 특히 리더들은 코칭을 통해 자신뿐만 아니라 조직 구성원들의 잠재력을 끌어냄으로써 더 나은 성과를 이끌어낼 수 있어야 한다. 이러한 리더십은 지시와 관리에서 벗어나, 개인의 성장을 돕고 조직 내에서 긍정적인 변화를 이끌어낼 수 있는 역량을 요구한다.

AI시대에도 코칭은 여전히 중요한 역할을 하며, 인간과 기술이 조화를 이루어 더 나은 결과를 창출할 수 있는 방법을 제시할 것이다. 코칭을 통해 고객은 자신의 능력을 믿고 이를 실현하는 여정을 경험할 것이다. 《코칭 레볼루션: AI시대, 코치형 리더의 탄생》이 그 여정을 안내하는 나침반이 되길 바란다. 나아가 코칭이 개인과 조직에 어떤 변화를 가져올지 새로운 시각을 갖게 되길 희망한다.

저자 소개

김기진 | KHR Group, 한국HR포럼 대표

아주대학교 겸임교수, 한국HR협회와 KHR GPT 연구소 대표, 피플스그룹 조합법인 이사장, ERiC Story 대표(출판). 16년간 제183회 KHR포럼 개최(회원 3,700명)와 'KHR FTP 인사&인재개발 실태 조사 보고서'를 6년째 발간하고 있다. 현재 육군 인사사령부 스마트 인재시스템 구축 자문위원, 국방 정책자문위원(HR분야)으로 활동 중이다. 저서:《아하 나도 줌(Zoom) 마스터》, 공저:《팀장 레볼루션: 이전의, 팀장이 사라진다》,《채용 레볼루션: AI 채용의 힘》,《ESG 레볼루션: 지속 가능의 힘》,《HR 레볼루션: 생성형 AI, HR 생태계 어떻게 구축할 것인가》,《ChatGPT*HR: 생성형 AI, HR에 어떻게 적용할 것인가》,《왜 지금 한국인가: 한류경영과 K-리더십》,《하루하루 시작(詩作)》,《내 인생의 선택》,《코로나 이후의 삶 그리고 행복》,《책쓰기 AI가 묻고 인간이 답하다》 기고: 〈HR Insight〉, 〈한경 닷컴〉, 〈글로벌이코노믹〉, 〈월간 인사관리〉, 〈월간 LEADERS〉, 〈창업&프랜차이즈〉 등이 있다.

김대경 | KHR GPT 연구소 소장

한국HR포럼 GPT 연구소 소장으로 생성형 AI의 실무 활용을 연구, 전파하고 있다. 한국코치협회 인증코치이자 국제멘탈코칭센터 스포츠멘탈코칭 인증코치로서 사업가, 직장인, 선수, 학생, 부모를 대상으로 성과 향상과 성공 지원을 위해 동행한다. 중소기업진흥공단 연수원, 기술과가치에서 교육사업과 컨설팅을 수행했고, 현대카드/캐피탈의 자회사에서 교육, 채용, 보상 등 HR 전반을 운영했다. 승강기제조업의 창업맴버로서 3년차에 연매출 200억을 달성했고, 가전서비스 스타트업의 CEO를 역임했다. 고려대 기업교육 석사, 인적자원개발 및 성인계속교육 박사 과정을 거치며, 연구와 실제의 통합에 매진한다. 공저로《MZ EXPERIENCE》,《팀장 레볼루션: 이전의 팀장이 사라진다》가 있다.

최락구 | O사 교육팀장

중견그룹에서 25년 이상 HRM, HRD, 조직혁신 업무를 담당해왔다. 직무성과급, 임원HR, 글로벌HR, 그룹HRD, 조직 재구축, 아웃소싱 등 인사/교육/조직혁신 분야에 다양한 경험을 갖고 있다. 현재, 그룹 교육을 총괄하는 교육팀장으로, 조직 구성원의 성장과 조직내 학습문화 정착을 위해 노력하고 있다. 사내코치(KAC)로 활동하고 있으며, 공저로《HR 레볼루션》이 있다. 학부에서는 역사학을, 대학원에서는 경영학(MBA)과 경영컨설팅학(석/박사)을 전공했다.

이소민 | 인솔루션랩 소장

성균관대 경영대학원 경영학 석사 졸업, 동 대학원 박사과정을 수료했다. 마케팅·경영 컨설팅을 거쳐 현재는 HRD·OD 분야 컨설팅 전문 '인솔루션랩INSO-LUTION LAB.'의 소장이다. 한국리더십센터 그룹사에 근무했으며 현재 버크만·해리슨어세스먼트 등 공인 디브리퍼의 역량을 바탕으로 기업·관공서 리더들의 변화와 성장을 돕는 촉매제로서 20년 이상 문제해결·리더십 분야 전문가로 활발히 소통하고 있다. 한국코치협회 공인 코치, 경기콘텐츠진흥원 위촉 창업컨설팅 분야 플래너, 한국인성교육협회 위촉 전문위원, 공인 시간관리 컨설턴트 등으로도 활동 중이다. 고객사와의 동행을 무엇보다 기꺼워하는 퍼실리테이터 겸 비즈니스 코치로, 건강하고 행복한 직장인·팀·조직의 지속 가능한 동반성장의 해답을 찾기 위해 꾸준히 연구하고 있다. 공저:《리더십 트랜스포메이션》, 《나를 바꾼 프랭클린 플래너》가 있다.

김현 | S사 매니저

타인의 성장을 돕는 데 남다른 열정을 가진 HRD 전문가. 개발자로 현대정보기술에 입사했으나 HRD의 매력에 빠져, 20년 넘게 대기업, 협회, 컨설팅 회사 등 다양한 조직에서 인사와 HRD 업무에 전념해왔다. 고려대학교에서 기업교육 전공으로 교육학 석사를 취득했으며, 현재 세종텔레콤의 HRD 매니저로서 디지털 시대의 인재 개발과 코칭 분야에서 전문성을 발휘하고 있다. 한국코치협회 인증코치이자 AI와 디지털 기술을 활용한 코칭 및 인재 개발 방법론 전문가로 활동 중이다. HR 분야의 최신 기술 트렌드를 연구하며, 전문가 모임과 온라인 커뮤니티를 통해 지식 공유와 확산에 적극 기여하고 있다.

김영헌 | 한국코치협회 회장

포스코에서 30년 이상 인사, 인재육성, 혁신 등 주요업무를 임직원으로 수행하였다. 포스코 경영인사팀장, 비서실장, 미래창조아카데미원장, 포스텍 행정처장 등을 역임하고 퇴임 후 코칭을 공부하였다. 지금은 ㈔한국코치협회 회장, 한국HR협회 회장, 경희대 경영대학원 코칭사이언스 주임교수, 한경닷컴 칼럼니스트, 경영자 전문코치로 활동하고 있으며 《행복한 리더가 끝까지 간다》, 《박태준의 리더십 2(공저)》, 《MZ EXPERIENCE(공저)》, 《이전의 팀장이 사라진다 (공저)》 등 다수의 저서가 있다.

강미숙 | 에코제로 상무이사

웅진코웨이로 입사하여 약 30년간 재직하였으며 관리지원팀장, 영업지원팀장, 원주지점장, 홍보팀장 그리고 웅진홀딩스 인사팀장을 역임하였다. 2004년에 여성관리자로서 노사협력의 공로로 대통령 표창을 수여받았다. 현재 ㈜에코제로 상무이사로 재직 중이며, 한국HR협회 부회장으로 HR분야의 '긍정마인드셋' 구축을 위해 활발하게 활동하고 있다.

목차

제1장

ChatGPT 활용: 성과 창출 코칭 레볼루션

김기진

ChatGPT를 통한 데이터 분석과
실시간 피드백은 코칭의 효율성을 높이고
고객의 성과를 극대화하는 데 기여한다.

1

ChatGPT 활용:
고성과 창출 코칭 5단계

코칭 방법에 혁신의 바람을 휘몰아치는 것은 바로 ChatGPT이다. 이전의 코칭 방법이 질문을 통해 고객 스스로 해법을 찾는 것에 국한 했다면, 이제는 데이터 분석에 의한 코칭이 현실화되고 있는 것이다. 고객의 상황에 대한 구체적인 이해 없이 '단순히 정해진 순서에 의한 질문'을 통해 이루어진 코칭의 방법에도 혁신의 방법이 생긴 것이다. 코치는 ChatGPT를 활용해 사전에 코칭 시뮬레이션도 가능하다. 또한 현장에서 코칭의 과정에 고객과 함께 ChatGPT를 활용한 코칭의 전개도 가능하다.

ChatGPT를 활용하면, 기존에 한 명의 코치가 한 명의 고객을 대면해 코칭하던 방식에서 벗어나, 여러 명의 코치가 각각의 상황과 타이밍에 맞춰 한 명의 고객을 동시에 지원할 수 있는 새로운 시대가 열렸다. 'ChatGPT를 활용한 고성과 창출 코칭 5단계'는 ChatGPT를 활용해 코칭이 실제로 어떻게 진행되는지에 대한 전반적인 흐름과 형식을 중점적으로 다루었다. 처음엔 다소 낯설게 느껴질 수 있지만, 혁신적인 코칭 진행 방식의 구조를 접하게 될 것이다.

1단계: 명확한 목표 설정

고성과 창출을 위한 코칭의 첫 번째 단계는 '명확한 목표 설정'이다. ChatGPT를 활용하여 고객의 현재 성과를 분석하고, 구체적이고 달성 가능한 목표 설정에 따른 코칭의 기본 단계이다. 이는 고객으로 하여금 명확한 목표를 가지고 업무를 수행할 수 있도록 돕는다. 명확한 목표 설정은 고객의 동기부여와 성과 향상에 중요한 역할을 한다. 목표는 구체적Specific, 측정 가능Measurable, 달성 가능Achievable, 관련성Relevant, 시간 기반Time-bound의 SMART 원칙에 따라 설정되어야 한다.

성과 데이터 분석

- ChatGPT는 고객의 과거 및 현재 성과 데이터를 수집하고 분석하여 성과 수준을 평가한다. 여기에는 매출, 신규 고객 수, 고객 유지율 등의 지표가 포함될 수 있다.
- 예를 들어, 고객이 지난달에 몇 명의 신규 고객을 확보했는지, 그 과정에서 어떤 전략을 사용했는지, 어떤 어려움을 겪었는지 등의 데이터를 분석한다.

구체적인 목표 설정

- ChatGPT와 코치가 협력하여 구체적이고 달성 가능한 목표를 설정한다. 목표는 고객의 현재 성과와 향후 가능성을 반영하여야 한다.
- 고객이 지난달에 신규 고객 3명을 확보했다면, 이번 달에는 5명을 목표로 설정할 수 있다. 이는 고객이 도전할 만하지만 수준에서 접근하는 것이 좋다.

목표 달성을 위한 전략 수립

- 목표를 달성하기 위한 구체적인 전략을 수립한다. ChatGPT는 고객의 과거 성과와 성공적인 전략을 분석하여 효과적인 방법을 제안해 줄 수 있다. 코치는 이를 분석하고 정제하여 구체화한다.
- 예를 들어, 신규 고객 확보를 위해 기존 고객사의 추천을 활용하는 전략이 효과적임을 구체적인 데이터로 확인하고, 이를 강화할 수 있는 실제적인 방안을 제시할 수 있다.

대화 시나리오 예시	
코치	"이번 달 목표는 B2B 영업에서 신규 고객 5명을 확보하는 것인데 어떻게 접근할 계획입니까?"
고객	"기존 고객사의 추천을 활용하려고 합니다." • 고객은 목표를 달성하기 위한 전략을 제시하며, 이를 통해 목표를 어떻게 달성할지에 대한 아이디어를 제안한다.

ChatGPT	"추천을 통한 신규 고객 확보의 성공률이 80%입니다. 따라서 추천 전략을 강화하는 것이 효과적일 것입니다." • ChatGPT는 데이터를 기반으로 고객의 전략을 검토하고, 추천 전략이 효과적임을 확인하여 이를 강화하는 구체적인 조언을 제공할 수 있다. 이런 수준으로 ChatGPT를 활용하려면, 사전에 기업과 고객 등 관련 정보에 대한 '충분한 학습'과 단계별 프롬프트의 학습이 이루어져야 한다.

ChatGPT의 단계별 학습 포인트

• **데이터 분석**: 고객의 현재 성과와 과거 데이터를 분석하여 성과 수준 평가
• **강점과 약점 파악**: 고객의 강점과 약점을 분석하여 개선 포인트 도출
• **구체적인 목표 설정**: SMART 원칙에 따라 명확하고 달성 가능한 목표 설정
• **목표 달성을 위한 전략 수립**: 데이터를 기반으로 효과적인 전략 제안
• **실행 계획 및 일정 설정**: 목표 달성을 위한 구체적인 실행 계획과 일정 수립

위의 학습 포인트는 코치가 ChatGPT의 강력한 데이터 분석 능력을 활용하여 고객의 성과를 극대화하고, 목표 달성을 위한 명확한 방향성을 제시하는 활용 할 수 있다.

2단계: 데이터 수집 및 분석

코치의 역량은 '생성형 AI시대'를 기점으로 나뉜다. 관심과 질문 그리고 진적 상황에 대한 체크 수준의 코칭 방법은 한계가 있다. 코칭의 과정에서 고객의 성과와 행동 데이터를 지속적으로 수집하여 ChatGPT

를 통해 실시간으로 분석하는 것이 중요하다. 이를 통해 고객의 성과 추이를 정확히 파악하고 개선할 부분을 도출하여 제시할 수 있다. 생성형 AI시대에 요구되는 코칭은 고객의 데이터 수집과 분석을 통해 고객의 강점과 약점을 명확히 이해하고, 효과적인 코칭 전략을 수립해야 한다. 예를 들어 영업과 관련 있는 고객을 코칭하는 경우라면 아래의 단계별 접근이 필요하다.

데이터 수집 방법 설정

- **성과 데이터**: 고객의 영업 실적, 고객 횟수, 거래 성사율 등 성과와 관련된 모든 데이터를 수집한다.
- **행동 데이터**: 고객의 일일 업무 활동, 고객과의 상호작용 빈도, 고객 미팅 내용 등 행동과 관련된 데이터를 수집한다.
- **도구 활용**: CRM 시스템, 이메일, 캘린더 등의 도구를 활용하여 데이터를 자동으로 수집하고 저장할 수 있는 시스템을 마련한다.

데이터 수집 주기 설정

- **일일 데이터**: 고객의 일일 활동 및 성과를 기록하여 매일 데이터를 수집한다.
- **주간 및 월간 데이터**: 주간 및 월간으로 데이터를 집계하여 성과 추이를 분석할 수 있도록 한다.
- **실시간 데이터**: 실시간으로 변화하는 데이터를 수집하여 고객의 현재 상황을 즉시 파악할 수 있도록 한다.

데이터 분석

- **실시간 분석**: ChatGPT를 통해 수집된 데이터를 실시간으로 분석하여 고객의 현재 성과와 행동을 평가한다.

- **추세 분석**: 과거 데이터를 바탕으로 성과 추이를 분석하고, 고객의 강점과 약점을 도출한다.

- **비교 분석**: 동료 고객이나 업계 평균과 비교하여 고객의 성과를 평가한다.

성과 보고서 생성

- **일일 보고서**: 고객의 일일 활동과 성과를 요약한 보고서를 생성하여 고객에게 제공한다.

- **주간 및 월간 보고서**: 주간 및 월간 성과를 요약한 보고서를 통해 고객의 성과 추이를 시각적으로 제공한다.

개선 사항 도출

- 데이터 분석 결과를 바탕으로 고객의 개선 사항을 도출하고, 구체적인 행동 계획을 제시한다.

- 예를 들어, 고객 접촉 횟수가 줄어들고 미팅 성공률이 낮아지는 원인을 분석하여 구체적인 개선 방안을 제시할 수 있다.

코치	"고객의 최근 B2B 영업 성과에서 가장 큰 문제는 무엇인가요?" • 코치는 ChatGPT에 고객의 현재 성과를 분석해줄 것을 요청한다.
ChatGPT	"최근 데이터에 따르면, 고객 접촉 횟수가 줄어들고, 미팅 성공률이 낮아지고 있습니다." • ChatGPT는 수집된 데이터를 분석하여 고객의 성과 문제를 도출한다.

세부 단계 예시

- **데이터 분석**: 고객의 CRM 시스템에서 고객 접촉 횟수와 미팅 성공률 데이터를 자동으로 수집한다.
- **실시간 분석**: ChatGPT가 실시간으로 수집된 데이터를 분석하여 현재 문제를 파악한다.
- **추세 분석**: 지난 몇 달간의 데이터와 비교하여 최근 성과 저하의 원인을 파악한다.
- **성과 보고서 생성**: 고객에게 최근 성과와 문제점을 요약한 보고서를 제공한다.
- **개선 사항 도출**: 고객 접촉 횟수 증가와 미팅 준비 강화 등의 구체적인 개선 방안을 제시한다.

이 과정은 ChatGPT의 실시간 데이터 분석 능력을 활용하여 고객의 성과를 지속적으로 모니터링하고 개선할 수 있는 방안을 제시하는 데 중점을 둔다.

3단계: 맞춤형 피드백 제공

ChatGPT의 분석 결과를 바탕으로 고객에게 개인 맞춤형 피드백을 제공하는 단계이다. 이를 통해 고객은 자신의 강점과 약점을 명확히 이해하고 필요한 부분을 개선할 수 있다. 맞춤형 피드백은 고객의 성장과 성과 향상을 위한 핵심 요소이다.

데이터 분석 결과 활용

- 실시간 및 주기적 데이터 분석 결과를 바탕으로 고객의 현재 상황을 정확히 파악한다.
- 고객의 성과 데이터를 분석하여 강점과 약점을 명확히 도출하여 코칭에 활용한다.

맞춤형 피드백 생성

- **고객의 강점 강화**: 현재 잘하고 있는 부분을 더욱 강화할 수 있도록 구체적인 전략과 행동 계획을 제시한다.
- **고객의 약점 개선**: 현재 어려움을 겪고 있는 부분을 개선하기 위한 구체적인 방안과 실천 가능한 조언을 제공한다.

실시간 피드백 제공

- 고객이 실시간으로 피드백을 받을 수 있도록 ChatGPT를 활용하여 즉각적인 피드백을 제공한다. 이를 위해서는 반드시 사전 학습에 의한 ChatGPT 챗봇을 구축해 두어야 한다

- 고객의 영업 활동 후 바로 피드백을 요청하고, ChatGPT가 분석 후 실시간으로 조언을 제공할 수 있도록 한다.

피드백 통합 및 적용

- 고객이 받은 피드백을 실제 영업 활동에 적용할 수 있도록 구체적인 실행 계획을 마련한다.
- 피드백의 효과를 평가하고, 필요한 경우 추가적인 조정과 보완을 통해 지속적인 개선을 도모한다.

주기적 피드백 세션

- 정기적으로 피드백 세션을 개최하여 고객의 성과와 개선 사항을 검토하고, 추가적인 피드백을 제공한다.
- 고객의 성과 추이를 지속적으로 모니터링하고, 필요한 경우 피드백을 조정한다.

4단계: 구체적인 행동 계획 수립

설정된 목표를 달성하기 위해 구체적인 행동 계획을 수립하는 단계이다. ChatGPT가 제공하는 인사이트를 바탕으로 고객이 실질적인 개선 방안을 실행할 수 있도록 돕는다. 이 단계는 고객이 목표 달성을 위해 필요한 구체적인 행동을 명확히 이해하고, 이를 실천에 옮길 수 있도록 구체적인 전략과 계획을 제공한다.

목표 재확인

- 설정된 목표를 다시 한번 확인하고, 고객의 목표에 대한 명확한 이해를 공유한다.

구체적 행동 계획 도출

- ChatGPT의 분석 결과와 인사이트를 바탕으로 구체적인 행동 계획을 수립한다.
- 고객의 현재 상황과 목표 달성에 필요한 세부적인 행동을 구체적으로 나열한다.

실행 가능한 전략 제시

- 고객이 바로 실행할 수 있는 전략과 행동 방안을 제시한다.
- 각 행동에 대한 구체적인 실행 방법과 필요한 리소스를 제공한다.

행동 계획의 단계적 실행

- 행동 계획을 단계적으로 실행할 수 있도록 세분화한다.
- 각 단계별로 피드백을 주고받으며, 필요한 경우 계획을 조정한다.

성과 측정 및 조정

- 설정된 행동 계획의 실행 결과를 지속적으로 모니터링하고 평가한다.
- 필요 시 행동 계획을 조정하여 목표 달성에 최적화된 방안을 지속적으로 도출한다.

대화 시나리오 예시	
코치	"이번 달 목표 달성을 위해 어떤 전략을 세우셨나요?" • 고객이 목표 달성을 위한 전략을 제안한다.
고객	"기존 고객사의 추천을 활용하려고 합니다." • 고객이 목표 달성을 위해 고려하고 있는 전략을 설명한다.
ChatGPT	"고객 미팅 전 준비 시간을 늘리고, 각 고객사의 필요에 맞춘 맞춤형 제안을 준비하는 것이 좋습니다." • ChatGPT가 고객의 전략을 구체적으로 개선할 방안을 제안한다.

5단계: 성과 모니터링 및 지속적 개선

ChatGPT를 활용하여 고객의 성과를 지속적으로 모니터링하고 분석하여 정기적인 피드백을 제공한다. 이를 통해 고객은 자신의 진행 상황을 정확히 파악하고, 필요한 개선점을 도출하며, 지속적으로 발전할 수 있다. 정기적인 성과 리뷰와 피드백을 통해 목표 달성에 필요한 조정과 개선을 신속하게 실행함으로써 성과를 극대화할 수 있다.

지속적 데이터 수집

• 고객의 성과 데이터를 지속적으로 수집하고, 실시간으로 ChatGPT에 입력하여 분석한다.

• 데이터는 영업 활동, 고객 접촉 횟수, 미팅 성공률 등 다양한 성과 지표를 포함한다.

정기적 성과 리뷰

- 일정 주기로 성과 리뷰를 실시하여 고객의 진행 상황을 평가한다.
- 주간, 월간 등의 주기를 설정하여 정기적으로 성과를 리뷰하고 피드백을 제공한다.

개선점 도출

- ChatGPT의 분석 결과를 바탕으로 고객의 강점과 약점을 명확히 파악하고, 필요한 개선점을 도출한다.
- 개선해야 할 구체적인 부분을 식별하고, 이를 개선하기 위한 전략을 제시한다.

피드백 제공

- ChatGPT의 인사이트를 활용하여 고객에게 맞춤형 피드백을 제공한다.
- 피드백은 긍정적인 부분과 개선이 필요한 부분을 모두 포함하여 제공한다.

계획 조정 및 실행

- 고객은 피드백을 바탕으로 행동 계획을 수정하고, 개선 방안을 실행한다.
- ChatGPT와의 지속적인 대화를 통해 성과 향상을 위한 최적의 전략을 수립하고 실행한다.

세부 단계 예시

지속적 데이터 수집

- 고객은 영업 활동 데이터를 매일 ChatGPT에 입력하여 실시간으로 분석.
- 예: 고객 접촉 횟수, 미팅 성공률, 신규 고객 확보 수 등.

정기적 성과 리뷰

- 매주 월요일 오전 10시에 주간 성과 리뷰를 실시.
- 매월 첫째 주 금요일에 월간 성과 리뷰를 실시.

개선점 도출

- ChatGPT 분석 결과: 고객 접촉 횟수는 충분하지만, 미팅 성공률이 낮음.
- 개선점: 미팅 준비 부족으로 인한 성공률 저하.

피드백 제공

- ChatGPT: "고객 미팅 전 준비 시간을 늘리고, 각 고객사의 필요에 맞춘 맞춤형 제안을 준비하는 것이 좋습니다."
- 코치: "미팅 준비 시간을 늘려서 각 고객사의 요구에 맞춘 제안을 준비하세요."

계획 조정 및 실행

- 고객: "매주 화요일과 목요일 오전에 고객 미팅 준비 시간을 확보하겠습니다."
- 실행: 매주 화요일과 목요일 오전에는 미팅 준비 시간으로 설정하고, ChatGPT와 협력하여 맞춤형 제안서를 작성.

이 과정은 고객이 자신의 성과를 지속적으로 모니터링하고 개선할 수 있도록 돕는 데 중점을 둔다. ChatGPT의 실시간 분석과 피드백을 통해 고객이 목표를 달성하고 지속적으로 발전할 수 있는 환경을 제공한다.

2

디지털 시대의 코칭 변화

디지털 시대의 도래와 함께 코칭의 패러다임이 급격히 변화하고 있다. 전통적인 코칭 방식은 주로 대면으로 이루어졌으며, 이는 시간과 장소에 제약을 받았다. 이러한 방식은 코치와 고객이 정기적인 미팅을 통해 피드백을 주고받는 형태로, 주관적인 판단에 의존하는 경향이 있었다. 그러나 인터넷과 모바일 기술의 발전, 특히 인공지능AI 기술의 도입으로 이러한 한계를 극복할 수 있는 새로운 코칭 방식이 등장하였다.

Think

디지털 시대에 적합한 코칭 방식을 도입해야 한다. 전통적인 코칭은 깊이 있는 인간적 상호작용을 제공할 수 있지만, 데이터 기반의 정확성과 실시간 피드백을 제공하는 데 한계가 있었다. 디지털 코칭은 이러한 단점을 보완하여 보다 효과적이고 효율적인 코칭을 가능하게 한다. 특히, ChatGPT와 같은 AI 도구를 활용하면 고객이 언제 어디서나 필요한 지원을 받을 수 있으며, 맞춤형 피드백을 통해 개인의 성장과 발전을 지속적으로 도모할 수 있다.

Plan

디지털 시대의 변화에 맞춰 코칭 프로그램을 재설계해야 한다. 이를 위해 다음과 같은 계획을 세울 수 있다.

- **디지털 코칭 도구 도입**: ChatGPT와 같은 AI 기반 코칭 도구를 도입하여 고객이 언제든지 접근할 수 있도록 한다.
- **교육 및 훈련 프로그램**: 코치와 고객 모두가 새로운 디지털 도구에 익숙해질 수 있도록 교육 및 훈련 프로그램을 마련한다.
- **데이터 기반 피드백 시스템 구축**: 고객의 성과와 발전을 실시간으로 모니터링하고 분석하여 맞춤형 피드백을 제공할 수 있는 시스템을 구축한다.
- **지속적인 평가 및 개선**: 디지털 코칭의 효과를 지속적으로 평가하고 피드백을 반영하여 프로그램을 개선한다.

As-is

기존의 코칭 방식은 주로 대면으로 이루어졌으며, 고객은 코치와 정기적으로 만나 피드백을 받는다. 이는 시간과 장소에 제약이 있으며, 코치의 주관적인 판단에 의존하는 경향이 강하다.

ChatGPT를 활용한 디지털 코칭 방식은 고객이 언제 어디서나 필요한 지원을 받을 수 있으며, 데이터 기반의 정확한 피드백을 실시간으로 제공한다. 이는 고객의 성장을 지속적으로 지원하며, 보다 효과적이고 효율적인 코칭을 가능하게 한다.

[ChatGPT 활용: 고성과 창출 코칭 사례]	
역할 분담	• 코치: 전체적인 코칭 전략을 수립하고, 고객에게 맞춤형 피드백과 지원을 제공한다. • 고객: 자신의 성과 데이터를 실시간으로 입력하고, 제공된 피드백을 바탕으로 영업 활동을 개선한다. • ChatGPT: 코칭 전 고객의 데이터를 분석하여 인사이트를 제공하고, 고객의 고민 이슈에 대해 실시간으로 지원하며, 코치가 고객을 만날 때 필요한 정보를 제공하여 코칭이 원활하게 진행되도록 돕는다.
ChatGPT를 활용한 코칭 준비	• 코치: 코칭 전, ChatGPT를 활용하여 고객의 데이터를 분석하고, 전략적인 질문을 통해 인사이트를 얻는다. 　- 질문1: "고객의 최근 B2B 영업 성과에서 가장 큰 문제는 무엇인가요?" 　- ChatGPT: "최근 데이터에 따르면, 고객 접촉 횟수가 줄어들고, 미팅 성공률이 낮아지고 있습니다." 　- 질문2: "고객의 강점과 약점은 무엇인가요?" 　- ChatGPT: "고객은 고객 관계 관리에서는 강점을 보이지만, 신규 고객 발굴에 어려움을 겪고 있습니다." 　- 질문3: "어떤 전략이 고객의 성과 향상에 가장 효과적일까요?" 　- ChatGPT: "추천 전략을 강화하고, 고객 미팅 전 준비 시간을 늘리는 것이 효과적일 것입니다."

3

ChatGPT의 역할과 주요 기능

ChatGPT는 자연어 처리NLP 기술을 바탕으로 한 대화형 AI 모델이다. 대규모 데이터를 학습하여 인간과 유사한 방식으로 대화하고 피드백을 제공할 수 있다. ChatGPT는 다양한 질문에 대해 즉각적인 답변을 제공할 수 있으며, 고객의 성과 데이터를 분석하여 맞춤형 피드백을 제공하는 능력을 가지고 있다. 이를 통해 고객은 보다 정확하고 객관적인 정보를 얻을 수 있다.

Think

ChatGPT는 코칭에서 중요한 역할을 한다. 전통적인 코칭 방식은 코치의 주관적인 판단에 크게 의존했으나, ChatGPT는 방대한 데이터를 분석하여 객관적이고 정확한 피드백을 제공할 수 있다. 또한, 실시간으로 고객의 질문에 답변을 제공함으로써 고객의 학습과 발전을 지속적으로 지원할 수 있다. 이는 고객이 언제 어디서나 필요한 정보를 얻고, 이를 통해 실시간으로 문제를 해결하고 성과를 향상시키는 데 큰 도움이 된다.

Plan ————————————o

ChatGPT의 주요 기능을 활용하여 코칭 프로그램을 설계한다. 이를 통해 고객의 성과를 극대화할 수 있다.

- **데이터 분석 및 인사이트 제공**: ChatGPT를 활용하여 고객의 성과 데이터를 분석하고, 구체적이고 맞춤형 피드백을 제공한다. 예를 들어, 고객의 영업 활동 데이터를 분석하여 어떤 고객 접촉 방법이 효과적인지, 어느 부분에서 개선이 필요한지를 도출할 수 있다.

- **실시간 피드백 제공**: ChatGPT의 실시간 피드백 기능을 활용하여 고객이 즉각적으로 개선할 수 있는 기회를 제공한다. 코치는 고객과 미팅 후 또는 현장에서 ChatGPT를 활용하여 즉각적인 피드백이 가능하다. 이를 통해 고객은 개선이 필요한 부분을 신속하게 파악하여 문제를 해결할 수 있다. 또한, 이전의 코칭 방식과 달리 코치는 ChatGPT를 활용하여 고객별 맞춤형 챗봇을 만들어 제공하게 되면, 시간과 장소에 구애받지 않고 언제든지 접근 가능하므로 코칭의 효율성을 높일 수 있다.

- **맞춤형 학습 자료 제공**: 맞춤형 챗봇의 활용은 고객의 필요와 성향에 맞는 학습 자료와 리소스를 적합하게 추천하여 지속적인 학습이 이루어지도록 하는 것이 가능하다. 이러한 챗봇 제공하기 위해서는 특정 기술이나 지식에 대한 기초 데이터에 의한 ChatGPT 학습이 전제되어야 한다. 이를 통해 고객에게는 관련 분야의 기본 지식과 최신 자료를 제공할 수 있게 된다. ChatGPT

를 활용한 맞춤형 학습 지원은 개인의 전문성 향상뿐만 아니라 조직의 전체적인 역량 강화에도 큰 도움이 된다. 추가적으로, 고객의 학습 진행 상황을 데이터화하여 ChatGPT 학습에 반영함으로써, 지속적인 성장과 발전을 도모할 수 있게 된다.

제2장

DEI 코칭 전략과 적용

김대경

DEI(다양성, 형평성, 포용성) 코칭은
조직 내에서 평등과 포용성을 증진시키는
강력한 도구로 작용한다.

1

다양성, 형평성, 포용성을 위한
코칭 전략

DEI의 정의와 중요성

DEI의 정의

DEIDiversity: 다양성, Equity: 형평성, Inclusivity: 포용성는 현대 조직에서 필수적
인 가치로 자리 잡고 있다. DEI는 크게 세 가지 주요 개념으로 구성된
다. 첫째, 다양성은 인종, 성별, 연령, 성적 지향, 종교 등 다양한 배경
을 가진 개인들이 포함된 집단의 특성을 의미한다. 다양성은 조직 내에
서 인적 자원의 다양한 측면을 포괄하며, 이는 조직의 구성원이 여러 다
른 관점과 경험을 갖고 있다는 것을 뜻한다. 둘째, 형평성은 다양한 배
경을 가진 개인들이 동등한 기회를 제공받고, 공정한 대우를 받을 수 있
는 상태를 의미한다. 형평성은 기회의 평등을 넘어서, 각 개인의 필요
와 상황에 맞는 적절한 지원을 제공하여 공정성을 확보하는 것이다. 셋

째, 포용성은 모든 구성원이 존중받고, 참여할 수 있으며, 소속감을 느낄 수 있는 환경을 만드는 것을 목표로 한다. 포용성은 조직의 문화와 환경이 다양한 배경의 사람들에게 열린 마음과 협력적인 태도를 가진 상태를 의미한다.

DEI의 발전은 20세기 중반 미국의 사회적 운동과 깊은 연관이 있다. 1960년대 미국에서는 인권운동, 여성해방운동, 장애인 권리운동 등 다양한 사회적 요구가 일어나면서 DEI의 필요성이 점차 부각되었다. 특히, 인권운동은 인종 차별과 성별 차별을 없애기 위해 싸우며, 기업과 조직에서도 이러한 원칙을 적용하려는 노력이 시작되었다. 여성해방운동은 성별에 따른 불평등을 없애고, 장애인 권리운동은 장애인에 대한 차별을 없애기 위한 다양한 법과 정책을 촉진했다.

1980년대와 1990년대에 접어들면서 DEI는 사회적 요구를 넘어 기업의 전략적 요소로 자리 잡기 시작했다. 기업들이 글로벌화와 다국적 운영을 확대하면서, DEI는 경쟁력을 강화하는 중요한 요소로 인식되었다. McKinsey & Company는 2015년 보고서에서 다양성과 포용성이 높은 조직이 더 높은 재무 성과를 기록한다는 연구 결과를 발표했다. 이 보고서는 DEI가 조직의 성과와 혁신에 미치는 긍정적인 영향을 입증하였으며, 많은 기업들이 DEI 전략을 채택하는 계기가 되었다.

한국의 경영환경과 조직문화

한국에서도 DEI의 중요성이 점점 더 강조되고 있다. 한국의 기업들은 글로벌 경쟁에 대응하기 위해 DEI를 적극적으로 채택하고 있으며,

이는 한국의 조직문화와 경영환경에 맞게 발전하고 있다. 이러한 전략은 ESGEnvironment: 환경, Social: 사회, Governance: 지배구조의 사회적 요소와 직접적으로 연결된다. 조직에서 DEI가 강화될 때, 다양한 배경을 가진 구성원이 제공하는 풍부한 관점은 창의적인 문제 해결과 시장에서의 적응성을 향상시킨다. 이는 ESG의 사회적 차원에서 기업의 **사회적 포용성, 공정성** 그리고 **윤리적 행동**을 증진시키는 데 기여한다. 따라서 DEI가 ESG 평가의 인권 카테고리에서 인종 및 성별 차별 금지, 공정한 노동 관행, 직장 내 안전과 보안을 충족하도록 기능한다.

한국의 대기업들은 이러한 ESG 인권 관련 평가 항목을 충족시키기 위해 다양한 DEI 활동을 적극적으로 도입하고 있다. LG는 **글로벌 인권 관리 프레임워크**를 도입하여 전 세계에서 동일한 인권 기준을 적용하고 있으며, 이는 모든 구성원이 차별 없이 공정하게 대우받는 것을 목표로 한다. 또한, 삼성전자는 **다양성 및 포용성 훈련**을 정기적으로 실시하여 구성원의 인권에 대한 인식을 높이고, 직장 내 차별을 예방하는 데 중점을 두고 있다.

한국의 중소기업들 역시 DEI를 점진적으로 도입하고 있으며, 이 과정에서 다양한 인력 관리 방안과 교육 프로그램을 활용하고 있다. 예를 들어, 한국의 IT 스타트업들은 다양성을 존중하고 포용적인 조직 문화를 구축하기 위해 정기적인 교육과 워크숍을 진행하고 있다. 이러한 노력은 기업의 혁신성과 팀워크를 강화하고, 글로벌 시장에서의 경쟁력을 높이는 데 기여하고 있다.

조직 차원의 DEI

조직 차원에서 DEI는 혁신과 경쟁력 강화를 위한 핵심 요소로 작용한다. DEI가 높은 조직은 더 창의적이고 혁신적인 아이디어를 생성할 가능성이 크다. 이는 다양한 배경을 가진 구성원이 서로 다른 관점과 경험을 제공하기 때문이다. 다양한 연구는 DEI를 통해 조직의 문제를 더 효과적으로 해결하고, 시장에서 경쟁력을 강화할 수 있다는 것을 보여주었다.

펩시Pepsi와 마이크로소프트Microsoft와 같은 글로벌 기업은 지난 10년간의 경영성과로 DEI가 조직의 문제 해결 능력을 향상시키고, 새로운 시장 기회를 창출하는 데 중요한 역할을 한다고 증명했다. 현대자동차는 성별, 연령, 국적에 상관없이 다양한 배경을 가진 인재를 적극적으로 채용하고, 이들의 다양한 아이디어와 시각을 통해 글로벌 시장에서의 경쟁력을 강화하고 있다. 이러한 사례들은 DEI가 글로벌 비즈니스 환경에서 어떻게 조직의 성공을 이끄는지를 잘 보여준다.

팀 차원의 DEI

팀 차원에서 DEI는 협업과 팀워크의 질을 향상시킨다. 다양한 배경을 가진 팀원들은 서로 다른 관점과 아이디어를 제공하며, 이는 팀의 창의성과 문제 해결 능력을 극대화한다. 팀 내 DEI가 구성원의 협력과 상호 존중을 증진시키며, 이는 팀의 성과와 직무 만족도에 긍정적인 영향을 미친다는 연구를 참고하자. 포용적인 팀 환경에서는 각 팀원이 자신의 의견을 자유롭게 표현할 수 있으며, 이는 팀 전체의 성과를 향상시키는 데 기여한다.

　한국의 기업도 팀 내 DEI를 도모하여 협업을 촉진하고 있다. SK이노베이션은 '다양한 이해관계자를 아우를 수 있는 Multicultural Co.'를 목표로 한다. 이를 위해 인권과 다양성에 관련한 구성원의 인식을 제고하고 구성원 모두의 권리를 보호하는 데 필요한 정책과 프로그램을 개발하여 운영하고 있다. 인권과 다양성에 특화한 교육 프로그램, 사내 다양성 커뮤니티를 만들고 지원하여 조직 내 다양성을 높이는 데 노력한다.

개인 차원의 DEI

　개인 차원에서 DEI는 구성원의 직무 만족도를 높이고 자아 실현을 돕는다. 포용적인 환경에서는 구성원이 자신을 온전히 표현할 수 있으며, 이는 개인의 직무 만족도와 직업적 성취감에 긍정적인 영향을 미친다. 최근 연구들은 DEI가 개인의 직무 만족도를 높이고, 결과적으로 조직의 생산성과 성과에 긍정적인 영향을 미친다고 보고한다. 포용적인 환경에 있을 때, 구성원은 자신이 존중받고 있다고 느끼게 되며, 이러한 인식은 장기적으로 조직에 대한 충성도와 헌신을 증가시킨다.

　국내에서도 DEI를 통해 구성원의 업무 만족도와 조직에 대한 헌신을 높이고 있으며, 이는 조직의 전반적인 성과 향상으로 이어지고 있다. 특히, 카카오는 단기적인 성과 압박이 강한 IT업계 최초로 차별 없고 다양성을 존중하는 조직 문화를 통해 구성원의 만족도와 참여도를 높이고 있다. 또한, 여성 임원 비율이 57%로 국내 100대 기업 평균보다 높게 유지한다.

포용적 조직문화의 필요성

포용적인 조직문화는 구성원의 성과와 정신 건강에도 영향을 미친다. 보스턴컨설팅그룹에 따르면, 포용적인 문화가 부족하다고 응답한 구성원 중 27%만이 직무에 만족한다고 답했다. 포용적이지 않은 기업의 구성원 중 23%만이 상황이 어려워졌을 때 그들의 리더가 그들을 지원해줄 것으로 생각한다고 답했다. 40% 이상의 구성원이 업무 스트레스가 개인적인 관계에 영향을 미치고 업무가 신체적 안녕에 악영향을 미친다고 답했는데, 이는 포용적인 기업의 구성원에 비해 훨씬 더 높은 비율이다. 물론 업무 스트레스는 포용적인 문화에서도 영향력이 있다. 하지만 근로자들이 적절한 지원을 받지 못하는 비포용적인 문화에서는 구성원의 건강, 개인 생활, 직무 성과에 대해 더 큰 부정적인 영향을 미친다. 중요한 점은 포용적인 조직의 구성원이 더 행복하고 회사에 남을 가능성이 높다는 것이다. 또한 리더가 포용적인 행동을 모델링하도록 역할해야 하는 이유를 역설한다. 이 연구에서는 이를 뒷받침할 4가지 근거를 아래와 같이 제시했다.

- 포용적인 문화를 가진 구성원은 항상 최선을 다하고 싶을 가능성이 1.5배 더 높다.
- 포용적인 문화를 가진 구성원은 직업 만족도가 3배 더 높다.
- 포용적인 문화를 가진 구성원은 직장에서 좋은 친구를 사귈 가능성이 2배 더 높다.
- 포용적인 문화를 가진 구성원은 소속감을 느낄 가능성이 25% 더 높다.

이 결과는 포용적인 문화가 구성원의 복지와 행복에 긍정적인 영향을 미친다는 것을 보여주는 강력한 증거이다. 또한 포용적인 문화가 조직의 성과에도 긍정적인 영향을 미칠 수 있다는 점에도 주목하자. 보스턴컨설팅그룹에서 제시한 포용적인 문화를 조성하기 위해 바로 실천하기를 권장하는 5가지 사항을 살펴보자.

- 다양성, 형평성 및 포용성DEI 이니셔티브를 구현한다.
- 구성원의 목소리를 듣고 그들의 의견을 존중한다.
- 구성원이 자신을 표현할 수 있는 안전한 환경을 조성한다.
- 구성원의 다양한 배경과 관점을 존중한다.
- 구성원의 성장과 발전을 지원한다.

이러한 실천 사항을 구체적인 활동 프로그램으로 설계하거나 실천계획을 수립하려 할 때, 우선 순위에 올라오는 개입활동은 바로 '코칭'일 것이다. DEI 이니셔티브는 조직의 정책을 개발하고 제도를 설계하는 과정을 거치고 주요 활동을 견인할 커뮤니티나 위원회를 구성하는 방식으로 구현할 수 있다. 그러나 구성원의 목소리를 듣고 의견을 존중하는 행동은 조직 차원에서 마련한 프로그램만으로 수용하여 실천하기 어려울만큼 미세한 행동Micro proposition의 집합이다. 따라서 구성원에 대한 신뢰를 바탕으로 그들의 잠재력을 진심으로 믿고 스스로 성장할 수 있도록 돕는 실제적 과정을 따르는 코칭이 포용적 조직문화를 구현하는 길을 열어줄 것이다.

DEI 실현을 위한 최고의 도구, 코칭

DEI는 하나의 구호나 일회성 프로그램이 아닌, 조직 문화의 근간을 이루는 철학이어야 한다. DEI를 실현하는 다양한 방법 중 가장 효과적인 것은 바로 코칭이다. 코칭은 개인의 잠재력을 끌어내고, 서로 다른 배경을 가진 구성원 간의 이해와 소통을 증진시키는 강력한 도구이다.

DEI와 코칭은 본질적으로 밀접한 관계를 가진다. 코칭의 핵심은 개인의 고유한 가치를 인정하고, 그들의 잠재력을 최대한 발휘할 수 있도록 돕는 것이다. 다양한 배경을 가진 구성원의 강점을 인정하고 활용함으로써, 조직은 더욱 창의적이고 혁신적인 성과를 낼 수 있다. 코치인 리더가 개인 차원에서 코칭 철학에 근거하여 DEI를 실현할 방안을 제안하니 큰 변화를 이끌어낼 작은 행동의 단서를 찾아보길 바란다.

코칭 철학	DEI 실현
개인의 잠재력 존중	각 개인의 고유한 배경과 경험을 가치 있게 여김
열린 대화와 경청	다양한 의견과 관점을 수용하는 포용적 환경 조성
질문을 통한 자기인식 촉진	자신과 타인의 다양성에 대한 이해 증진
행동 변화 유도	포용적 행동의 자연스러운 실천으로 이어짐
지속적인 학습과 성장 강조	다양성에 대한 지속적인 학습과 이해 촉진
강점 기반 접근	다양한 배경에서 오는 고유한 강점 인식 및 활용
책임감 부여	포용적 환경 조성에 대한 개인적 책임감 형성
솔루션 중심 사고	다양한 관점을 통한 창의적 문제 해결
신뢰와 라포 형성	다양한 배경을 가진 사람들 간의 이해와 존중 증진
전체론적 접근	DEI를 조직 문화의 자연스러운 일부로 통합

코칭은 개인의 고유한 특성과 강점을 중시하며, 이는 각 개인의 다양한 배경과 경험을 가치 있게 여기는 DEI의 원칙과 일치한다. 코치는 판단 없이 경청하고 열린 대화를 장려함으로써, 다양한 의견과 관점을 수용하는 포용적인 환경을 조성한다. 코칭에서 사용되는 강력한 질문들은 고객의 자기인식을 높이며, 이 과정에서 자신과 타인의 다양성에 대한 이해가 자연스럽게 증진된다.

코칭은 긍정적인 행동 변화를 목표로 하며, 이 과정에서 고객은 자연스럽게 더 포용적인 행동을 실천하게 된다. 코칭은 끊임없는 학습과 성장을 강조하며, 이는 다양성에 대한 지속적인 학습과 이해로 자연스럽게 확장된다. 코칭에서는 개인의 강점에 초점을 맞추며, 이는 다양한 배경에서 오는 고유한 강점을 인식하고 활용하는 DEI를 지지한다.

코칭은 고객에게 자신의 성장에 대한 책임을 부여하며, 이는 포용적 환경 조성에 대한 개인적 책임감으로 자연스럽게 확장된다. 코칭은 문제보다 해결책에 초점을 맞추며, 이 과정에서 다양한 관점을 통한 창의적 문제 해결이 자연스럽게 이루어진다. 코칭 관계의 핵심인 신뢰와 라포 형성은 다양한 배경을 가진 사람들 간의 이해와 존중을 증진시킨다. 코칭은 개인을 전체적인 관점에서 바라보며, 이는 DEI를 조직 문화의 자연스러운 일부로 통합하는 데 기여한다.

결론적으로, 효과적인 코칭을 실천하는 것은 DEI의 가치를 별도로 강조하지 않아도 자연스럽게 DEI를 실현하는 결과로 이어진다. 코칭의 핵심 원칙들은 다양성을 존중하고, 형평성을 추구하며, 포용적인 환경을 조성하는 DEI의 목표와 본질적으로 부합한다. 따라서 조직에서 코칭 문화를 강화하는 것은 DEI를 촉진하는 효과적인 방법이 될 수 있다.

코칭 철학의 조직 내 내재화

DEI를 진정으로 실현하기 위해서는 코칭 철학이 조직 전반에 내재화되어야 한다. 외부 코치를 고용하는 것만으로는 한계가 있다. 조직문화의 일부로서 코칭을 받아들여야 한다. 즉, 코칭이 조직 구성원의 일상적인 업무 방식과 사고방식에 자연스럽게 스며들어야 한다. 코칭 철학을 조직 내 내재화하는 3가지 변곡점을 안내한다.

① 리더를 코치로 육성: 일상적 DEI 실천의 근간

모든 리더는 조직의 변화를 이끄는 핵심적인 역할을 수행한다. 따라서 리더들이 먼저 코칭의 중요성을 인지하고, 코칭 역량을 갖추도록 지원하는 것이 중요하다. 리더가 코치의 역할을 수행할 때, 구성원은 더욱 적극적으로 자신의 성장에 참여하고, 조직에 대한 소속감을 느낄 수 있다.

- **리더십 개발 프로그램 운영**: 코칭 기술, 피드백 제공 방법, 공감 능력 향상 등 리더십 개발 프로그램을 통해 리더들의 코칭 역량을 강화한다.
- **코칭 멘토링 시스템 구축**: 경험이 풍부한 코치를 멘토로 지정하여 리더들이 실제 코칭 상황에서 어려움을 극복하고 성장할 수 있도록 지원한다.
- **코칭 문화 정착**: 리더들이 코칭을 통해 구성원의 성장을 지원하는 것을 조직의 문화로 정착시키고, 이를 위한 다양한 인센티브를 제공한다.

② 피어 코칭 문화 조성: 다양성 수용과 확산의 열쇠

피어 코칭은 구성원이 서로를 코칭하고 성장하는 과정이다. 피어 코칭 문화를 조성하면, 구성원은 서로의 다양성을 존중하고, 협력적인 관계를 구축하며, 함께 성장할 수 있다.

- **피어 코칭 프로그램 운영**: 정기적인 피어 코칭 프로그램을 운영하여 구성원이 서로의 강점과 약점을 공유하고, 성장을 위한 피드백을 주고받을 수 있도록 한다.
- **피어 코칭 커뮤니티 구축**: 온라인 커뮤니티를 구축하여 구성원이 언제든지 피어 코칭에 대한 정보를 공유하고, 서로를 지원할 수 있도록 한다.
- **피어 코칭 우수 사례 공유**: 성공적인 피어 코칭 사례를 공유하여 구성원의 참여를 독려하고, 피어 코칭 문화 확산에 기여한다.

③ 지속적인 학습과 성장 강조: 다양성을 자원으로 활용

코칭의 핵심은 지속적인 학습과 성장이다. 조직 구성원 모두가 스스로 성장하고 발전할 수 있도록 지원하는 것은 조직의 경쟁력을 강화하는 데 필수적이다.

- **학습 문화 조성**: 다양한 학습 기회를 제공하고, 학습을 위한 시간과 공간을 지원하여 구성원이 스스로 학습하고 성장할 수 있도록 장려한다.
- **성장 마인드셋 함양**: 성장 마인드셋을 강조하여 구성원이 실패를 두려워하지 않고, 새로운 도전에 적극적으로 참여할 수 있도록 지원한다.
- **개인 맞춤형 성장 계획 수립**: 각 구성원의 개별적인 목표와 역량을 고려하여 맞춤형 성장 계획을 수립하고, 이를 달성하기 위한 지원을 제공한다.

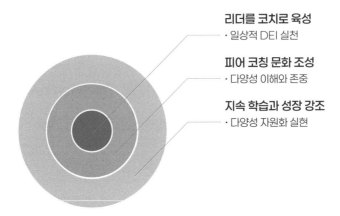

리더를 코치로 육성
· 일상적 DEI 실천

피어 코칭 문화 조성
· 다양성 이해와 존중

지속 학습과 성장 강조
· 다양성 자원화 실현

DEI의 실현은 단기간에 이루어질 수 있는 과제가 아니다. 이는 지속적인 노력과 헌신을 요구하는 장기적인 여정이다. 이 여정에서 코칭은 가장 효과적이고 강력한 도구가 될 수 있다. 코칭을 통해 개인은 자신의 잠재력을 발견하고, 다양성의 가치를 내면화하며, 포용적인 태도를 기를 수 있다.

조직은 코칭 철학을 내재화함으로써 진정한 DEI 문화를 구축할 수 있다. 이는 다양성을 인정할 뿐만 아니라, 모든 구성원이 자신의 고유한 가치를 인정받고 최대한의 잠재력을 발휘할 수 있는 환경을 만드는 것이다.

다양한 배경의 구성원을 위한 맞춤형 코칭 전략

대한민국은 이전에 그 어떤 시대보다 조직 내 세대갈등으로 홍역을 앓고 있다. 그 이유는 이전 세대가 경험하지 못한 정도로 다양한 세대가 일터에서 만나는 환경에 놓여 있기 때문이다. 지난 70년에 걸친 압축 성장은 후진국이었던, 개발도상국이었던 대한민국에서 태어난 세대가 선진국인 대한민국에서 살아가며 일하는 환경을 만들었다. 여기에 전 세계적으로 무경계 근무 환경을 도입하기를 요구하는 흐름은 조직이 더욱 다양한 구성원을 수용할 필요를 가중한다.

　가천대 이중학 교수는 대한민국 기업들이 점차 다양성을 채택하고 있음에도 불구하고, 그 실행에 있어서 몇 가지 도전과제를 갖고 있다고 지적한다. 첫째, 한국 기업들은 대체로 성별, 연령, 학력과 같이 전통적인 다양성 요소에 집중하는 경향이 있다. 둘째, 문화적 다양성과 인종적 다양성에 대한 인식은 상대적으로 낮으며, 이러한 요소들은 종종 무시되거나 간과된다. 셋째, 조직 내에서 다양성을 구현하는 데 있어서 실질적인 문화 변화가 필요함에도 불구하고, 이러한 변화를 이끌어내는 것이 쉽지 않다는 점이다. 이중학 교수는 이러한 특징들이 한국 기업들이 글로벌 경쟁력을 강화하는 데 있어 중요한 장애물이 될 수 있음을 강조한다.

　노동집약적 산업의 규모가 축소하고 정보 중심의 시장으로 재편된 현재의 경영환경은 생성형 AI서비스의 발전이 시장에 혁신을 주도한다. 이러한 환경은 조직에게 보다 다양한 관점과 새로운 아이디어를 요구한다. 즉, 조직이 다양한 고객의 요구에 빠르게 대응하지 못하면 도태되는 환경이다.

　조직은 더 다양한 구성원을 품어 그들의 역량을 자원으로 활용해야 한다. 이러한 변화는 다양성을 수용하고 조직의 중요한 자원으로 인식하는 것부터 시작한다. 인종적으로 동질성이 강하다고 인식하는 한국 사회에서도 다르지 않다. 다양성을 추구할 때 조직의 글로벌 경쟁력을 향상시키고, 조직 문화를 건강하게 유지하는 데 기여할 것이다. 그렇다 면 다양한 배경을 가진 구성원이 자신의 역량을 마음껏 발휘하도록 어 떻게 촉진할 것인가? 이 물음에 대한 해법을 함께 찾아보자.

맞춤형 코칭 전략

다양한 배경을 가진 구성원을 효과적으로 코칭하기 위해서는 맞춤 형 코칭 전략이 필요하다. 연구에 따르면, 맞춤형 코칭 전략은 구성원 의 개인적인 필요와 도전에 적절히 대응할 수 있어, 효과적인 학습과 성 장을 촉진한다.

다문화 배경의 팀이냐 단일 민족의 문화적 배경의 팀이냐에 관계없이 같은 팀에서 일하는 구성원은 문화적 경험이나 수용성의 차이로 인해 특정 상황에서 불편함을 느낄 수 있다. 이러한 문제를 해결하기 위해서 는 문화적 감수성을 지닌 코칭이 필요하다. 코칭 과정에서 문화적 차이 를 인식하고 존중하는 것이 중요하며, 이를 통해 구성원은 자신감을 가 지고 업무를 수행할 수 있다.

① 문화적 역량 개발Cultural Competence Development

에드거 샤인Edgar Schein은 조직 문화와 리더십에 대한 깊은 이해를 바 탕으로 다양한 조직 내 변화와 개발 전략을 제시했다. 그의 접근 방법은 조직 내 문화적 역량 개발에도 적용할 수 있다. 샤인의 이론을 적용하여 생성형 AI를 활용한 문화적 역량을 개발하면 다양한 문화에 대한 이해와 소통 능력을 향상시킬 수 있다.

생성형 AI를 활용하여 문화적 역량을 개발하는 코칭 기법의 핵심은, AI가 제공하는 다양한 시나리오와 상황을 통해 학습자가 실제 문화적 상황에 직면하고, 이를 해결해 나가는 과정을 반복적으로 경험하도록 하는 것이다. 생성형 AI를 활용하여 특정 문화권의 가상 현실 환경을 구축한다면, 학습자는 가상 현실 속에서 현지인들과 소통하고, 다양한 문화적 행사에 참여하며, 실제와 같은 경험을 할 수 있다. 예를 들어, 일본의 전통 축제에 참여하여 현지인들과 대화를 나누거나, 이탈리아의 작은 마을을 방문하여 현지 음식을 맛보는 경험 등을 제공할 수 있다.

조금 더 심화하여 생성형 AI가 다양한 문화적 딜레마 상황을 제시하고, 학습자는 이를 해결하기 위한 최선의 방법을 모색하도록 학습할 수 있다. 학습자는 다양한 문화적 배경을 가진 사람들과의 의사소통 과정에서 발생할 수 있는 오해나 갈등 상황을 미리 경험하고, 이를 해결하기 위한 전략을 수립할 수 있다. 다른 문화권의 비즈니스 미팅에서 발생할 수 있는 문화적 차이를 이해하고, 효과적인 의사소통 전략을 수립하는 연습을 해볼 수 있는 것이다.

생성형 AI를 활용하여 다양한 문화적 배경을 가진 구성원으로 조직된 가상 팀을 만들고, 협업 프로젝트를 수행하는 시뮬레이션을 진행하는 것도 가능하다. 학습자는 다문화 팀에서 발생할 수 있는 의견 차이, 갈등 상황 등을 경험하고, 효과적인 협업 방안을 모색할 수 있다. 글로벌 프로젝트를 수행하는 가상 팀에서 발생하는 문화적 차이를 해결하고,

팀 목표를 달성하기 위한 전략을 수립하는 연습을 할 수 있다.

생성형 AI가 다양한 문화적 오해와 관련된 시나리오를 제시하고, 학습자는 이를 바탕으로 오해를 해소하기 위한 질문을 생성하고 답변을 찾아나간다. 학습자는 다양한 문화적 배경을 가진 사람들과의 소통 과정에서 발생할 수 있는 오해를 미리 예측하고, 이를 해결하기 위한 효과적인 커뮤니케이션 전략을 수립할 수 있다. 이를 통해 외국인 동료와의 대화에서 발생할 수 있는 문화적 오해를 해소하기 위한 질문을 생성하고, 답변을 찾아나가는 연습을 할 수 있는 것이다.

결론적으로 생성형 AI를 활용한 코칭의 장점을 이해하고 이를 코칭 세션에 적극 활용할 것을 권장한다. 먼저, 학습자의 수준과 관심사에 맞춰 개인화된 학습 경험을 제공할 수 있다. 실제 상황과 유사한 다양한 시나리오를 통해 학습 효과를 극대화할 수 있으며, 반복적인 학습을 통해 학습 내용을 효과적으로 숙달할 수 있다. 보다 고도화된 코칭 프로그램으로 개발된다면 학습자가 실시간으로 피드백을 받고, 학습 내용을 수정할 수도 있다.

생성형 AI를 활용한 문화적 역량 개발 코칭은 지식 전달을 넘어, 학습자의 몰입도를 높이고 실질적인 문제 해결 능력을 향상시키는 데 기여할 수 있다. 앞으로 생성형 AI 기술의 발전과 함께, 더욱 다양하고 효과적인 문화적 역량 개발 코칭 프로그램이 개발될 것으로 기대한다.

② 개인화된 피드백

개인화된 피드백Personalized Feedback 기법은 각 구성원의 개별적인 필요와 성과에 초점을 맞추어, 개선할 점과 강점을 구체적으로 지적하고 지원하는 것이다. 이 기법은 구성원 개개인의 발전을 돕고, 조직 전체의 성과를 향상시키는 데 적합하다.

한 IT 회사에서는 프로젝트 매니저가 구성원들의 개별적인 성과와 역량을 평가하여 맞춤형 피드백을 제공하는 시스템을 구축했다. 프로젝트 매니저는 주기적으로 구성원들과 일대일 면담을 실시하고, 각자의 프로젝트 관리 기술을 분석했다. 이 과정에서 매니저는 구성원들에게 구체적인 예시와 상황을 제시하며, 어떻게 하면 더 나은 결과를 도출할 수 있는지 구체적인 조언을 제공했다. 예를 들어, 한 구성원이 일정 관리에 어려움을 겪고 있을 때, 매니저는 해당 구성원에게 효과적인 시간 관리 기법을 소개하고 실제 업무에 적용해 보도록 지도했다. 이러한 개인화된 접근은 구성원의 자신감을 높이고, 전반적인 프로젝트의 성공률을 점차 증가시켰다.

만약, 개인화된 피드백을 제공하는 과정에서 생성형 AI를 활용한다면 프로그램의 구성과 실행에서 다음과 같은 시나리오를 예상할 수 있다. 다이나믹스코어DynamicsCore는 글로벌 컨설팅 회사로, 전 세계에 구성원을 두고 있다. 회사는 조직 내 리더십 개발과 개인 성장을 촉진하기 위해 고도화된 생성형 AI 기술을 활용하여 개인화된 피드백 코칭 프로그램을 도입하기로 결정했다. 이 프로그램의 목표는 각 구성원의 특정 역량을 강화하고, 커뮤니케이션 및 리더십 스킬을 개선하는 것이다.

다이나믹스코어는 각 구성원의 작업 문서, 이메일, 회의 녹음 파일 등을 분석할 수 있는 AI 분석 도구를 개발했다. 이 도구는 자연어 처리

Natural Language Processing 기술을 사용하여 구성원의 의사소통 패턴과 리더십 행동을 분석한다. 분석 결과를 바탕으로 AI는 각 구성원에게 맞춤형 피드백과 개선 제안을 제공한다. 이 시스템은 실시간으로 구성원의 성장을 지원하고 필요한 조정을 제안한다.

코칭 세션을 실행할 때, AI 코치는 분석 데이터를 기반으로 각 구성원에게 1:1 코칭 세션을 제공한다. 이 세션에서 AI 코치는 구성원의 사례를 들어 피드백을 제시하고, 구성원이 개선할 수 있는 구체적인 방안을 논의한다. 그룹 워크숍에서도 AI 코치는 팀 기반의 워크숍을 주관하여, 구성원이 서로의 피드백을 공유하고, 팀워크와 협업 스킬을 향상시킬 수 있는 활동을 진행한다. 나아가 중요한 프로젝트나 회의 중에 AI 코치는 구성원에게 실시간으로 피드백을 제공하여 즉각적인 개선을 돕는다.

이렇게 개인화된 피드백 프로그램은 구성원에게 지속적인 피드백을 제공하고 개선 사항을 즉각적으로 제안하도록 촉진하기 때문에 구성원이 자신의 커뮤니케이션과 리더십 능력을 실시간으로 개선할 수 있다. 또한, 팀과 조직 전체의 성과가 향상되며, 구성원의 개선된 스킬이 프로젝트의 성공률을 높인다.

이와 같은 맞춤형 피드백은 구성원이 자신의 업무를 보다 명확하게 이해하고, 개인의 성장뿐만 아니라 조직의 목표 달성에도 긍정적으로 기여할 수 있도록 한다. 결과적으로, 이러한 코칭 기법은 인간 코치와 AI 코치의 협력으로 코칭의 효과를 배가할 것이며, 구성원의 역량을 강화하고 조직의 성과를 최적화하는 강력한 도구가 될 것이다.

DEI 코칭을 통한 조직 내 평등 증진

조직 내 평등의 증진은 구성원 개인의 자각과 조직 문화의 변화를 모두 포괄하는 접근 방식을 요구한다. 코칭을 통해 개인의 역량을 강화하고, 조직 전체의 인식을 변화시키며, 구조적인 장벽을 제거하는 방식으로 평등을 증진시킬 수 있다. 코칭은 구성원 개개인이 자신의 행동, 태도, 선입견을 이해하고 인식하는 데 도움을 준다. 개인 코칭 세션에서 코치는 코칭받는 고객이 자신의 잠재적인 편견을 인식하고, 다양성을 존중하는 방법을 스스로 찾아내도록 촉진한다. 예를 들어, 코치는 구성원에게 피드백을 제공하여 그들이 어떻게 자신의 무의식적 편견을 행동으로 옮기는지를 인식하게 만들 수 있다. 이러한 자각은 구성원이 조직 내에서 더 포용적이고 공정한 행동을 취하도록 돕는다.

코칭은 조직 내 구조적 장벽을 식별하고 제거하도록 기능한다. 코칭 세션에서 습득한 구성원의 개별적 정보를 기초로, 조직 내부의 정책, 절차 및 시스템을 검토하는 과정에서 차별이나 불평등을 유발할 수 있는 요소를 식별하는데 기여할 수 있다. 나아가, 조직은 이러한 문제를 해결하기 위해 구체적인 조치를 취할 수 있다. 승진과 채용 과정에서 불평등을 방지하기 위한 명확한 기준과 절차를 설정할 수 있는 것이다.

뱅크오브아메리카Bank of America는 DEI 코칭 프로그램을 도입하여 구성원의 다양성 인식을 강화하고, 조직 문화를 개선한 사례가 있다. 다양한 배경을 가진 구성원을 대상으로 한 코칭 세션을 정기적으로 진행하였고, 이를 통해 구성원 사이의 이해와 협력이 개선되었다고 보고하였다. 또한, 평등을 증진하기 위해 직급과 관계없이 모든 구성원에게 공개적으로 피드백을 주고받을 수 있는 플랫폼을 마련하였다. 이러한 코칭의 활용은 조직 내 평등을 증진하고, 모든 구성원이 자신의 잠재력을 최대한 발휘할 수 있는 환경을 조성하는 데 기여한다. 조직이 코칭을 통해 개인의 성장을 지원하고, 조직 문화를 변화시키며, 구조적 장벽을 제거함으로써, 진정으로 포괄적이고 평등한 작업 환경을 만들어 갈 수 있다.

실질적 변화를 위한 전략

조직 내에서 DEI를 증진하기 위한 전략으로 포괄적 정책 개발Inclusive Policy Development과 지속적인 교육Continuous Education이 있으며, 코칭을 통해 실천하는 구체적인 방법을 살펴본다.

① 포괄적 정책 개발

포괄적 정책 개발은 조직 내에서 모든 구성원에게 공정한 기회를 제공하고, 차별을 방지하기 위한 정책을 수립하는 것이다. 이 과정에서 조직은 인종, 성별, 성적 지향, 장애, 나이 등에 기반한 차별을 방지하는 명확한 지침과 프로토콜을 설정한다. 이러한 정책은 고용, 승진, 교육 기회 등 조직의 모든 측면에서 공정성을 보장한다. 코칭을 통해 이 과정을 강화할 수 있다.

마이크로소프트는 포괄적 정책 개발의 훌륭한 예로 꼽힌다. 다양한 배경을 가진 구성원이 모두 존중받고 기회를 얻을 수 있도록 다양한 포괄성 프로그램을 운영한다. 예를 들어, 마이크로소프트는 성별, 인종, 국적 등을 고려한 다양성 채용 목표를 설정하고, 이를 달성하기 위해 전사적인 노력을 기울인다. 또한, 모든 관리직에게는 다양성과 포용성 목표 달성에 대한 책임이 부여되며, 이는 그들의 성과 평가에 반영된다.

리더들과 팀 매니저들이 코칭 세션을 통해 자신들의 부서나 팀 내에서 필요한 DEI 관련 정책을 식별하고 설계할 수 있도록 한다. 코치는 이 과정에서 객관적인 조언과 피드백을 제공하여, 모든 구성원의 요구와 기대를 충족하는 포괄적인 정책이 마련되도록 지원한다. 코치는 정책이 실제 작업 환경에서 어떻게 작동할지에 대한 시나리오를 제시하여, 정책의 실행 가능성을 평가한다. 이는 정책이 현실적이고 효과적으로 집행될 수 있도록 보장한다.

② 지속적인 교육

지속적인 교육은 조직 구성원이 DEI 정책을 이해하고 실천할 수 있도록 필요한 교육과 훈련을 제공하는 것이다. 이 교육은 다양성에 대한 인식을 높이고, 문화적 역량을 강화하며, 차별적인 행동을 줄이는 데 중점을 둔다. 교육 프로그램은 워크숍, 세미나, 온라인 코스 등 다양한 형태로 제공될 수 있다. 코칭은 이러한 교육 프로그램의 효과를 극대화하는 데 사용될 수 있다.

구글Google은 구성원에게 지속적인 다양성 교육을 제공하는 것으로 잘 알려져 있다. 이 회사는 모든 신입사원에게 필수 다양성 교육을 실시하며, 기존 구성원을 대상으로도 정기적인 교육을 업데이트한다. 이 교육은 무의식적 편견을 인식하고 극복하는 방법, 효과적인 소통 기술, 다양성을 존중하는 팀워크 기술 등을 포함한다. 구글은 이러한 교육을 통해 조직 내 포괄성을 강화하고, 창의적이고 혁신적인 문화를 유지하고자 한다.

코치는 개별 구성원의 필요와 역량을 평가하여 맞춤형 교육 계획을 수립한다. 이는 각 구성원이 자신의 성장 영역을 인식하고, 필요한 스킬을 개발할 수 있도록 돕는다. 교육 세션 후, 코치는 구성원에게 구체적인 피드백을 제공하고, 교육 내용의 적용 방법을 논의한다. 또한, 정기적인 평가를 통해 교육 프로그램의 효과를 모니터링하고 필요한 조정을 제안한다.

이러한 전략은 조직에 실질적인 변화를 가져오는 데 결정적인 역할을 하며, 모든 구성원이 평등하게 기회를 얻고 차별 없이 일할 수 있는 환경을 조성한다. 조직이 이러한 전략을 성공적으로 실행하면, 장기적으로 조직의 생산성과 혁신력을 향상시키는 데 기여할 수 있다.

> ### 현장에서 발견한 DEI 7문장
> 1. 다양성은 다양한 시각을 제공하지만, 회의 시간도 늘어난다는 걸 기억하세요!
> 2. 다양성은 회사의 비밀재료입니다. 때로는 '조미료'가 필요하죠.
> 3. 포용성이 높아지면 구성원 모두가 조직을 편하게 느끼지만, 회사 소파가 더 좋아지는 건 아니랍니다.
> 4. 형평성은 구성원 모두에게 '딱 맞는 신발'을 찾는 것과 같아요. 다 맞추려면 시간이 조금 걸릴 수 있어요.
> 5. 형평성을 위해 일하는 것은 때로는 '모든 것을 다 주고도' 여전히 충분하지 않을 때가 있습니다.
> 6. 회사가 변화를 원한다면, '변화'가 아니라 '진화'를 해야 한다고 들었어요.
> 7. 회사의 포용적 문화는 종종 '크리에이티브 디렉터'가 필요합니다.

2

조직 내 포용적 문화 구축 코칭 기법

포용적인 조직 문화를 위한 코칭 기법

조직 내 포용적 문화 구축을 위한 코칭 기술과 접근 방식

조직 내에서 포용적 문화를 구축하는 데 있어 코칭은 중요한 기술을 제공한다. 특히, 경청Active Listening과 감정적 지지Emotional Support는 이 과정에서 가장 효과적으로 사용할 수 있는 기술이다. 최근 코칭 기법에 대한 연구에 따르면, 경청은 코치가 구성원의 의견을 주의 깊게 듣고 이해함으로써 구성원이 자신의 의견이 중요하다고 느끼도록 돕는다. 이러한 과정은 구성원의 자신감과 소속감을 높이는 데 기여한다. 감정적 지지는 구성원이 어려움을 겪고 있을 때 코치가 적절한 감정적 반응을 보여주고 지지해 주는 것으로, 구성원이 조직 내에서 안정감과 연결감을 느끼게 한다.

경청은 코칭에서 가장 기본이 되는 기술 중 하나이다. 경청을 실천할

때는 코치가 구성원의 말에 집중하여 그 내용을 정확히 이해하고, 구성원이 경험하는 감정이나 의도를 파악하는 데 중점을 둔다. 이를 실천할 때 다음 두 가지를 염두에 두자.

- 비판적이지 않은 태도로 듣기: 코치는 구성원의 말을 비판적인 시각 없이 받아들여, 구성원이 보다 자유롭게 자신의 생각이나 감정을 표현할 수 있도록 한다.

- 반응과 질문을 통한 깊이 있는 이해: 코치는 구성원의 말에 반응하고, 깊이 있는 이해를 위해 추가적인 질문을 할 수 있다. 이는 구성원이 자신의 의견을 더욱 명확히 할 기회를 제공한다.

감정적 지지는 구성원이 직면한 어려움이나 스트레스 상황에서 개인적인 인정과 지지를 제공함으로써 구성원의 정서적 안정을 도모하는 것을 목표로 한다. 감정적 지지는 다음 두 가지 방법으로 실천할 수 있다.

- 적극적인 감정 표현의 장려: 코치는 구성원이 자신의 감정을 자유롭게 표현할 수 있는 환경을 조성한다. 이는 구성원이 자신의 감정을 인식하고 표현하는 데 도움을 준다.

- 실질적인 지원 제공: 구성원이 겪는 문제에 대해 실질적인 해결책을 제시하거나, 필요한 자원을 연결해주는 등 구체적인 지원을 제공한다.

스타벅스Starbucks는 구성원의 다양성과 포용성을 강화하기 위해 포괄적인 코칭 프로그램을 운영한다. 이 프로그램은 경청과 감정적 지지를 중심으로 구성되어 있으며, 구성원이 서로의 차이를 이해하고 존중할 수 있도록 다양한 교육과 워크숍을 제공한다. 스타벅스는 다문화 이해를 위한 워크숍을 정기적으로 개최하여, 구성원이 다양한 문화적 배경을 가진 동료들과 효과적으로 소통할 수 있도록 돕는다.

이러한 코칭 기법과 접근 방식은 조직 내에서 포용적 문화를 실질적으로 구축하고 유지하는 역할을 한다. 구성원이 자신의 의견과 감정을 자유롭게 표현할 수 있는 환경이 조성되면, 조직은 보다 창의적이고 협력적인 문화를 발전시킬 수 있다.

실질적인 포용적 행동과 습관 형성

포용적 행동과 조직 문화의 형성

포용적인 조직 문화의 형성은 실질적인 행동과 습관에 기반을 둔다. 이러한 문화는 구성원이 서로를 존중하고 협력하는 행동을 통해 구축되며, 이는 조직의 전반적인 성과와 구성원 만족도에 긍정적인 영향을 미친다. 포용적 행동을 장려하기 위한 핵심 코칭 기법으로는 협력적 문제 해결Collaborative Problem Solving과 정기적인 피드백Regular Feedback이 있으며, 이 기법들은 구성원 간의 협력을 촉진하고 구성원이 자신의 행동을 지속적으로 개선할 수 있도록 돕는다.

협력적 문제 해결의 적용

협력적 문제 해결은 다양한 배경과 전문성을 가진 구성원들이 함께 문제를 분석하고 해결책을 모색하는 과정을 포함한다. 이 접근법은 팀 내 의사소통을 증진시키고, 서로의 아이디어를 존중하는 문화를 조성한다. 코칭을 통해, 팀 리더와 구성원은 각자의 역할을 명확히 이해하고, 효과적인 의사소통과 협력을 통해 공동의 목표를 향해 나아갈 수 있다.

한 글로벌 IT 회사에서는 프로젝트 팀이 다양한 세대와 문화적 배경을 가진 구성원으로 이루어져 있었다. 회사는 협력적 문제 해결 워크숍을 주기적으로 실시하여, 구성원들이 서로의 작업 방식을 이해하고 존중하도록 했다. 이러한 워크숍을 통해 구성원들은 상호 의존성을 인식하고, 프로젝트의 성공을 위해 함께 노력하는 방법을 배웠다.

워크숍 이후, 협력적 문제 해결을 위한 코칭의 실천 방법으로는 문제 해결 과정에서 각 구성원의 역할과 책임을 명확히 하여, 모두가 일관된 방향으로 나아갈 수 있도록 지도하는 것이다. 코치는 피드백과 성찰의 기회를 제공해 구성원들이 스스로의 성장을 인식하고 협력을 강화할 수 있도록 지원해야 한다. 이러한 일련의 코칭 과정에서 협력의 방향을 유지하고, 프로젝트가 성공할 때까지 지속적으로 독려하는 것이 코치의 중요한 책무이다.

정기적인 피드백의 중요성

정기적인 피드백은 구성원 개발의 중요한 요소이다. 이를 통해 구성원은 자신의 성과를 정기적으로 평가받고, 개선할 수 있는 영역을 식별할 수 있다. 코치는 구성원에게 개인적인 성장과 팀의 목표 달성을 위한 구체적이고 실행 가능한 피드백을 제공한다.

대형 소매기업에서는 매장 관리자와 구성원에게 매월 성과 리뷰 세션을 실시하고 있다. 이 세션에서는 개인의 성과뿐만 아니라 팀의 협력 방식과 고객 서비스 개선 방안에 대해서도 논의된다. 정기적인 피드백은 구성원이 자신의 역할에서 어떻게 더 나은 성과를 낼 수 있는지를 이해하고, 지속적인 개선을 추구하게 한다.

이러한 코칭 기법은 조직 내에서 포용적 행동을 장려하고 실질적인 문화 변화를 이끌어내는 데 중요하다. 협력적 문제 해결과 정기적인 피드백은 구성원이 서로를 존중하고, 조직의 공동 목표를 향해 함께 노력하는 환경을 조성하는 데 기여한다. 이러한 환경은 구성원의 참여도와 만족도를 높이고, 조직의 전반적인 성과를 향상시키는 결과를 가져온다.

구글의 다양성 및 포용성 프로그램

조직 내에서 실질적인 포용적 행동을 형성하는 것은 중요하며, 구글은 이 분야에서 모범적인 사례로 부각되었다. 구글의 '다양성 및 포용성 프로그램'은 조직 내에서 다양한 훈련과 프로그램을 통해 구성원이 상호 존중의 문화를 형성하도록 유도하고 있다. 이러한 접근은 조직 내에서 포용적 행동을 촉진하는 효과적인 방법으로 평가받고 있다. 구글의 포용성 프로그램은 다음과 같은 세 가지 전략을 포함한다.

- **다양성 인식 워크숍**: 구글은 정기적으로 다양성 인식 워크숍을 실시하여, 구성원에게 다양한 문화적, 사회적 배경을 이해하는 기회를 제공한다. 이 워크숍은 구성원이 서로의 차이를 인식하고 존중하는 방법을 배우는 공간이 되며, 이를 통해 구성원 간의 갈등을 줄이고 팀워크를 강화한다.

- **멘토링 프로그램**: 구글은 경험이 풍부한 구성원을 멘토로 지정하여, 다양한 배경을 가진 신입 구성원이 조직 문화에 빠르게 적응할 수 있도록 지원한다. 이 멘토링 프로그램은 신입 구성원이 직면할 수 있는 문제를 논의하고, 경력 개발에 필요한 조언을 제공한다.
- **포용성 평가 및 피드백**: 구글은 조직 내 포용성을 주기적으로 평가하고, 구성원로부터의 피드백을 받아 포용성 관련 정책과 프로세스를 지속적으로 개선한다. 이는 조직이 지속적으로 발전하고, 포용적인 문화를 유지하는 데 중요하다.

구글은 최근 몇 년 간 다양성과 포용성에 대한 국제적인 요구가 증가함에 따라, 이를 지원하기 위한 구체적인 조치들을 실행해왔다. 예를 들어, 성 다양성과 성 정체성을 존중하기 위해 새로운 HR 정책을 도입했으며, 이는 모든 구성원이 자신의 정체성을 자유롭게 표현할 수 있는 환경을 조성하는 데 기여하였다. 또한, 구글은 기술 분야에서 여성의 비율을 높이기 위한 여러 프로그램을 운영하여, 성별 다양성을 증진시키는 데 힘쓰고 있다.

이러한 노력은 구글이 세계적인 기업으로서 다양성과 포용성을 실천하고 있음을 보여주며, 다른 조직들에게도 긍정적인 영향을 미친다. 포용적 행동의 형성과 유지는 단기적인 조치를 넘어서 조직 문화의 근본적인 변화를 요구한다. 구글의 사례는 이러한 변화가 가능함을 보여주는 훌륭한 예이며, 다른 조직들이 이를 모델로 삼아 자체 다양성 및 포용성 프로그램을 개발하고 실행할 수 있는 영감을 제공한다.

여기에서 반드시 유념할 사실이 있다. 구글은 리더십 코칭 프로그램을 통해 코치가 직원들의 개별적인 요구에 맞춰 피드백을 제공하고, 그들이 직장에서 직면하는 도전 과제를 해결할 수 있도록 돕는다. 이러한 코칭 접근은 직원들이 스스로 문제를 해결하고 성장할 수 있는 역량을 강화할뿐만 아니라 구글의 포용성과 다양성 목표를 달성하는 데 중요한 역할을 했다. 즉, 아무리 우수한 프로그램이 있더라도 이를 실천하는 리더의 책임은 여전히 막중하다는 점을 기억하자.

성공적인 포용적 문화 구축 방법

단계별 접근에서 코칭으로 실천하는 방법

포용적 문화를 성공적으로 구축하면 조직의 장기적인 성공과 구성원의 만족도를 증진시킬 수 있다. 이러한 문화를 구축하기 위해서는 체계적인 방법이 필요하다. 포용적 문화를 구축하기 위한 방법은 크게 세 단계로 나눌 수 있다. 문화 진단, 전략 개발, 그리고 실행 및 평가이다. 이 단계들은 상호 연계되어 있으며, 각 단계는 조직 내에서 지속 가능하고 효과적인 포용적 문화를 형성하는 데 중요한 역할을 한다. 또한, 이러한 단계별 접근 방법에 코칭을 도입함으로써 포용적 문화 구축의 효과를 더욱 극대화할 수 있다.

① 문화 진단Culture Assessment

첫 번째 단계인 문화 진단은 조직의 현재 문화를 평가하고 포용성의 현 수준을 파악하는 것으로 시작한다. 이 단계에서는 구성원 설문조사, 인터뷰, 포커스 그룹 등을 통해 조직 내 다양한 관점에서 데이터를 수집한다. 이를 통해 조직이 현재 어느 정도의 포용성을 갖추고 있는지, 또한 어떤 부분에서 개선이 필요한지를 명확하게 이해할 수 있다.

구글은 자사의 포용성 문화를 진단하기 위해 'Google Diversity Annual Report'를 발행하여 회사 내 인종, 성별, 성적 지향 등의 다양성을 평가하고 있다. 이 보고서를 통해 구글은 조직 내에서 다양성과 포용성에 대한 현황을 파악하고, 이를 바탕으로 포용성 전략을 개발하고 있다. 이러한 문화 진단 단계는 조직 내 포용성의 강점과 약점을 명확하게 식별하고, 향후 전략 개발의 기초 자료를 제공한다.

② 전략 개발Strategy Development

문화 진단 단계를 통해 수집된 데이터를 바탕으로, 두 번째 단계인 전략 개발 단계로 넘어간다. 이 단계에서는 조직의 비전과 목표에 부합하는 포용성 전략을 수립한다. 구체적인 프로그램, 정책, 이니셔티브를 포함한 전략은 다양성과 포용성을 증진시키는 데 초점을 맞춘다. 이때 전략은 조직의 모든 수준에서 실행 가능해야 하며, 다양한 이해관계자stakeholder의 참여와 지지를 얻는 것이 중요하다.

마이크로소프트의 사례를 보면, 회사는 'Diversity & Inclusion Strategy'를 통해 다양한 배경을 가진 구성원이 공평한 기회를 가질 수 있도록 여러 정책을 도입했다. 예를 들어, 마이크로소프트는 구성원의 성별 다양성을 높이기 위해 여성 리더십 프로그램을 개발하고, 성소수자LGBTQ+ 구성원을 지원하는 정책을 시행하고 있다. 이러한 전략 개발 단계는 조직의 목표에 맞춘 포용성 전략을 수립하고, 이를 통해 조직 내 포용적 문화를 형성하는 데 기여한다.

③ 실행 및 평가Implementation and Evaluation

세 번째 단계인 실행 및 평가는 수립된 전략을 실제로 조직 내에 구현하는 단계이다. 이 단계에서는 구체적인 행동 계획을 수립하고, 일정과 책임을 명확히 할당한다. 또한, 실행 과정에서 지속적으로 진행 상황을 모니터링하고 평가하는 것이 중요하다. 이를 통해 프로그램이 계획대로 진행되고 있는지, 또는 개선이 필요한 부분은 없는지를 확인할 수 있다.

실제 사례로, IBM은 포용적 문화를 강화하기 위해 'Be Equal' 캠페인을 시작했다. 이 캠페인은 조직 내 모든 구성원이 평등하게 대우받고 있다는 것을 보장하기 위해 다양한 교육 프로그램과 워크숍을 포함하고 있다. IBM은 정기적으로 이러한 프로그램의 효과를 평가하고, 필요에 따라 전략을 조정하여 포용적 문화를 지속적으로 개선하고 있다. 이러한 실행 및 평가 단계는 포용적 문화를 조직 내에 실제로 정착시키는데 필수적이며, 조직의 전반적인 변화를 문서화하고 개선할 수 있는 기회를 제공한다.

코칭의 도입Integration of Coaching

포용적 문화 구축 과정에서 코칭의 역할은 매우 중요하다. 코칭은 구성원이 포용적 문화에 대해 더 깊이 이해하고, 이를 실천하는 데 필요한 기술과 지식을 습득할 수 있도록 돕는다. 특히, 리더십 코칭은 조직의 리더들이 포용적 리더십을 발휘할 수 있도록 지원하며, 조직 내 포용성을 강화하는 데 기여한다.

딜로이트Deloitte는 리더십 코칭 프로그램을 통해 관리자가 포용적 리더십을 실천할 수 있도록 지원하고 있다. 이 프로그램에서는 리더들이 다양성과 포용성에 대한 이해를 높이고, 이를 통해 팀 내 모든 구성원이 평등하게 대우받을 수 있도록 독려하고 있다. 이러한 코칭은 포용적 문화를 구축하는 데 있어 중요한 요소로 작용하며, 구성원이 조직 내에서 긍정적인 변화를 주도할 수 있도록 돕는다.

딜로이트의 사례는 포용적 문화를 성공적으로 구축했을 때 조직의 지속 가능한 성장과 구성원 만족도를 높이는 데 기여한다는 증거만은 아니다. 오히려, 리더십 코칭을 도입함으로써 포용적 문화를 더욱 효과적으로 구축할 수 있음을 보여준다. 포용적 문화는 장기적인 관점으로 구축 이후의 유지와 강화를 위한 리더십의 헌신이 요구된다는 점에도 주목하자. 조직의 경쟁력을 강화하고, 모든 구성원이 존중받고 평등하게 대우받는 환경을 조성하기 위해 코치로서의 리더의 역할이 다시 한번 부각되는 지점이다.

애플의 다양성 및 포용성 이니셔티브를 통한 코칭 접근

애플Apple은 다양성과 포용성Diversity and Inclusion, D&I을 증진하기 위해 다양한 코칭 중심 프로그램과 이니셔티브를 도입하여 성공적으로 포용적 문화를 구축한 사례로 잘 알려져 있다. 애플의 이니셔티브는 구성원이 서로를 존중하고 협력할 수 있는 환경을 조성하기 위해 포용적 리더십과 지속적인 개인 성장을 지원하는 코칭 방법을 중심으로 운영되고 있다. 이러한 접근 방식은 장기적인 성과와 이점을 가져오는 것으로 평가받고 있으며, 코칭을 통해 조직 내 포용적 행동과 문화를 지속적으로 강화하고 있다.

포용적 리더십을 위한 코칭

애플의 D&I 이니셔티브는 포용적 리더십을 촉진하는 코칭 프로그램에 중점을 둔다. 이 프로그램은 리더들이 다양성과 포용성의 중요성을 이해하고, 이를 실천하는 데 필요한 역량을 개발할 수 있도록 돕는다. 애플은 코칭을 통해 리더들이 자신의 팀 내에서 다양성과 포용성을 증진시키는 구체적인 방법을 배우고 실천할 수 있도록 지원한다.

• **포용적 리더십 코칭 세션**: 애플은 정기적으로 리더들을 대상으로 한 코칭 세션을 실시하여, 그들이 포용적 리더십을 발휘할 수 있는 능력을 개발하도록 돕는다. 이 세션에서는 리더들이 구성원들과의 효과적인 소통, 경청, 공감 능력을 키울 수 있도록 돕는 다양한 기법과 전략을 학습한다.

• **맞춤형 피드백 제공**: 코칭 세션 후에는 리더들이 자신의 리더십 스타일과 행동에 대한 맞춤형 피드백을 받는다. 이 피드백은 리더들이 포용적 행동을 강

화하고, 조직 내에서 보다 효과적으로 다양성을 관리할 수 있도록 하는 데 중요한 역할을 한다.

구성원 성장을 위한 지속적인 코칭

애플은 구성원 개개인의 성장을 촉진하기 위해 지속적인 코칭을 제공한다. 이 프로그램은 모든 구성원이 자신의 잠재력을 최대한 발휘할 수 있도록 돕는 것을 목표로 하며, 이를 통해 조직 내에서 포용적 문화를 더욱 강화하고자 한다.

- **개인 코칭 프로그램**: 애플은 모든 구성원에게 개인 맞춤형 코칭을 제공하여, 그들이 자신의 경력 목표를 설정하고 달성할 수 있도록 지원한다. 이 프로그램은 구성원이 자신의 강점과 개선할 점을 인식하고, 필요한 역량을 개발하는 데 집중한다.
- **멘토링과 동료 코칭**: 애플은 또한 다양한 배경을 가진 구성원이 멘토링과 동료 코칭 프로그램에 참여하도록 장려한다. 이러한 프로그램은 구성원이 서로의 경험을 공유하고, 다양한 관점을 이해하며, 협력하는 데 중점을 둔다.

포용적 문화 강화를 위한 지속적인 학습과 개발

애플의 코칭 중심 접근은 포용적 문화를 지속적으로 강화하기 위한 학습과 개발 기회를 제공하는 데에도 중점을 둔다. 애플은 구성원이 자신의 업무와 조직 내에서의 역할에 대한 더 깊은 이해를 바탕으로 다양성과 포용성을 실천할 수 있도록 지원한다.

- **포용성 워크숍 및 세미나**: 애플은 정기적으로 포용성 관련 워크숍과 세미나

를 개최하여, 구성원이 다양성에 대한 이해를 심화하고, 실제 업무 환경에서 이를 어떻게 적용할 수 있는지를 배울 수 있도록 한다. 이러한 교육 프로그램은 구성원이 무의식적인 편견을 인식하고, 이를 극복하는 방법을 배우는 데 중요한 역할을 한다.

• **지속적인 피드백 루프**: 애플은 포용성 관련 프로그램의 효과를 평가하고 개선하기 위해 지속적인 피드백 루프를 활용한다. 구성원의 피드백을 통해 프로그램의 강점을 강화하고, 개선이 필요한 영역을 식별하여, 더욱 효과적인 코칭을 제공한다.

애플의 코칭 중심 포용성 이니셔티브

애플은 코칭을 중심으로 한 포용성 이니셔티브를 통해 구체적인 성과를 달성해왔다. 예를 들어, 애플은 2020년에 '포용적 리더십 개발 프로그램'을 도입하여, 전 세계의 리더들이 다양성과 포용성에 대한 이해를 높이고, 이를 팀 운영에 적용할 수 있도록 지원했다. 이 프로그램은 리더들이 다양한 배경을 가진 구성원들과의 상호작용에서 더 나은 성과를 낼 수 있도록 돕는 구체적인 전략과 도구를 제공했다. 그 결과, 애플은 리더십 계층에서의 다양성을 크게 개선하였으며, 구성원의 만족도와 참여도가 눈에 띄게 향상되었다.

또한, 애플의 구성원은 개인 코칭 프로그램을 통해 자신의 경력 개발을 적극적으로 관리할 수 있게 되었으며, 이로 인해 전반적인 업무 성과와 조직 내 포용성이 크게 강화되었다. 이러한 프로그램들은 구성원이 조직 내에서 존중받고 가치 있는 존재로 느낄 수 있도록 돕는 데 중요한 역할을 하고 있다.

애플의 코칭 중심 접근은 포용적 문화를 구축하고 유지하는 데 있어 중요한 성공 요인으로 작용하며, 다른 기업들에게도 귀중한 교훈을 제공한다. 이러한 사례는 포용적 문화가 조직의 성장과 성공에 필수적이라는 점을 잘 보여주며, 코칭이 이를 실현하는 효과적인 도구임을 입증한다.

마치며: 코칭 질문의 중요성

조직 내에서 포용적 문화를 구축하고, 다양성과 형평성을 실현하는 데 있어 가장 중요한 요소 중 하나는 바로 '질문'이다. 질문은 의사소통의 수단 중 하나가 아니라, 조직의 문화를 형성하고 개인과 팀의 성장을 촉진하는 강력한 무기이다. 공자의 인의예지신仁義禮智信에서 '예'禮는 예절 이상의 의미를 담고 있으며, 이는 조직 내에서 질문을 통해 실천될 수 있다. 또한, 애드거 샤인의 '리더의 질문법'은 리더가 어떻게 질문을 통해 포용적인 리더십을 실천할 수 있는지를 보여준다. 이 두 개념은 조직 내에서 질문이 얼마나 중요한 역할을 하는지를 이해하는 데 중요한 통찰을 제공한다.

공자의 '예'와 질문의 역할

공자는 인仁, 의義, 예禮, 지智, 신信을 강조하며, 이 다섯 가지 덕목이 사람의 도리를 다하고 공동체의 조화를 이루는 데 필수적이라고 보았다. 그중 '예'는 사회적 규범과 예절을 뜻하며, 타인을 존중하고 배려하는 행동으로 실천된다. 공자에 따르면, '예'는 내면의 의도만을 외적으로 표현하는 행위가 아니라, 내면의 도덕적 가치를 반영하고 타인과의 관계에서 존중과 겸손을 표현하는 행위이다.

질문은 '예'를 실천하는 중요한 방법 중 하나이다. 질문은 상대방의 의견을 존중하고, 그들의 생각을 듣고 이해하려는 태도를 보여준다. 질문을 통해 우리는 타인의 관점을 받아들이고, 그들의 생각과 감정을 진심으로 존중하는 것을 표현할 수 있다. 이는 조직 내에서 상호 존중과 신뢰를 형성하는 데 중요한 역할을 한다. 특히, 포용적인 문화를 조성하기 위해서는 구성원이 자유롭게 의견을 표현할 수 있는 환경을 만들어야 하며, 이때 질문은 그러한 환경을 조성하는 데 필수적이다.

예를 들어, 조직 내에서 새로운 프로젝트를 시작할 때, 리더가 구성원에게 "이 프로젝트에 대해 어떻게 생각하십니까?"라는 질문을 던진다면, 이는 구성원의 의견을 존중하고, 그들의 생각을 경청하려는 리더의 의지를 나타낸다. 이러한 질문은 구성원이 자신의 의견을 자유롭게 표현할 수 있도록 도울 뿐만 아니라, 조직 내에서 상호 존중의 문화를 형성하는 데 기여한다.

애드거 샤인의 리더의 질문법

애드거 샤인은 그의 저서 《리더의 질문법Humble Inquiry: The Gentle Art of Asking Instead of Telling》에서 리더십의 중요한 요소로 '질문하는 방법'을 강조한다. 샤인은 질문을 통해 리더가 구성원과의 관계를 강화하고, 조직 내에서 신뢰와 협력을 증진할 수 있다고 주장한다. 그는 특히 '무례한 단언'과 '겸손한 질문'을 비교하며, 리더가 겸손하게 질문할 때 조직 내에서 긍정적인 변화가 일어날 수 있다고 설명한다.

'무례한 단언'은 리더가 자신의 권위와 지식을 바탕으로 구성원에게 명령하거나 지시하는 태도를 말한다. 이러한 접근은 구성원의 참여를 저해하고, 그들의 자율성과 창의성을 제한할 수 있다. 반면에 '겸손한 질문'은 리더가 자신의 무지를 인정하고, 구성원의 의견과 생각을 존중하는 태도를 나타낸다. 겸손한 질문은 리더가 구성원의 경험과 지혜를 인정하고, 그들의 기여를 환영한다는 메시지를 전달한다.

샤인은 겸손한 질문을 통해 리더가 구성원과의 신뢰를 쌓고, 그들의 참여와 헌신을 이끌어낼 수 있다고 주장한다. 예를 들어, 리더가 "이 문제에 대해 어떻게 생각하세요?" 또는 "이 상황에서 우리가 무엇을 개선할 수 있을까요?"라고 질문한다면, 이는 구성원이 자신의 의견을 자유롭게 표현할 수 있는 환경을 조성하고, 그들의 생각을 존중하는 리더의 자세를 보여준다. 이러한 질문은 구성원이 자신의 역할을 더욱 자율적으로 수행할 수 있도록 돕고, 조직 내에서 포용적 문화를 강화하는 데 중요한 역할을 한다.

질문을 통한 코칭의 실천

조직 내에서 질문을 통한 코칭은 DEI 실현에 매우 중요하다. 질문을 통해 구성원은 자신의 무의식적 편견을 인식하고, 다양한 관점을 이해하며, 서로의 차이를 존중할 수 있다. 코치는 구성원에게 질문을 던짐으로써, 그들이 자신의 생각을 돌아보고, 새로운 시각을 발견하도록 돕는다. 이는 조직 내에서 다양성과 포용성을 증진시키는 방향으로 발전한다.

예를 들어, 코치가 구성원에게 "우리가 더 포용적인 팀 문화를 만들기 위해 무엇을 할 수 있을까요?"라는 질문을 던진다면, 이는 구성원이 자신의 행동과 태도를 반성하고, 포용적인 문화를 형성하기 위해 필요한 변화를 모색하도록 자극할 수 있다. 이러한 질문은 구성원이 자신의 역할을 재평가하고, 조직 내에서 더 나은 협력과 상호 이해를 촉진하는 데 기여한다.

또한, 질문은 구성원이 자신의 성장과 발전을 자율적으로 관리할 수 있도록 돕는 데 중요한 도구가 된다. 코치는 구성원에게 "당신의 경력 목표를 달성하기 위해 어떤 지원이 필요하다고 생각하십니까?"라는 질문을 던짐으로써, 그들이 자신의 목표를 명확히 하고, 이를 달성하기 위한 계획을 세울 수 있도록 돕는다. 이러한 접근은 구성원이 자신의 경력을 주도적으로 관리하고, 조직 내에서 더 큰 성과를 달성할 수 있도록 지원한다.

질문은 조직 내에서 다양성과 포용성을 증진시키고, 구성원이 자신의 잠재력을 최대한 발휘할 수 있도록 돕는 강력한 도구이다. 공자의 '예'와 애드거 샤인의 '리더의 질문법'은 리더가 겸손하게 질문하고, 구성원의 의견을 존중하는 것이 조직 내에서 포용적 문화를 형성하는 데 얼마나 중요한지를 잘 보여준다. 질문을 통한 코칭은 구성원이 자신의 무의식적 편견을 인식하고, 다양성을 존중하며, 포용적인 태도를 기를 수 있도록 돕는다. 이는 조직이 지속 가능한 성공을 이루고, 모든 구성원이 존중받고 공평하게 대우받는 환경을 조성하는 데 기여한다.

이제 코치인 리더가 조직과 구성원에게 어떤 질문을 해야 할지 상황별로 질문의 목록을 만들어보길 권한다. 무엇보다 구성원에게 던지는 첫 번째 질문을 결정하는 순간이 가장 중요하다. 코칭 철학에 적합한지 성찰하고, 존중하는 마음을 담아, 겸손한 표현으로 마무리한다면, 코치로서의 첫 질문을 훌륭하게 완성할 수 있다. 바로 리더가 되는 첫 걸음을 무사히 내딛은 것이다. 나아가, AI시대에 리더와 구성원 모두가 성공과 행복을 자아내는 조직으로 진화하는 첫 질문이 될 것이다.

A기업의 코칭 문화 도입

최락구

기업의 코칭 문화는 개인 맞춤형 코칭과
리더십 개발을 통해 조직 성장을 지원하는
전략이다.

1

A 기업의 코칭 문화 도입

 A 기업은 연 매출 3조 원 이상의 글로벌 식품기업으로, 급변하는 글로벌 시장에서 경쟁력을 유지하고자 끊임없는 제품 혁신과 경영 혁신을 추진하고 있는 기업이다. 조직 내에는 연구개발, 마케팅, 구매, 생산, SCM, 영업, 경영관리 등 다양한 기능이 유기적인 협업을 통해 성과를 만들어 내는 업무 구조를 가지고 있으며, 베이비붐 세대부터 MZ 세대까지 다양한 가치관을 가진 구성원들이 공존하고 있다. 직원들은 개인의 성장과 발전에 대한 욕구가 강하며, 일과 삶의 균형을 매우 중요시하고 있다. 지금의 환경에서는 전통적인 HR 부서 중심의 인재육성 보다는 팀원 개개인의 성장과 육성을 지원하는 직원 맞춤형 육성 프로그램이 필요하고, 팀원 육성의 책임 주체는 HR 부서가 아니라 조직의 리더와 팀원 개개인이 되어야 한다. 최고경영진의 육성철학에도 일을 통한 육성, 리더를 통한 인재육성이 잘 나타나 있으며 이를 지속적으로 강조

하고 있다. 이에 따라 현업 부서에서 리더의 책임하에 팀원 육성을 지원할 수 있는 새로운 리더십 모델이 필요하게 되었다.

A 기업에서는 이러한 요구에 부응하는 효과적인 리더십 개발 전략으로 10여 년 전부터 코칭 기법을 활용한 코칭형 리더십 개발을 추진해 왔다. 코칭형 리더십 개발을 위한 조직 내 코칭 문화 도입은 직원들이 빠르게 변화하는 경영 환경에 유연하게 적응하고, 지속적으로 학습하며 성장할 수 있는 기반이 될 수 있다. 세대 간 갈등을 줄이고, 개인 맞춤형 성장을 지원하며, 창의적이고 혁신적인 조직 문화를 조성하는 데에도 큰 역할을 할 수 있다. 최근에는 팀원 개개인에게 맞춤형 코칭 프로그램도 제공하고 있는데, 코칭은 개인화된 접근을 통해 각 직원의 고유한 목표와 니즈를 충족시킬 수 있다.

A 기업에서 코칭 문화를 도입하면서 팀원 개개인의 성장과 팀장급 리더의 리더십 개발을 위해 중요하게 설정한 과제는 다음과 같다.

팀원 개개인의 성장

• **자기주도 학습 지원:** 팀원들이 스스로 성장과 경력 목표를 설정하고 달성할 수 있도록 학점이수제도를 운영하고 있다. 직원들은 집합교육, 외부위탁교육, 사이버연수원을 통해서 주도적으로 학습할 수 있으며, 리더와 HR 부서는 팀원들의 학습 환경을 조성하고 지원한다. 리더들은 HR 부서로부터 정기적으로 직원들의 학점이수 현황과 학습 실적 정보를 제공받고, 또 회사에서의 지원 방법을 찾아 협의할 수 있다.

- **맞춤형 코칭**: 각 직원의 경력개발 니즈와 성장 목표를 지원할 수 있는 맞춤형 코칭을 운영하여 직원의 개인적인 성장과 개발을 지원한다. 특히 대리급, 과장급 승진자에 대한 코칭 기회를 부여하여, 새로운 직급에서의 경력개발, 역량개발 목표를 수립하고, 점검할 수 있게 지원하고 있다. 이 과정에서 팀원 개개인의 성장 니즈와 상사의 육성 니즈를 확인하는 기회가 되기도 한다.
- **조직 내 학습문화 구축**: 직원들이 개인에 대한 정기적인 평가 외에, 리더에 의해 수시 피드백을 받으면서 성장할 수 있도록 지원하고 있다. 회사에서는 리더를 대상으로 조직내 학습문화를 조성해 나갈 수 있도록 지속적인 리더십 교육, 조직 단위 워크숍 지원, 코칭 등을 지원하고 있다. 또한 조직 내에서 실무를 통해 성장할 수 있도록 실질적인 OJT 제도를 운영하고 있으며, 조직 내 학습문화에 대해서는 직원과 리더를 대상으로 HR 부서에서 매년 모니터링을 실시하고 이에 대한 피드백을 실시하고 있다.

팀장급 리더의 리더십 개발

- **지속적인 리더십 교육**: HR에서는 매년 실시하고 있는 리더십 교육과정에 10여 년 전부터 코칭 과목을 포함하여 운영하고 있다. 코칭에 대한 이해, 코칭 스킬, 명확한 업무지시 방법, 성과 코칭 방법, 평가면담 스킬 등의 과목을 통해 전사적으로 코칭에 대한 이해도와 실행력을 높여가고 있다.
- **리더십 진단**: 리더들이 자신의 강점과 약점을 확인하고 개발할 수 있도록 회사 차원의 360도 리더십 진단을 매년 실시하고 있다. 리더들은 상사와 본인, 팀원들의 진단을 통해서 본인의 리더십을 점검하고, 이에 대한 개발계

획을 수립하게 된다. HR에서는 리더들에게 리더십 실천목표를 수립하게 하고 점검하고 있으며, 또 회사의 지원방안에 대해서도 의견을 받고 이를 실행하고 있다.

- **리더십 개발 지원**: HR부서는 리더의 개별적인 리더십 개발 지원 요청에 적극적으로 응대하고 있다. 리더들의 지원요청 사항은 교육정보 요청이나 외부교육 지원 요청부터 본인 조직의 조직개발 워크숍 요청, 맞춤형 교육 프로그램 요청 등으로 다양하다. HR에서는 개인 코칭 지원, 조직개발 워크숍 지원, 조직 단위 맞춤형 교육과정 지원, 또는 리더십 교육 반영 등 다양한 방법으로 지원을 하고 있다.

- **그룹코칭 지원**: 리더의 개별적 니즈와 조직의 니즈를 반영한 그룹코칭 프로그램을 통해 리더십 역량 학습을 지원한다. 팀장 대상으로는 리더십 진단 결과와 연계하여 리더십 실천 소모임이라는 그룹 코칭 프로그램을 매년 운영하고 있으며, 영업 현장의 영업소장을 대상으로 그룹 코칭 프로그램도 별도로 진행하고 있다.

2

코치형 리더 육성 프로그램

코치형 리더는 팀원들의 성과 향상, 혁신 촉진, 조직 문화 개선 등에 기여하는 리더십 스타일을 가지고 있으며, 코칭 기법을 활용하여 팀원들과의 소통을 지원하고, 구성원의 성장과 성과 지향적인 조직 문화를 구축할 수 있다. 다음은 A 기업의 코치형 리더를 육성하기 위한 프로그램들이다.

팀장 리더십 교육

매년 진행하고 있는 팀장 리더십 교육은 코치형 리더 육성을 목표로 코칭 관련 과목을 편성하여 운영하고 있다. 코칭에 대한 이해를 바탕으로 조직관리와 팀원육성에 코칭 리더십을 적용하고 실행할 수 있도록 지속적인 교육이 진행되고 있다. 팀장 리더십 교육은 매년 그룹 내 전

팀장 대상으로 2일 또는 3일 과정의 합숙교육으로 운영되고 있으며, 교육 내용은 최고경영진과 대화, 경영방침과 경영현황 이해, 그리고 코칭형 리더십 이해 등으로 구성된다. 그간 팀장 리더십 교육에서는 코칭형 리더십 이해를 위해서 코칭 이해, 코칭 방법론, 코칭 기법을 활용한 성과관리, 업무지시와 피드백 등의 교육을 진행하였으며, 그간 진행된 교육 과목은 아래와 같다.

- **코칭형 성과관리**: 회의기법/중간점검/피드백 스킬 향상
- **코칭 실행**: 직원유형별 코칭계획 수립, 실행바인더 활용법, 팀웍/협업 중심의 조직관리
- PI Predictive Index 성향검사를 활용한 유형별 인재관리와 팀원 코칭 가이드
- 일하는 방식의 혁신과 팀원 육성방법
- 육성 중심의 평가 피드백 방법: 수시 피드백, 상시 성과 면담기법
- 효과적인 업무지시와 상황별 피드백 스킬

팀장 리더십 진단

변화하는 경영 환경 속에서 조직의 지속적인 성장과 발전을 위해서는 팀장들의 리더십 역량 향상이 필수적이다. 이를 위해 팀장 리더십 진단을 실시하여 팀장들의 리더십 수준을 객관적으로 평가하고, 개선 목표를 설정한다. 팀장 리더십 진단은 전사 팀장급 리더를 대상으로 상사, 본인, 부하 팀원이 참여하는 360도 진단 툴이며, 총 60문항으로 구성하고 있다. 온라인 설문으로 조사하고 진단의 객관성을 담보하기 위

하여 외부 전문 기관에서 실행한다. 진단 후 결과 활용은 다음과 같다.

- **개인 피드백**: 진단 결과를 바탕으로 각 팀장에게 개인별 피드백을 제공한
  다. 이를 통해 자신의 강점과 약점을 명확히 인식하고, 개선 방향을 설정할
  수 있다.
- **개선 계획 수립**: 피드백을 토대로 각 팀장은 매년 자신의 리더십 실천계획을
  수립하고, 중간점검하는 과정을 진행한다.
- **맞춤형 교육 지원**: 진단 결과에 따라 팀장 개개인의 필요에 맞춘 교육 프로그
  램을 기획하고 지원한다. 이를 통해 리더십 역량을 보완할 수 있다.
- **코칭 세션 지원**: 팀장들의 개선 니즈를 확인하여 소규모 코칭 세션을 지원
  한다.
- **조직단위 분석**: 진단 결과를 종합하여 조직 차원의 리더십 현황을 파악하고,
  분석 결과를 바탕으로 조직문화 개선 방안을 수립할 수 있다.

리더십 진단과 그 결과 활용은 팀장 개개인의 리더십 역량을 강화하
고, 조직 전체의 성과를 향상시키는 데 중요한 역할을 할 수 있다. 개인
별 피드백과 맞춤형 교육, 조직 차원의 개선 방안 마련 등을 통해 지속
적으로 리더십을 개발하고, 조직 문화 개선활동을 HR과 협업하여 추
진하고 있다.

리더십 실천계획 수립

리더십 실천계획수립은 매년 팀장들이 본인 조직의 팀원육성과 리더

십 실행력 증진을 목표로 운영하는 프로그램이다. 리더십 실천계획에는 전년도 본인의 360도 리더십 진단 결과를 반영하여, 강점 영역은 강화하고, 약점 영역은 보완할 수 있도록 목표를 수립하되, 팀원육성을 위한 실행계획과 본인의 리더십 개발 실천계획을 구분하여 수립하고 있다.

리더십 실천계획의 내용에는 본인의 리더십 개발을 위한 지원요청 사항과 팀원육성을 위한 본인의 실천계획을 담고 있다. 또한 회사나 상사, HR 부서의 지원이 필요한 내용을 포함하고 있다. 매년 초, 성과목표 수립과 동시에 리더십 실천계획도 수립하여 제출하고 있으며, HR에서는 반기 단위 과정관리를 진행하고 있다. 특히 과정관리 세션은 최고경영진도 함께 참여하여 운영하는 워크숍 프로그램으로 다년간 운영하였다. 최고경영진과 팀장급 리더간의 진솔한 리더십 토론을 통해 회사가 원하는 바람직한 리더상과 팀원 육성의 바람직한 방법론을 정립해 나가고 있다.

팀장 리더십 실천 소모임(그룹 코칭)

팀장 리더십 실천 소모임은 팀장들의 조직관리 이슈를 함께 고민하고 조언하고, 현실적인 문제해결 방법을 지원하는 그룹 코칭 프로그램으로 운영되고 있다. 연초에 팀장들은 리더십 실천계획을 수립하면서 HR부서에 다양한 지원 프로그램을 요청할 수 있다. 그 중에는 본인 조직의 조직개발이나 팀원 육성에 대한 지원 요청뿐만 아니라, 본인의 리더십 개발 계획도 포함된다. HR부서에서는 팀장 본인의 리더십 개발과 관련하여 지원 요청사항을 확인하고, 니즈가 비슷한 내용을 정리하여 당해 년도 그룹 코칭 프로그램을 설계하여 운영한다.

리더십 실천 소모임은 본인의 리더십 향상을 위하여 모임에 참여한 팀장들이 서로 지지하고 피드백을 주고받음으로써, 리더십 실행력을 높이게 하는 것이 목적이다. 또한 팀장들 상호간의 조직 관리와 관련된 개인의 구체적인 경험과 사례를 공유하여, 팀장들 간의 상호 지식 전수를 촉진하는 것이다. 리더십 실천 소모임은 특히 팀원 면담과 피드백, 질문 스킬을 실습해 볼 수 있는 좋은 기회가 된다. 소모임에 참여한 팀장들은 현실적인 리더십 실행목표를 수립하고, 실행 중심의 그룹 코칭을 통해 개인별로 작은 변화와 성공 경험을 축적할 수 있다.

리더십 실천 소모임은 매년 희망자 및 HR 부서에서 추천하여 1기수 5~6명의 주니어 및 시니어 팀장으로 인원을 편성하고 3개월간 운영한다. 월별 모임은 오프닝, 실천결과 리뷰, 리더십 테마토크, 실천계획 수립 순서로 진행되며 3~4시간 과정으로 운영한다. 모임을 통해서 실행결과를 공유하고, 주제 토론을 통해서 상호 집단지성을 발휘하고, 리더십 실행을 경험하고 점검해 보는 기회가 된다. 전문 퍼실리테이션 자격을 갖춘 HR 담당자가 모임을 진행하되, 가급적 개입을 최소화해서 운영하고 있다. 그리고, 매월 모임이 끝나면 참가자들이 함께 식사하는 자리를 마련하여 개인적인 친교의 기회도 만들고 있다.

3

코치형 리더를 위한 지원도구 개발

팀원 육성 가이드북

팀원 육성 가이드북은 팀장급 리더들에게 팀원 육성 활동에 도움이 되는 정보와 활용 도구를 지원하는 매뉴얼이다. 그간 리더들은 팀원의 경력 단계에 맞는 육성과 개발 관련하여 체계적인 정보를 원했고, 직원들은 자신의 역량과 경력 개발에 필요한 교육 정보와 더불어 리더와의 소통의 기회를 원하고 있었다. 따라서 HR에서는 팀원 육성에 도움이 되는 교육 및 인사 관련 정보를 체계적으로 정리하여 현업 리더_{임원/팀장}가 팀원 육성에 관심을 갖고 실행할 수 있도록 지원하고자 팀원 육성 가이드북을 제작하여 배포하게 된 것이다. 팀원 육성 가이드북의 활용 목적은 다음과 같다.

- 팀원 육성에 대한 리더의 책임과 역할을 인식하고, 리더십 실천에 활용함
- 회사의 교육체계와 교육프로그램을 정확히 이해하고, 팀원 육성 자료로 활용함

- 직무/직급별로 필요한 내/외부 교육과정을 확인하고, 팀원 역량개발을 지원함
- 리더가 알아야 할 회사의 핵심 인사제도를 이해하고, 팀원 인사관리에 활용함

팀원 육성 가이드북의 주요 내용은 팀원 육성을 위한 리더의 역할, 팀원 육성을 위한 회사의 교육체계, 직무/직급별 회사 및 외부의 교육과정, 리더가 알아야 할 핵심 인사제도 등의 내용으로 구성되어 있다. 특히 팀원 육성을 위한 리더의 역할 부분에서는 리더들이 코칭 리더십을 발휘할 수 있도록 팀원 Profile, 팀원 성격진단 자료PI, 팀원 1 on 1 면담 가이드, 팀원 관찰노트, 리더 본인의 리더십 실행 진단 등의 내용으로 구성되어 있다.

팀원 육성 가이드북 배포 후 현업 팀장, 임원들은 교육 및 인사 관련 정보가 잘 정리되어 있어 한눈에 확인할 수 있으며, 팀원에게 설명하고 지도하는 데 유용하고, 리더가 팀원 육성에 대한 책임과 방법을 생각하고 실천할 수 있는 계기가 된다는 피드백을 주었다.

팀장 리더십 가이드북

팀장 리더십 가이드북은 팀장들과 최고경영자와의 간담회에서 팀장들이 작성한 리더십 실천계획서에 기초하여 제작하게 되었다. 회사의 팀장들이 더 좋은 리더로 성장하기 위한 자료로 활용할 목적으로 제작하였는데, 다음의 내용들을 포함하고 있다.

- 팀장들이 생각하는 닮고 싶은 리더와 닮고 싶지 않은 리더의 유형과 각 리더

유형이 보이는 주요한 특징

- 회사의 리더들이 어떤 상황에서 어떻게 리더십을 발휘하였는지 리더십 유형별 실제 사례와 스토리
- 리더십 유형별, 혹은 상황별로 리더십을 발휘하기 위한 구체적인 방법
- 리더가 해야 할 일 vs 하지 말아야 할 일
- 리더십 자가진단 체크리스트
- 리더십 유형 자가진단
- 리더십 개발 계획강화/보완

신임팀장 가이드북

신임 팀장 가이드북은 담당자에서 처음으로 리더가 된 팀장들에게 팀장의 역할을 인식하고 빠르게 정착할 수 있도록 돕기 위해 제작된 가이드북이다. 신임 팀장들은 팀장 보임 후 1개월 이내에 1일 과정의 신임 팀장 오리엔테이션을 가지며 이때 교재로 활용하고 있다.

이 가이드북은 신임 팀장으로서 성공적인 리더십을 발휘하기 위해 필요한 주제들을 다룬다. 각 주제별로 팀장의 역할과 조직관리 방법을 체계적으로 설명하고 있다.

- **리더의 역할과 역량**: 리더십의 정의, 효과적인 리더십 모델, 리더로서의 기본적인 역할/책임
- **사람관리**: 사람 관리의 중요성과 구체적인 방법, 팀원들의 동기 부여, 상사와의 관계 관리, 부하 직원 관리, 이해 관계자와의 소통 방법

- **성과관리:** 팀 목표 설정, 성과 측정 방법, 피드백 제공 및 성과 개선 방안

- **조직관리:** 조직의 구조와 문화 이해, 팀워크 증진 방법, 갈등 관리 및 해결 방안

- **리더의 자기관리:** 리더의 자기 인식, 스트레스 관리, 시간 관리, 자기계발 방법

- **실전 Tip:** HR 부서와 협업하는 방안

이 가이드북은 신임 팀장으로서 기본기를 다지고, 실질적인 리더십 역량을 강화할 수 있는 체계적인 로드맵을 제공하고자 하였다. 이 가이드북을 활용하여 자신의 리더십 스타일을 구체화하고, 조직관리에 필요한 실천 가능한 계획을 세울 수 있다.

4

사내 코치 육성

사내 코치 제도는 조직 구성원들의 잠재력을 극대화하고, 혁신과 성장을 이끌어내는 효과적인 인재 개발 전략이다. 외부 전문 코치와 달리 우리 조직에 대한 이해도가 높고 지속적인 협업이 가능하며, 내부 직원을 육성하는 방법에서도 효과적이다. 기업에서 사내 코치를 육성하는 중요한 목적은 다음과 같다.

- **직원 성과 및 생산성 향상**: 사내 코치는 직원들이 자신의 업무 목표를 달성하고 직무 역량을 향상시키도록 도와줄 수 있다.
- **직원 만족도 및 유지율 증가**: 사내 코치는 직원들의 경력 개발과 개인적 성장을 지원함으로써 직원 만족도를 높이고, 결과적으로 이직을 줄일 수 있다.
- **조직 문화 및 팀워크 강화**: 사내 코치는 긍정적인 피드백 문화를 조성하고, 팀원 간의 의사소통과 협력적인 업무 환경을 조성할 수 있고, 이는 조직 내에서 협력과 신뢰를 강화하고, 건강한 조직 문화를 형성하는 데 기여할 수 있다.

사내 코치 운영의 장점으로는 조직의 문화, 구조 등 조직에 대한 깊은 이해를 바탕으로 맞춤형 코칭을 제공할 수 있고, 사내 코치는 지속적인 피드백과 지원을 제공할 수 있다. 사내 코치는 또한 외부 코치에 비해 장기적으로 비용을 절감할 수 있으며, 동료 및 직원들과의 신뢰 관계를 구축하기 용이하여 코칭의 효과를 높일 수 있다.

그러나, 단점으로는 사내 코치는 외부 코치보다 다양한 경험이나 최신 코칭 기술에 대한 전문성이 부족할 수 있고, 조직 내부에서 이해관계가 있어 객관성이 떨어질 수도 있다. 또한 코치 육성에 시간이 걸리고, 다수 인력의 코칭에는 제한이 있을 수 있다.

구 분	사내코치 육성	외부코치 활용
장 점	• 조직에 대한 깊은 이해 • 지속적인 지원 가능 • 비용 절감 효과 • 조직 내 신뢰 구축 가능	• 전문성 확보 • 객관성 확보 • 최신 기술과 트렌드 반영 가능
단 점	• 전문성 제한 • 객관성 결여 • 자원 한정	• 비용 부담 • 조직 이해 부족 • 지속적인 지원 어려움

A 기업의 사내코치 육성

A 기업에서는 2019년부터 신입사원이나 대리, 과장 직급 직원들의 경력개발 및 자기계발에 대한 지속적인 상담과 조언을 통하여 직원들의 역량 개발을 체계적으로 지원할 목적으로 사내 코치를 육성하고 있다.

현재, 사내에는 외부 인증 코칭 기관에서 교육과 코칭 실습을 이수하고, 인증 자격을 획득한 7명의 코치가 활동하고 있다. HR 부서 및 경영관리, 연구소, 총무 부서 등의 직원들이 참여하고 있으며, 이들 코치는 KPC 자격 코치 2명, KAC 자격 코치 5명이다. 사내 코치의 해당 직급은 대리~차장급 코치 6명, 부장급 리더 코치 1명이다.

2019년부터 육성된 사내 코치는 2020년부터 사내 코칭 프로그램에 투입되어 활동하고 있다. 사내 코치는 사내 직원들을 대상으로 1년에 2~3회 코칭 프로그램에 참여하여 코칭을 진행하고 있다. 회사에서는 매년 2~3기 경력개발 코칭 프로그램을 운영하고 있는데, 1기 과정은 3개월 이내, 5회 코칭을 기준으로 운영한다. 코치로 참여하는 사내 코치에게는 사내강사료 지급 기준에 준하여 강사료를 지급하고 있으며, 코칭 보수교육도 지원하고 있다.

5

A 기업의 코칭 운영 사례

A 기업의 직원 경력개발 코칭

회사의 집중적인 관심과 육성을 받는 신입사원 과정을 지나 대리, 과장급 직원들은 경력개발 및 자기계발에 대한 지속적인 상담과 개별적인 관심을 필요로 하고 있다. 이들의 성장은 조직의 미래 성과와 직결될 수 있기 때문에 대리, 과장급 직원들의 역량 강화를 위한 체계적인 지원은 필수적이다. 이러한 요구와 필요성에 대응하기 위해 도입된 경력개발 코칭 프로그램의 주요 목적은 직원들이 직장인으로서의 경력개발과 자기계발 계획을 구체적으로 수립하고, 이를 실행할 수 있는 능력을 향상시키는 것이다. 이 프로그램을 통해 직원들은 자신의 경력을 주도적으로 설계하고, 조직 내에서 더 큰 성과를 창출할 수 있는 기반을 마련할 수 있다고 믿는다.

경력개발코칭 프로그램 개요

A 기업에서 2019년부터 시작된 경력개발 코칭 프로그램은 3개월 기간으로 총 5회의 세션으로 진행되며, 코칭 대상자는 대리 또는 과장 승격자로서 최소 2~3년 이상의 근속 기간을 가진 직원들로서 일정한 절차를 거쳐 신청한 희망자들이다. 코칭 프로그램의 운영 주체는 HR 부서이며, 코치는 코치 인증을 받은 사내코치로 구성하고, 코칭 기간은 3개월로 운영하고 있다. 사전 세션과 본 코칭 5세션으로 구성하여 운영하고 있으며, 프로그램의 개요는 아래와 같다.

구분	시간	내용	비고
사전 세션	60분	상사 인터뷰 (대상자 육성 목표 확인, 역량 진단)	직속상사+ 코치
제1세션	90분	경력개발 및 자기계발 목표 수립 실행하기 위한 구체적인 계획 수립	코치
제2~4세션	각60분	실행계획의 진행 상황 점검 방해, 장애요인 파악 실행계획 수정, 또는 추가사항 반영	코치
제5세션	60분	설정한 목표와 실행 결과 점검 전체 코칭 과정 정리	코치

추가 지원사항으로는 친밀감 형성을 위해 코칭 기간 중 1회 이상의 식사 자리를 마련하도록 활동비를 지원한다. 코칭 종료 후 코칭 대상자에게는 교육학점을 부여하고 코치에게는 소정의 사내강사료를 지급한다.

경력개발 코칭 프로그램은 1년에 2~3차수로 운영하며, 차수별로 3~4명의 코치가 참여하여 운영하고 있다. 코치들은 본인의 업무와 코칭을 병행해야 하는 부담을 감수해야 하기 때문에 매번 코칭에 참여하기는 현실적으로 어려운 점도 있다. 아래의 사례를 보면 코칭 진행상의 구체적인 모습을 그려볼 수 있을 것이다.

홍길동 대리 코칭 사례

홍길동 대리는 ABC팀에서 주목받는 대리로 경력사원으로 입사한 재원이다. 그는 경력개발 코칭 프로그램에 참여하여 자신의 경력 목표를 더욱 명확히 하였고 이를 달성해 나갈 수 있는 구체적인 계획을 수립하게 되었다. 이 코칭 프로그램은 2021년 2월부터 4월까지 약 두 달간 진행되었는데, 홍 대리가 프로그램에 참여한 이유는 경력사원으로서 이 조직에서의 자신감을 회복하고, 업무 의욕과 성취감을 높이기 위해서였다. 많은 직장인들이 직장 생활에서 느끼는 의욕 저하와 성취감 부족은 개인의 성장뿐만 아니라 조직의 성과에도 부정적인 영향을 미친다. 홍 대리도 마찬가지로 업무 의욕을 높이고자 했으나 방법을 모르고 있었고, 자신의 경력개발에 대해서는 막연한 희망사항 수준이었다. 그는 이번 경력개발 코칭을 통해서 세 가지 구체적인 세부 목표를 설정할 수 있었다. 그것은 직장 및 일에 대한 의욕 높이기와 주도적인 시간관리, 그리고 건강관리 및 자기관리이다.

코칭의 경과

코칭 프로그램의 첫 단계는 자신에 대해 더 깊이 이해하는 것이었다. 홍길동 대리는 자신이 회사에서 진정으로 원하는 모습과 자신의 역할에 대해 깊이 고민하게 되었다. 이를 통해 그는 CSR기업의 사회적 책임과 윤리경영 업무의 중요성을 깨닫게 되었고, 장기적인 경력 계획을 수립할 수 있었다. 그는 회사의 윤리적 가치와 자신의 존재 이유를 연관 지어 생각하면서, 자신의 역할을 재정립하게 되었다. 이는 그의 경력 목표를 명확히 하고, 회사 내에서 자신이 어떤 가치를 창출할 수 있는지에 대한 확신을 가지게 하였다. 또한, 그는 자신의 강점을 확장하여 성과로 연결하기 위한 계획을 세우게 되었고, 업무에 대한 인식과 태도를 긍정적으로 변화시키는 계기가 되었다. 또한, 상사가 생각하는 자신의 강점과 약점을 파악하고 이를 업무에 적용하는 방법을 익힌 것도 중요한 발견이었다. 이를 통해 그는 상사와의 소통을 더 자주할 수 있게 되었고, 자신의 업무 수행 방식을 더 효과적으로 조정할 수 있게 되었다.

실행 방안 및 향후 계획

홍길동 대리는 구체적인 목표를 실현하기 위해 몇 가지 실행 방안을 마련했다. 그는 먼저, 타운홀 미팅 운영이라는 업무 목표의 끝 그림결과이미지을 그리고, 간트 차트를 통해 업무 일정을 체계적으로 관리해 나갔다. 이 과정을 통해 그의 시간관리 능력이 향상되었고, 업무를 보다 효율적으로 수행할 수 있는 역량을 습득하게 되었다. 또한, 그는 퇴근 후 시간을 효율적으로 사용하기 위해 하루 1시간 학습과 산책하는 것을 습관으로 만들었다. 이러한 활동은 그의 건강을 유지하고, 자기관리를 통해 일과 삶의 균형을 맞추는 데에도 큰 훈련이 되었다. 홍길동 대리는 이후 그 해 연말까지 세 가지 목표를 모두 10점 만점 수준으로 달성하고자 하는 추가적인 목표도 갖게 되었다.

코치의 의견과 결과

코치는 홍길동 대리가 자기 성찰을 꾸준히 하고 본인의 강점과 약점을 잘 파악하고 있으며, 그의 목표 달성 의지가 높고, 진정한 동기부여가 실행에 큰 역할을 하고 있다고 평가하였다. 코치는 홍길동 대리가 일에 대한 고민을 성과로 만들기 위한 노력을 많이 하고 있어 앞으로의 성장과 변화가 기대된다고 하였다. 또한, 삶의 만족이 일에 대한 의욕과 능률로 이어져, 퇴근 후의 취미생활이 회사생활에도 큰 도움이 될 것이라고 덧붙였다.

홍길동 대리의 경력개발 코칭 사례는 개인의 경력 목표 설정과 이를 달성하기 위한 구체적인 실행 훈련이 얼마나 중요한지를 잘 보여준다. 그의 사례는 경력개발 코칭이 개인의 성장뿐만 아니라 조직 전체의 성과에도 긍정적인 영향을 미칠 수 있음을 그의 상사와의 면담을 통해서도 확인되었다. 이러한 코칭 프로그램은 모든 직장인들에게 큰 도움이 될 수 있으며, 지속적인 자기 개발과 성찰을 통해 더 나은 경력 발전을 이루어 나갈 수 있을 것이다.

김하나 대리의 코칭 사례

경력개발 코칭은 개인의 성장과 조직의 성과 향상에 큰 도움이 될 수 있는 중요한 도구이다. 가나다팀의 김하나 대리는 2021년 6월부터 8월까지 약 두 달간 코칭 프로그램에 참여하였고, 이 기간 동안 자존감을 높이고 소극적인 자신을 극복하기 위해 몇 가지 목표를 설정하고 달성해 나가게 되었다. 김하나 대리는 이 코칭 프로그램을 통해 자신의 내면을 깊이 들여다보고, 경력 목표를 재정립하며, 실질적인 변화를 이끌어내는 경험을 하게 되었다. 김하나 대리의 대목표는 자존감을 높여 소극적으로 변한 자신을 극복하는 것이었다. 이를 달성하기 위해 그는 세 가지 세부 목표를 설정하였다. 첫째는 직장 내 업무에 대한 스트레스를 줄이는 것이었고, 둘째는 동료들과의 관계를 개선하는 것이었으며, 셋째는 자기개발을 위한 시간 분배를 효율적으로 하는 것이었다. 이러한 목표는 그의 일상적인 업무와 개인적인 성장을 동시에 도모할 수 있는 방향으로 설정되었다.

코칭 경과

코칭 프로그램의 첫 단계에서 김하나 대리는 자신의 업무에 대한 스트레스가 외부 요인 때문이라고만 생각하고, 이를 환경 탓으로 돌리고 있음을 깨달았다. 그러나 코칭을 통해 그는 근본적인 원인이 업무에 대한 지식 부족과 나태함에서 비롯된 것임을 알게 되었으며, 동료들과의 관계에서도 자신이 관계를 정의 내리려고 했다는 점을 인식하게 되었다. 첫 코칭 시간에 그림책을 보면서 김하나 대리는 문제의 원인이 자신 안에 있었음을 깨닫고, 엉뚱한 곳에서 답을 찾으려 했다는 사실을 자각하게 되었다. 이러한 깨달음은 그가 자기 성찰을 통해 본질적인 문제를 해결할 수 있는 계기가 되었다.

김하나 대리는 코칭을 통해 얻은 성찰을 바탕으로 구체적인 실행 방안을 마련했다. 그는 먼저 현재 자신의 업무를 처음부터 하나씩 되짚어보고 현장에서 답을 찾으려 노력했다. 이를 위해 기본기를 다지고자 원재료관련 업무를 하나하나를 세밀하게 들여다보는 과정을 거쳤다. 이러한 과정을 통해 그는 업무에 대한 이해도를 높이고, 스트레스를 줄일 수 있게 되었다. 동료들과의 관계 형성을 위해 김하나 대리는 매일 업무 외적으로 직원들과 대화를 시도했다. 이를 통해 그는 동료들과의 관계를 개선하고, 팀워크를 강화할 수 있었다. 자기개발의 한 영역으로는 본인에게 맞는 외국어 학습 방식을 찾기 위해 다양한 시도를 하였다. 이를 통해 그는 자기개발에 대한 의욕을 높이고, 시간 분배를 효율적으로 할 수 있게 되었다.

리더와 코치의 의견과 결과

김하나 대리는 본인의 상사에게 두 가지를 기대했다. 첫째, 구체적이고 명확한 목표 아래 개인의 성장과 문제 해결에 직접적으로 연관이 되는 지원을 요청했다. 이는 리더의 명확한 피드백이 본인의 성장을 도와줄 수 있음을 알게 된 까닭이다. 둘째, 팀원들 간의 소통과 긍정적인 관계 형성이 전반적으로 시너지 효과를 발휘할 것이라는 기대를 밝히고 지원을 요청하였다.

코치는 김하나 대리가 본인과 주변, 업무 등의 상황을 긍정적으로 인식하고 주도적으로 변화하려는 마음가짐이 돋보인다고 평가했다. 코칭

회차가 진행될수록 김하나 대리의 자기 성찰 역량이 높아지고, 자신이 원하는 바를 명확히 그려내기에 코칭 이후에도 지속적인 성장과 변화가 기대된다고 하였다. 일과 자기개발에 대한 고민과 개선 의지가 동기부여가 되어 실행에 큰 역할을 하고 있으며, 관계에 대한 만족도가 높아지면서 강점과 역량이 더욱 발휘될 가능성이 보인다고 덧붙였다.

김하나 대리의 경력개발 코칭 사례는 개인의 경력 목표 설정과 이를 달성하기 위한 구체적인 실행 방안이 얼마나 중요한지를 잘 보여준다. 그의 사례는 경력개발 코칭이 개인의 성장뿐만 아니라 조직 전체의 성과에도 긍정적인 영향을 미칠 수 있음을 입증하는 것이다. 김하나 대리는 코칭을 통해 자존감을 회복하고, 업무와 동료 관계에서 자신감을 얻었으며, 자기개발의 중요성을 깨달았다. 이러한 경험은 다른 직원들에게도 큰 교훈이 될 수 있으며, 지속적인 자기 개발과 성찰을 통해 더 나은 경력을 만들어 나갈 수 있을 것이다.

팀장 리더십 실천 소모임

팀장 리더십 실천 소모임은 팀장들의 조직관리 문제 해결을 지원하고 실질적인 변화와 리더십 성공 경험을 축적하기 위한 목적으로 운영되고 있다. 팀장들이 조직관리에서 겪는 문제를 함께 고민하고 조언하고, 현실적인 문제해결 방법을 찾으며, 또한 개개인이 세운 리더십 실천 목표를 실행하고 경험하며 그 결과를 공유하는 그룹 코칭 프로그램이다. 팀장들은 연초에 리더십 실천 계획을 수립하면서 HR 부서에 다양한 지원 프로그램을 요청할 수 있다. 그 중에서는 본인 조직의 조직개발이나 팀원 육성에 대한 지원 요청뿐만 아니라, 본인의 리더십 개발 관련 사항도 요청한다. HR 부서에서는 팀장 본인의 리더십 개발과 관련한 지원 요청사항을 확인하고, 그룹 코칭 프로그램을 설계하여 운영하고 있다.

운영 개요

팀장 리더십 실천 소모임리실모은 매년 희망자 및 HR 부서 추천을 거쳐 5~6명의 주니어 및 시니어 팀장으로 인원을 편성하고 3개월간 운영된다. 월별 모임은 오프닝, 실천결과 리뷰, 리더십 테마토크, 실천계획 수립 순서로 진행되며 3~4시간 과정으로 운영한다. 모임을 통해서 실행 결과를 공유하고, 주제 토론을 통해서 상호 노하우를 공유하며 집단지성을 발휘하고, 또한 월별 리더십 실행을 경험하고 점검해 보는 기회를 갖는다. 전문 퍼실리테이터 자격을 갖춘 HR 담당자가 모임을 진행하되, 가급적 개입을 최소화해서 운영하고 있다. 그리고, 모임이 끝나면 참가자들이 함께 식사하는 자리를 마련하여 개인적인 친교의 기회도 만들고 있다. 2023년에 운영된 최근 사례를 보면 그 실제적인 모습을 가늠해 볼 수 있을 것이다.

2023년도 리더십 실천 소모임은 6명의 팀장이 참여하여 2023년 8월부터 10월까지 3개월간 운영되었다. 참석자들은 차장, 부장, 수석부장 등으로 구성되었고, 그 중에는 2명의 신임 팀장이 포함되어 있다. 이 모임은 그룹 코칭의 형식을 참고하여 설계하였으며, 회차별 진행 내용은 다음과 같다.

구 분	일시	내 용	비 고
과정 OT	'23.8.9	프로그램 OT, 개인별 리더십 비전, 실천과제 선정 리더십 테마토크 주제 선정	HR 담당자 (퍼실리테이터)
1~2차 모임	'23.8.30 '23.9.20	리더십 실천결과 리뷰 리더십 테마토크 다음달 실천계획 수립	HR 담당자 (퍼실리테이터)
3차 모임	'23.10.25	리더십 실천결과 리뷰 리더십 테마토크 다음달 실천계획 수립	HR 담당자 (퍼실리테이터)

참여자 의견

2023년도 리더십 실천 소모임에는 6명이 참여하여 운영 되었으며, 이번 활동을 통해 다양한 배움과 성장을 경험할 수 있었다. 다음은 그들의 진솔한 피드백이다.

• 팀을 어떻게 이끌어 가야 할지 깊게 고민하고 실천해 볼 수 있는 계기가 되었다.

• 'one on one 미팅'을 통해 팀원을 육성하는 방법을 배우고 좋은 툴을 알게 되어 유익했다.

• 여러 부서의 리더들과 교류할 수 있어 다양한 시각과 경험을 공유할 수 있었다.

• 각기 다른 사람들을 어떻게 공감시키고 결속시킬 것인가에 대한 고민을 할 수 있었다.

• 리더십 실천 소모임을 통해 실행력을 확보할 수 있었고, 혼자보다는 함께함으로써 더 많은 것을 이루어낼 수 있었다.

• 다른 팀장님들의 고민과 리더십 팁을 공유 받아 많은 도움이 되었다.

참여자 목표 vs. 실천 결과(예시)

참여자		실천과제/결과
A 부장	목표	• 믿고 따를 수 있는 친구 같은 리더
	실천과제	• 전문가 양성: 팀원들을 핵심 기술에 대한 전문가로 양성(메뉴얼) • 개인 맞춤 지도: 개인 성향에 맞는 카테고리 찾기 및 선임 연결 • 차기 리더 육성: 융합형 인재로 차기 리더 육성
	실천 결과	• 상반기 평가 면담 실시(개인별 실적 리뷰, 성과 기준 격차 줄이기) • 팀원들과 1:1 면담, 사전 질문 준비(비전, 성취감 경험 등) • 기술 매뉴얼 및 교육자료 제작(完)
B 차장	목표	• 미래를 위한 현장 중심 직원으로 성장하는 팀
	실천과제	• 업무 수행 능력 향상: 개인별 업무 수행 능력 강화 • 업무 분장 및 대응력 강화: 타부서 요청 업무 대응력 향상 • 통합 시스템 준비: 통합 시스템과 OO프로젝트 성공 준비
	실천 결과	• 팀원들과 1:1 면담, 사전 질문 준비 (장단점, 우리팀의 역할 등) • 시스템 TF, OO TF 발령 후 업무 분장 조정 및 1:1 면담
C 수석	목표	• 개인과 조직이 함께 성장하는 One Team, One Dream 실천 리더
	실천과제	• 팀원 충원: 팀원을 충원하여 업무 시너지 창출 • 업무 공백 최소화: 업무 R&R 재설정, 업무 공백 최소화 • 개인 맞춤 지도: 개인 역량과 특성에 맞춘 지도
	실천 결과	• 팀원들과 1:1 면담, 사전 질문 준비(성취감 경험, 일의 의미 등) • 팀 빌딩 PI 워크숍, 개인의 성향 및 강약점에 대한 진솔한 소통 • 팀워크 개발 워크숍, 원팀 시너지 창출을 위한 경험 공유 및 진단
D 차장	목표	• 파트원들과 함께 성장하며 조직의 목표를 달성하는 리더
	실천과제	• 신규 업무 대응: ESG 공시 대응 • 기존 업무 업그레이드: 팀 업무 글로벌 상향화 • 파트원 육성: 전문성 및 역량 개발
	실천 결과	• 팀원들과 1:1 면담, 팀원들의 질문 준비(여성 리더 커리어 개발 등) • 원온원 미팅, 파트장의 질문 준비(업무 성취감 등) • 성장톡톡 프로그램: 법인별 현지 문화 이해, ESG 포럼/세미나 공유

하지만 이번 활동에서는 몇 가지 보완할 점도 발견되었다. 진행 시간이 조금 부족하다는 점이 아쉬웠고, 팀장의 상사들인 임원들의 리실모 모임이 필요하다는 의견도 있었다. 성공적인 리더십 사례를 통한 케이스 스터디가 추가되면 더 좋겠다는 의견과 후속 모임의 필요성도 제기되었다.

팀장 리더십 실천 소모임은 매년 지속적으로 보완, 개선해 나가고 있으며, 이 프로그램을 통해서 리더들이 실질적으로 리더십의 변화 경험과 성공 경험을 축적하길 기대하고 있다. 또한 조직 내 팀원들이 리더들의 리더십 변화 노력과 실행을 인식하고 지지할 수 있도록 알리는 일도 HR에서 노력해야 할 부분이다.

영업소장 그룹 코칭

A 기업을 둘러싼 영업의 경쟁 환경은 급격하게 변화하고 있으며, 또한 조직의 구성원이 다양해짐에 따라 영업소장에게 요구되는 리더십도 달라지고 있다. 과거에는 실적 달성과 상명하복에 익숙했던 영업조직의 리더십에서 벗어나, 이제는 대리점과의 관계 관리, 직원과의 효과적인 소통, 설득과 설명, 변화에 대한 적응 등이 중요한 요소로 부각되고 있다. 하지만 많은 영업소장들은 본부의 실적 관리, 전략 실행 등 직접적인 성과에 대한 압박이 많아서, 영업소장으로서 조직원들에 대한 리더십 발휘와 조직 관리에 대한 구체적인 관심과 실행은 부족하다는 현실이 있다.

이러한 문제점을 해결하고, 영업소장들의 리더십 역량을 강화하여 영업소 내 조직 관리와 실행력을 향상시키는 것을 목적으로 2023년부터 새롭게 영업소장 그룹 코칭 프로그램을 기획하여 운영하게 되었다. 이 프로그램의 세부적인 목표는 다음과 같다.

- 리더십 발휘를 통한 영업소 내 실행력 강화 기반동기부여, 의지 마련
- 리더십 발휘와 영업 성과 간의 연관성을 명확하게 제시하여, 리더십 개발의 중요성을 인지하고 실천하도록 유도
- 변화된 영업 환경 속에서 영업소장의 역할에 대한 명확한 이해를 제공하고, 이를 바탕으로 각자의 역할을 스스로 정의하도록 지원
- 프로그램 참여자들 간의 상호 피드백을 통해 정보를 공유하고, 서로에게 배우고 성장할 수 있도록 지원

그룹 코칭 운영 개요

영업소장 그룹 코칭 프로그램은 영업소장들의 리더십과 역량 강화를 위해 설계된 특별한 과정이다. 이 프로그램은 5개월 동안 월 1회씩 총 5회의 세션으로 구성되어 있으며, 각 세션은 2시간 동안 진행된다. 코칭 대상자는 각 단위 영업소를 책임지는 영업소장들로, 1년차 신임 소장에서부터 20년 가까운 경력을 가진 경험 많은 소장까지 6명으로 구성하였다. 이 프로그램은 외부 전문코치를 초빙하여 아래와 같은 내용으로 운영되었다.

구 분	시간	내 용	비 고
1차 세션	120분	프로그램 OT, 코칭 이해, 실행 주제 도출	외부 전문코치
2차 세션	120분	조직원 역량 강화 방안 영업소장 본인의 강점, 직원의 강점 확인	외부 전문코치
3차 세션	120분	저성과자 개선 방안 소장과 직원의 역량 차이 이해	외부 전문코치
4차 세션	120분	조직원 세대간의 갈등	외부 전문코치
5차 세션	120분	전체 세션 리뷰	외부 전문코치

그룹 코칭 운영 결과

이 그룹 코칭 프로그램을 통해 영업소장들은 여러 면에서 긍정적인 변화를 경험하게 되었다. 첫째, 직원 개개인의 역량을 재확인하고 발전 방향을 설정하는 기회가 되었다. 이를 통해 조직의 전체적인 성과 향상에 기여할 수 있는 기반을 마련하게 되었다. 둘째, 구성원들의 성향을 파악하여 새로운 소통 방법을 습득하게 되었다. 이는 특히 다양한 세대와의 소통에서 큰 효과를 발휘할 수 있게 되었다. 셋째, 선후배 소장 간의 소통을 통해 경험하지 못한 일에 대한 노하우를 습득하며, 더욱 탄탄한 리더십을 구축할 수 있는 계기가 되었다.

프로그램 운영 중에 발견된 몇 가지 개선점은 다음과 같다. 첫째, 세션 시간 및 횟수 조정이다. 매월 2시간씩 진행하는 것보다는 1박 2일의 집중 교육으로 진행했으면 더 효과적일 것이라는 의견이 많았다. 2시간씩 5회보다는 4시간씩 2~3회가 더 적당하다는 의견도 제기되었다. 둘째, 고참 소장들의 발언시간 조정 요청이다. 고참 소장들의 발언이 많고 독주하는 경향이 있어, 이를 조정하여 모든 소장들이 고르게 의견을 나눌 수 있도록 해야 한다는 개선점이 있었다. 이러한 개선점을 반영하여 앞으로의 코칭 프로그램은 더욱 효과적으로 운영될 수 있을 것이다.

영업소장 그룹 코칭 프로그램은 리더로서의 역량을 강화하고, 조직의 성과를 향상시키기 위한 중요한 도구로서 지속적으로 발전할 것이다. 이 프로그램을 통해 얻은 배움과 경험은 영업소장들이 조직운영에 자신감을 가지고 더 나은 리더로 성장하는 데 큰 도움이 될 것이다.

제4장

디지털 시대,
코치형 리더 되기

이소민

Point ────────────────────

디지털 시대에 코치형 리더는
구성원의 성장을 촉진하며 데이터 기반
의사결정으로 리더십을 발휘한다.

1

왜 코치형 리더인가

지식의 폭증, 정보의 홍수, 격변하는 사회변화의 시대 상황 속에서 우리의 리더는 과거 그 어느 때보다 복잡하고 다양한 문제 상황에 직면해 있다. 때문에 우리의 리더들은 어제 'O. K'였던 것이 오늘 'O. K'일 수 없고, '그'에게는 정답이었던 것이 '그들'에게는 정답이라고 보장할 수 없는 환경 속에서 늘 고군분투하고 있다. 더구나 M세대, Z세대, 알파세대근래에는 엠지(MZ) 세대, 젠지(Gen Z), 잘파(Zalpha) 세대 등 세대를 묶어 부르는 신조어도 빠르게 생겨나고 사라지고 있다 등으로 일컬어지는, 새롭게 투입되는 구성원들의 사고방식은 아무리 이해하려고 노력해도 쉽지가 않다. 이들을 이끌고 함께 나아가야 하는데, "자자, 일 좀 합시다! 집중! 집중!" 등의 말이라도 꺼낸다면 그 즉시 싸늘하게 바뀌는 구성원들의 눈빛 공격을 감내해야 한다. "'워라밸 문화'에 반하는 리더의 갑질이냐"라는 푸념이나 손가락질을 당하는 것은 아닐지 걱정마저도 드는 때이다.

사회심리학자인 로버트 카츠Robert Kartz는 관리자에게 요구되는 능력을 크게 세가지로 제시한다. 기술적 능력technical skill, 대인관계 능력 human skill, 개념화 능력conceptual skill이 그것이다. 기술적 능력은 직능 분야의 고유 기술에 관한 능력을 말하는데, 생산, 마케팅, 재무, 회계, 인사 조직과 같은 직무 관련 전문 능력을 의미한다. 쉽게 말해, 일을 수행하고 성과를 창출함에 있어 필요한 직접적인 전문 기술이라고 볼 수 있다. 다음으로, 대인관계 능력은 구성원에게 동기부여하는 능력, 대인 갈등 해결 능력 등을 말한다. 커뮤니케이션, 협상, 팀워크, 리더십 등을 활성화할 수 있는 능력을 포함한다. 개념화 능력이란 현상을 이해하는 과정 중에 본질을 판단하고 의미를 부여하여 구조화하는 능력을 의미한다. 기술적 능력은 직무에 특정한 구체적인 기술이며, 실제로 업무를 수행하는 데 필요한 요소이다. 업무 수행에서 결코 놓쳐서는 안되는 역량이다. 그러나 실제로 업무를 직접 수행하는 역할과 관리자로서 리더의 역할은 다르다. 구성원의 성과 창출을 통해 주어진 성과를 달성해야 하는 리더는 기술적 능력을 능가하는 대인관계 능력과 개념화 능력을 갖추어야 한다. 특히 소프트 스킬soft skill로 일컬어지는 대인관계 능력은 리더가 반드시 갖추어야 할 역량이다. 카츠의 역량 모델에서 특히 주목해야 할 것 역시 이와 같다. 초급 관리자에서 최고 경영자까지 관리자의 전 영역에서 개인관계 능력을 강조하고 있다는 점이 바로 그것이다. 환경의 급격한 변화와 함께 비대면 업무가 늘어나면서 대면 업무 시와는 전혀 다른 상황이 발생하는 경우가 많아지며, 지금의 리더에게는 이전보다 더욱, 소통과 협력 역량인 대인관계 능력이 강조된다.

이러한 환경적 요인을 바탕으로, 구성원들과의 올바른 소통을 통해 구성원 개개인의 업무 몰입과 업무 역량 향상에 기여하고 건강한 팀워크 구축에 긍정적인 영향력을 미치는 것으로 알려진 코칭 리더십을 발휘하는 코치형 리더의 역할이 근래 더욱 강조되고 있다.

디지털 시대, 코치형 리더가 주목받는 이유

코치형 리더와 코칭 리더십이 주목받는 핵심 이유는 빠르게 변화하는 환경에 있다. 기술이 빠르게 발전함에 따라, 환경의 변화는 조직의 구성원들의 지속적인 역량과 스킬의 개발을 촉구한다. 조직은 팀이 빠르게 변화하는 환경에 잘 적응할 수 있도록 올바르게 이끌고 돕는 리더를 필요로 하는데, 코치형 리더는 빠르게 변화하는 환경 하의 경쟁력 유지를 위해 조직 내 평생 학습 문화를 조성하여 구성원들이 새로운 지식을 찾고 업계 동향을 선도하도록 독려하며 팀의 역량을 개발하고 지속적인 학습을 장려하는 데 중점을 두어 리더십을 발휘한다.

디지털 시대는 복잡한 문제에 대한 혁신적인 솔루션을 필요로 한다. 코치형 리더는 창의력을 장려하며 구성원들이 위험을 감수하고 새롭고 다른 시도를 하더라도 안전하다라고 느끼는 환경을 조성한다. 그 가운데 코치형 리더는 구성원들에게 권한과 자율성을 부여하여 구성원들이 담당 업무나 프로젝트에 대한 주인의식을 갖게 하여, 보다 혁신적이고 효과적인 문제 해결을 가능하게 한다.

디지털 시대에서는 구성원의 성장을 돕는 다양한 도구와 플랫폼의 도입이 실현 가능하다. 가상 코칭 세션, 온라인 피드백 시스템, AI 기반 분석, 생성형 AI 도구와 같은 새롭고 다른 도구들은 코치형 리더가 데이터 기반 의사 결정을 하도록 돕는다. 올바른 의사 결정을 돕는 데이터 분석 시스템을 통해 코치형 리더는 팀 역학을 이해하고 성과 달성의 과정을 추적하며 팀 구성원의 특성과 상황, 요구 사항에 맞게 코칭 전략을 조정할 수 있다. 이 가운데 코치형 리더는 그들의 다양한 재능과 관점을 바르게 인식하고 적절하게 활용하는데 능숙하다 라는 특징을 보인다. 환경의 변화와 함께 조직 내 구성원의 다양성과 특수성은 그 강도를 점점 더해간다. 코치형 리더는 이들의 다양한 문화적 배경을 이해하고 존중하여 응집력 있고 조화로운 팀을 구축한다.

코치형 리더가 여느 리더와 구별되는 가장 두드러지는 특징은 구성원 개개인에게 집중하여 그들의 업무 몰입을 증가시킨다는 것에 있다. 코치형 리더는 구성원 개개인의 강점을 중요하게 인식하고 그것을 바탕으로 개인 및 조직의 목표에 맞춰 업무를 조정함으로써 구성원과 팀에 동기를 부여한다. 다시 말해, 코치형 리더는 팀 구성원 개개인의 동기 부여 요인과 감정 상태를 인식하고 해결함으로써 동기 부여와 참여도를 높이며, 개인의 목표를 조직의 목표와 일치시켜 목적 의식과 헌신을 이끄는 것에 집중한다. 그 과정에서 코치형 리더는 지시하기보다는 안내하고 지원하는 촉진적 접근 방식을 채택하는데, 이는 디지털 시대의 핵심이자 MZ 세대로 일컬어지는 현재의 조직 구성원의 요구 사항에 부합한다. MZ 세대는 '의미 있는 일'과 '지원적인 환경'을 원한다. 코치형 리더의 이와 같은 지원적이고 촉진적인 리더십 방법은 구성원의 적극적인 업무 몰입을 이끌어 낸다. Gallup 설문조사 연구팀Gallup, "미국 직장 현황 보고서", 2017년이 '적극적으로 참여하는 직원이 더 생산적이고 헌신적인 것'으로 조사한 것에 비추어 보면, 코칭 리더십은 결과적으로 팀의 생산성에 긍정적인 기여를 하는 바람직한 리더십 방법으로 볼 수 있다.

요컨대, 코치형 리더는 급격한 변화와 기술 발전으로 정의되는 디지털 시대 하에 진화하는 구성원의 요구사항에 잘 부합한다는 점에서 주목할 만하다.

코치형 리더란?

존 휘트모어John Whitmore는 책 〈성과 향상을 위한 코칭 리더십〉1992을 통해 '코칭 리더십은 사람들의 잠재력을 발휘하고, 동기를 부여하며, 자율성과 주인의식을 키우는 것'으로 정의하였으며, 스티븐 스토웰Steven Stowell은 '코칭 리더십은 방향 제시, 개발, 피드백, 관계 형성으로 구성되어 있다'고 정의하였다. 그린과 그랜트Greene and Grant,2003는 코칭 리더십을 '구성원이 본인의 문제를 스스로 해결하고, 수행 능력을 향상하여 성과를 창출하는 결과를 지향적이고 체계적 리더 행동'으로 정의하고, 뤼케Luecke, 2004는 '상사가 구성원의 가능성을 개발하며 과업 수행 중 발생되는 문제 해결을 목표로 하는 상호작용 과정'으로 보았다.

종합해 보면, 코칭 리더십에 대한 정의는 학자마다 일부 차이가 있기는 하나 '개인의 가능성 개발을 위한 동기부여와 전반적인 행동 변화를 통한 성과 촉진'을 목적으로 한다는 공통된 특징을 보임을 확인할 수 있다.

코치형 리더는 이러한 '구성원의 성장 지원에 초점을 맞추는 코칭 리더십'을 실천하는 리더이다. 조직 구성원의 자발적 동기를 자극하고 이들의 경력 개발과 직무 만족에 초점을 맞추는 코치형 리더는 리더십을 발휘하는 과정에서 구성원이 잠재력을 최대한 발휘할 수 있도록 지원하고 관리한다. 그 과정에서 조직 구성원은 변화와 성장을 통해 조직과 직무에 대한 만족도의 향상을 경험하며, 궁극적으로 이는 조직의 지속가능한 성과 창출과 성장에 긍정적 영향을 미치게 된다.

코치형 리더가 팀과 조직에 미치는 영향

직원 몰입도 향상, 성과 향상, 미래 리더 육성, 협력적이고 혁신적인 업무 환경 조성을 목표로 하는 기업은 코치형 리더의 육성에 주목해야 한다. 그 이유는 다음과 같다.

코칭을 통해 코칭 대상인 구성원의 관점에서 얻게 될 효과:
• 구성원이 미처 깨닫지 못하고 있던 자신의 잠재력을 깨닫게 된다.
• 구성원이 깨달은 잠재력을 바탕으로, 기존과는 다른 방식으로 업무를 할 수 있게 된다.
• 구성원은 배움과 성장을 통해 기존보다 더 큰 성과를 낼 수 있다.
• 구성원 스스로 동기부여 되어 자발적으로 몰입할 수 있게 된다.

코칭을 통해 리더십을 펼칠 코치형 리더가 얻게 될 효과:

• 미처 알지 못했던 구성원의 강점과 잠재력을 알게 된다.

• 스스로 일하며 과업을 실행하고 주도적으로 성장하는 구성원들로 인해 리더의 구성원 관리와 관련된 시간과 에너지가 확보되어 꼭 해야 하는 중장기 전략 수립 등의 일에 집중할 수 있게 된다.

• 구성원들의 성장으로 인해 조직 내에서 인재를 잘 양성하는 리더로 인정받고, 더 큰 직무를 수행할 수 있는 기회를 얻을 수 있다.

• 리더보다 뛰어난 전문성을 발휘하는 구성원과의 팀워크를 통해 조직에 더 큰 공헌을 할 수 있다.

코칭을 통해 조직이 얻게 될 효과:

• 코칭을 통해 구성원들은 업무 몰입도가 향상되며, 이는 구성원 개개인의 생산성 향상으로 이어진다.(국제 코치 연맹ICF의 연구에 따르면 코칭을 받은 사람의 70%가 업무 성과가 향상되었으며, 86%의 기업이 직원 성과 개선을 통해 코칭에 대한 투자 이상의 생산 효과를 얻었다고 한다.)

• 코칭의 과정을 통해 경력 개발에 대한 만족도가 높아진 구성원의 조직 이탈 의사가 낮아지고, 채용 및 신규 직원 교육 등의 비용의 절감의 효과로 이어진다.

• 구성원과 리더가 갈등을 보다 효과적으로 탐색하고 해결하여 직장 내 긴장이 완화되고 긍정적이고 지원적이며 협력적 조직 문화가 형성된다.(Harvard Business Review의 보고서에 따르면 코칭 프로그램을 갖춘 조직은 리더십 효과가 17% 증가한 것으로 나타났으며, 기업 리더십 위원회Corporate

Leadership Council의 연구에 따르면 코칭의 결과로 의사소통이 향상되면서 직원 참여 및 협업이 40% 증가한 것으로 조사되었다.)

- 코칭을 통해 구성원들은 비판적으로 생각하고, 문제를 더 깊이 분석하고, 스스로 해결방안을 개발하게 됨으로써 조직 전체의 의사 결정력과 업무 수행 능력이 향상된다.(Bersin & Associates의 연구에 따르면 강력한 코칭 문화를 갖춘 기업은 비즈니스 성과가 13% 더 뛰어나고 직원 참여도가 39% 더 강한 것으로 나타났다고 한다.)

이와 같은 효과를 기대할 수 있는 이유는 코칭의 과정에서 발생하는 특수성에 있다. 리더는 팀과 구성원을 관리하는 과정에서 구성원 개개인의 모든 상황을 정확하게 알 수 없으며 구성원 역시 직면한 상황에 대해 늘 올바른 시각을 갖출 수 없다. 코칭을 리더십에 적용하게 되면 코칭 대화의 과정을 통해 리더와 구성원은 직면한 문제를 해결할 수 있는 다방면의 시각을 얻어 보다 본질적인 문제 접근 방식과 문제 해결 방안을 찾을 수 있게 된다. 리더는 더 나은 결과를 이끌어 내기 위한 질문과 피드백을 지속하는 과정을 통해 구성원 개개인이 스스로 학습하고 개발할 수 있도록 돕는다. 그러나 코칭은 코칭을 받는 구성원의 성장만을 유도하지 않는다. 협력적으로 소통하는 코칭 대화의 과정에서 상호 지원과 신뢰 관계를 구축하며 구성원 뿐 아니라 리더도 상호 학습을 통한 성장의 기회를 얻게 된다. 결과적으로 리더와 구성원의 성장을 통해 코칭은 조직의 성과 향상과 성장에 기여한다.

2

코치형 리더 되기

코치형 리더의 코칭 스킬

리더십의 어원은 "안내하다"라는 의미의 고대영어 loedan에서 유래했다고 한다. "끌다"라는 뜻의 라틴어 ducere와 관련이 깊다는 의견도 있으며, 게르만어로 리더십은 "새로운 길을 찾는다"를 의미한다는 의견도 있다. 조금씩 다른 듯 하나 각각의 의미들은 '공동의 목표 달성을 이루기 위해 개인과 집단의 행위에 영향력을 행사하는 과정'이라는 현대적 의미의 리더십과 연결되어 있다.

공동의 목표 달성을 목적으로 하는 리더십에 대한 코칭적 접근 방식은 앞서 언급한 탑다운Top-down 방식, 즉 상향식 리더십 모델과 달리, 수평적 관계를 지향한다. 더 높은 기준과 목표를 달성할 수 있는 협업과 의사소통을 위해 긍정적인 관계를 구축한다.

보다 효과적인 코치형 리더가 되고 싶다면

하지만 문제는, 그 효과성에도 불구하고 이러한 코칭이 실제 업무 현장에서 그다지 잘 이루어지지 않는다는 데 있다. 왜 그럴까? 그에 대한 리더들의 대답은 이러하다. 지시형 대화가 익숙했던 리더들에게 정답을 제시하는 것이 아닌, 끊임없는 질문을 통해 구성원 스스로 답을 찾아내도록 돕는 과정이 답답하고, 그러는 가운데 마음이 조급해지기 때문이라고 한다. 그래서 탁월한 코치형 리더가 되는 데 가장 중요한 것은 '인내심'이라고도 한다. 이를 개선할 수 있는 코칭 스킬을 소개한다.

질문과 피드백

코치형 리더가 택할 수 있는 두 가지 코칭 스킬은 질문과 피드백이다. 코칭 스킬은 개인의 전반적인 성과 개선을 목표로, 개인 약점 혹은 책임 소재에 초점을 맞추는 대신 발전적인 질문과 피드백을 택하여 구성원을 긍정적이고 발전적인 방향으로 이끄는 리더십 접근 방식이다. 특정 답을 찾도록 유도하는 질문이 아닌, 구성원 스스로 답을 찾을 수 있도록 리더는 신뢰와 상호지원을 통한 관계 형성에 집중해야 한다. 더불어 리더는 의미 있고 적절한 피드백을 제공해야 한다. 이 과정에서 피드백은 긍정적인 강화를 목적으로 해야 하며, 구성원이 피드백을 올바르게 수용할 수 있도록 리더는 구성원을 격려하고 지원해야 한다.

코칭 스킬을 효과적으로 발휘하는 리더는 구성원의 신뢰를 얻는 동시에 팀 내에서 강력한 유대감을 개발하는 것에 집중한다. 그들은 생산성이 높되 긍정적이고 지원적이며 목표 지향적인 팀을 형성하고, 개인과 팀이 가능한 한 효과적인 개인과 팀이 되도록 지원하는 것을 리더의 역할로 설정한다. 이를 위해 리더는 지시보다는 구성원 개인이 스스로 답을 찾고 올바른 결정을 내릴 수 있도록 안내하거나 동행한다.

바람직한 코치형 리더가 되기 위해서는 팀의 현재 상황에 대한 올바른 이해에서 출발해야 한다. 구성원들뿐 아니라 구성원이 속한 팀의 현재 업무 패턴, 구성원들의 습관 및 전반적인 생산성에 대한 확실한 이해로 시작이 되어야 하며, 그것을 기반으로 약점을 해결하는 방식으로 코칭 계획을 세우는 것이 좋다. 물론 이 과정에서 리더는 관련된 모든 구성원과의 솔직한 소통을 목표로 해야 한다.

코칭 대화 시에는 문제를 바르게 파악하고 솔직한 토의를 이끌어내는 개방형의 질문을 택하는 것이 좋다. 개방형 질문은 구성원들의 서로 다른 목표 접근 방식과 문제 해결 방식의 차이를 바르게 이해할 수 있도록 돕는다. 리더와 구성원의 관점과 생각 차가 어떻게 다르고 어떻게 상호작용할 수 있는 지 이해하면 성과 창출 전략의 개발이 용이해지며, 이 과정에서 높은 수준의 신뢰를 형성할 수 있게 된다. 구성원에 대한 수평적인 관점 내에서의 진심 어린 호기심을 통해 긍정적인 상호 작용을 장려하는 환경을 구축하고, 이 가운데 지지적 피드백과 교정적 피드백이 균형을 이루는 적절한 피드백을 제시하는 것도 놓치지 말아야 한다.

코칭 중에 활용할 수 있는 질문과 피드백 표현들은 이어질 코칭 프로세스에서 보다 자세히 다룰 예정이다.

적극적 경청

리더는 적극적인 경청을 사용하여 구성원의 의견을 청취한다. 구성원이 아이디어를 말할 때 직설적이고 명확하게 말할 수 있도록 포용적인 환경을 구축한다. 구성원이 판단 받을까봐 두려워하지 않고 생각과 아이디어를 자유롭게 표현할 수 있는 환경, 즉 '심리적 안전감psychological safety'이 높은 환경을 만드는 것이 중요하다. '심리적 안전감'이란, 메사추세츠공과대학의 에드거 샤인Edgar H. Schein 교수와 워렌 베니스 교수가 1965년 출판한 〈집단방식을 통한 개인적/조직적 변화〉에서 처음 등장한 용어로, '구성원이 업무와 관련해 어떤 의견을 제기해도 벌을 받거나 보복당하지 않을 거라고 믿는 환경, 마음가짐'을 의미한다. 하버드 경영대학원의 종신교수인 에이미 애드먼슨이 저술한 책 〈두려움 없는 조직〉에 의하면, 구성원이 눈치 보지 않고 적극적인 아이디어를 말할 수 있거나 질문하는 것에 거리낌이 없으며, 자신의 실수를 솔직하게 털어 놓을 수 있고 실수를 인정함에 주저하지 않으며 도움을 요청하는 데 거리낌이 없고, 구성원이 리더의 의견에 자신 있게 반대할 수 있다면 심리적 안전감이 높은 조직이라고 볼 수 있다. 갤럽의 설문조사에 의하면, '직장에서 자신의 의견이 중요하게 받아들여지는가?'라는 질문에 10명 중 3명이 '그렇다'라고 답했다고 한다. 갤럽은 이 연구를 통해, '그렇다'라고 대답하는 구성원이 10명 중 6명으로 늘게 되면, 이직률은 27%, 안전사고는 40% 감소하며, 생산성은 12% 향상된다고 했다.

하버드대 경영대학원 스리칸트 다타르Srikant Datar 원장은 모 일간지와의 인터뷰에서 "적극적 경청은 자신과는 다른 관점을 이해하려는 열망을 갖고 대화하는 일이다. 적극적으로 경청하지 않으면 배울 수 없고, 배울 수 없으면 빠르게 변하는 세상을 이끌 수 없다. 특히 오늘날처럼 차이가 크고 의견이 다양한 시대엔 미처 생각하지 못했던 정보를 흡수할 수 있어야 한다."라고 했다. 그는 다변화하는 환경에서 문제를 깊이 있게 이해하고 올바른 판단을 내리기 위해서는 무엇보다 '적극적 경청'이 중요하며, 다른 사람의 관점을 받아들이고 인정하는 연습을 부단히 해야 한다고 피력했다.

코칭 중 경청 시에는 다음과 같은 방법을 시도해볼 것을 추천한다.

- 인내심을 가지고, 구성원의 말을 끝까지 들어준다.
- 간결한 피드백으로 듣고 있음을 보여준다.
- 고개를 끄덕이며 듣고 있음을 보여준다.
- 평가하지 말고, 내용 그대로 들어준다.
- "그랬군요!"와 같은 맞장구를 친다.
- "그래서요?"와 같은 촉진의 표현을 활용한다.
- 답변을 반복해서 말 해주면서 대화 내용을 확인한다. 백트래킹Backtracking, 상대방이 말한 표현의 중요한 부분 반복함으로써 상호 간의 일치 상태를 확인할 수 있는 기회를 제공하고 소통 대상에 대한 깊은 신뢰도를 획득하는 경청기법 화법을 사용한다.
- 간단하게 메모하며 듣는다. 단, 너무 구체적으로 적거나 메모하는 행위에 지나치게 집중하면 구성원이 부담스러워할 수 있으므로 유의한다.

공감과 호기심

바람직한 코치형 리더는 매우 공감적이다. 리더의 공감은 구성원으로 하여금 이해받고 있고 존중받고 있음을 느끼게 함과 동시에 리더에 대한 신뢰를 바탕으로 주어진 업무에 쉽게 몰입할 수 있게 한다. 따라서 리더는 구성원과 당면 문제에 대해 바르게 이해하고 공감할 수 있도록 일상 중에 늘 호기심을 갖는 것이 좋다.

리더의 호기심은 탐색적이고 개방적인 질문으로 이어지며, 이것은 아이디어를 창출하고 문제를 창의적으로 해결할 수 있게 돕는다. 문제 발생의 원인이나 책임 소재에 지나치게 집착하기 보다 해결책에 집중하는 질문의 상호작용은 새롭고 다른 방법, 즉 변혁적인 돌파구를 창출할 수 있다.

호기심은 긍정적인 시야를 제공한다. 긍정적이고 건설적인 방식은 구성원이 현재에 머무르기 보다 기꺼이 나아갈 수 있는 용기를 제공한다. 따라서 궁극적으로 코치형 리더는 구성원 스스로 기대치를 높이고 새로운 수준의 성과를 찾는데 기여할 수 있다.

코칭 리더십은 일회성 행위가 아닌, 지속적인 관계 프로세스를 요구한다. 코칭은 '구성원의 잠재력을 극대화해 성과 향상과 개인적 성장을 유도하는 지원 및 육성 활동'이다. 즉, 구성원 스스로 잠재력을 개발해 성과를 올리고 성장하도록 도와주는 것이다. 그러므로 코치형 리더는 충고, 탐색, 해석, 판단을 내려놓고 답을 주려 해서도 안되며, 구성원 개개인의 개인적인 성과 지원에만 초점을 맞춰야 한다.

리더의 코칭 스킬은 구성원 개인의 성과에 즉각적이고 긍정적인 효과를 제공하여 구성원들이 더 효과적이고 더 자각적이며 더 전략적이 될 수 있도록 돕고, 구성원이 속한 팀이 더 효과적으로 일하여 목표 달성의 과정을 쉽고 즐겁게 만들 수 있다.

코치형 리더의 코칭 프로세스

일대일 리더십 코칭 프로세스 구성

일대일 리더십 코칭One-to-one leadership coaching은 구성원의 역량을 향
상시키기 위해 리더와 구성원이 코치와 고객자가 되어 일대일로 진행
하는 맞춤형 코칭 방식이다.

일대일 리더십 코칭 대화의 구성요소는 다음과 같다.

> 코칭 세션
>
> 리더가 지침, 피드백, 지원 등의 코칭 스킬을 활용하여 구성원이 문제를
> 해결하고 새로운 기술을 적용하도록 정기적으로 코칭 대화를 이행한다.
> 일대일 리더십 코칭 대화는 일반적으로 1년 혹은 6개월, 3개월과 같이
> 일정 기간 내에 진행하며 코칭 프로세스는 대개 '목표 설정 – 현상 파악
> – 실행 계획 – 실행 여부의 확인 및 관리'의 흐름으로 구성된다.

- **목표 설정**: 구성원이 달성하고자 하는 구체적인 리더십 목표를 설정한다. 코
  칭 대상인 구성원이 달성하고자 하는 구체적이고, 측정 가능하고, 달성 가능
  하고, 관련성이 있고, 시간 제한이 있는SMART 목표를 정의한다.
- **실행 계획**: 설정된 목표를 달성하기 위한 단계와 전략의 개요를 설명하는 맞

춤형 실행 계획을 개발한다.

- 이해: 구성원을 효과적으로 코칭하기 위해서는 그들의 경력 개발과 경력 목표에 대해 정확한 이해가 선행되어야 한다.

- 평가: 목표 달성 과정을 정기적으로 검토하고 필요한 경우 코칭 전략을 조정하며 코칭 기간이 끝나면 전반적인 발전을 평가한다. 이때 리더는 구성원의 강점과 약점을 파악하여 맞춤형 피드백을 제공한다. 리더는 360도 피드백 또는 자체 평가와 같은 도구를 통해 구성원의 현재 성과 달성 상황, 강점 및 개선이 필요한 영역에 대한 초기 평가를 시행한다. 이 때 평가는 측정 가능한 지표를 바탕으로 객관적 정보만을 활용한다.

- 반영 및 조정: 진행 상황을 지속적으로 반영하여 올바른 방향을 유지하기 위해 필요에 따라 실행 계획을 조정한다.

- 지속적인 지원: 리더는 구성원이 목표를 달성하도록 지속적인 지원과 동기부여를 제공한다.

코치형 리더를 위한 일대일 리더십 코칭 대화 모델

구성원과의 일대일 리더십 코칭 대화 시 적용 가능한 단계 별 표현들을 소개한다. 대화의 각 단계 별 표현 예시들을 적절하게 활용하면 소통을 순조롭게 할 수 있다.

오프닝Opening: 라포 형성Relax and build rapport

구성원을 효과적으로 코칭하기 위해서는 먼저 구성원에 대한 이해가 있어야 한다.

각 구성원과 일대일 코칭 대화 시에는 구성원에 대한 바른 이해와 라포 형성을 목적으로 하는 개방형 질문을 한다.

구성원에 대해 이해하기 위해 선택할 수 있는 질문은 다음과 같다.

- 오늘 날씨는 어떤가요?
- 오늘 목소리에는 더 탄력이 있네요.
- 요즘 ㅇㅇ하는 건 어떤가요?
- 지난 번 코칭 후 오늘까지 무슨 일이 있었나요?
- 요즘 어떻게 지내고 계신가요?
- 요즘 이슈는 무엇인가요?
- 힘든 점은 없나요?
- 현재 역할에 만족합니까? 그렇지 않다면 무엇을 바꾸고 싶습니까?

현재 속해 있는 팀에 대한 질문을 건네는 것도 좋다. 팀 내에서의 역할에 대한 이해도, 팀 내에서의 결속 및 관계에 대한 이해를 얻을 수 있다.

- 우리 팀이 현재 어떻게 기능하고 있다고 생각합니까?
- 우리 팀이 무엇을 잘하고 있다고 생각합니까?
- 우리 팀이 어디에서 어려움을 겪고 있다고 생각합니까?

더불어 오늘의 대화 주제를 구성원이 선택할 수 있도록 다음과 같은 질문을 해보자.

- 오늘은 무슨 주제를 논의하는 것이 좋을까요?

- 오늘은 지난 번 세션의 주제를 계속하는 것이 좋을까요? 아니면 무엇인가 따로 이야기하고 싶은 것이 있나요?
- 그 주제를 말하고 싶은 이유가 있나요?
- 그 주제는 당신에게 얼마나 중요합니까?
- 그건 언제부터 생각해 온 것입니까?
- 무엇을 논의하고 싶으세요?
- 이 주제가 어떤 점에서 중요한가요?
- 오늘 코칭에서 다루고 싶은 것이 있나요?
- 오늘 다루고 싶은 주제가 무엇인가요?
- 코칭에서 어떤 것을 기대하고 계시나요?
- 이번 코칭 세션에서 무엇을 기대하시나요?

성공적인 코칭을 위해서는 구조화된 대화 모델이 필요하다. 코칭은 '명확한 목표'가 있는 대화방식이다. 구조화된 대화 모델을 코칭 대화에 적용하면 대화가 효과적으로 기능할 뿐 아니라 기대하는 목표와 의도의 방향으로 대화를 이끌 수 있다. 코칭 대화의 효과성을 높이는 다양한 코칭대화모델 가운데 리더들이 조직 구성원의 성과향상을 위해 택할 수 있는 대화모델은 존 휘트모어가 소개한 4단계 대화모델인 GROW모델이다. GROW모델은 Goal-Reality-Option-Will목표설정-현상확인-대안확인-실행로 이어지는 4가지 구성의 머리글자를 딴 코칭대화모델로, 코칭이 낯설거나 익숙하지 않은 리더도 비교적 쉽게 활용할 수 있어서 코칭을 한결 수월하게 만들어 주는 구조화된 대화모델이다.

각 단계 별로, 기억하면 좋을 단계별 핵심 목표와 활용할 수 있는 코칭 질문들을 다음과 같이 소개한다.

1단계 G-Goal목표설정: 당신은 무엇을 원하는가?

이 단계는 리더와 구성원이 코칭 주제와 코칭 목표를 구체화하고 이것에 대해서 서로 동의를 하는 단계이다. 목표로 가는 과정에서 본인이 컨트롤할 수 없는 여러 요인이 작용하여 과정 중에 좌절감을 경험할 수도 있기 때문에 자신이 행동하여 영향력을 미칠 수 있는 범위 안에서 달성이 가능하고 진척도를 가늠할 수 있는 결과에 초점을 맞추어 성과 목표를 수립하는 것이 좋다.

- 당신의 목표는 무엇입니까?
- 왜 이 목표를 달성하고 싶습니까?
- 무엇을 바꾸고 싶고, 무엇을 달성하고 싶나요?
- 목표를 달성하지 못하면 어떻게 되나요?
- 당신의 목표에 대해 얼마나 많은 통제력을 가지고 있습니까?
- 이 이야기의 이상적인 미래 상태가 무엇일까요?
- 목표를 달성하기 위해 무엇이 필요할까요?
- 이 목표가 달성된다면 어떤 상태가 되어 있을까요?
- 성공의 기준은 무엇이며, 그것이 달성되었음을 어떻게 말할 수 있습니까?
- 그것을 실현한다면 어떤 좋은 결과가 있을까요?
- 그 목표는 무엇을 위해 달성하려고 하십니까?
- 목표를 얻음으로써 무엇을 이루려는 것입니까?

- 언제까지 달성하고 싶으세요?

- 오늘 세션에서 무엇을 얻고 싶으세요?

- 이 세션이 끝났을 때 구체적으로 어떤 상태가 되면 좋을까요?

2단계 R-Reality현상확인: 현재상황은 어떠한가?

목표를 정했다면 현재 상태를 살펴보자. 이 단계는 구성원이 현재 상황을 스스로 인식하도록 돕는다. 구성원이 생각하는 '주관적인 현재 상황'이 아닌, '객관적인 현재 상황'이 무엇인지를 파악해야 한다. 목표와 현실 사이의 차이와 나타나는 현상 간의 연관성을 함께 찾아낸다. 현상 파악 단계에서의 질문은 대부분 누가, 언제, 무엇을, 어디서, 얼마나 등의 의문사로 시작하는 것이 좋다. 이 때 리더는 가능한 객관적인 사실을 찾는다. 더불어 구성원의 기분도 살피는 것이 좋다.

- 현재는 어떤 상황입니까?

- 목표를 위해 지금까지 해온 것은 무엇인가요?

- 현재 가장 큰 걱정은 무엇입니까?

- 어떤 것으로 인해 문제가 일어나고 있습니까?

- 관련된 요인들은 무엇입니까?

- 그 과제의 해결을 위해 지금까지 해온 건 무엇입니까?

- 이상적인 상태를 100이라고 하면 지금은 어느정도 입니까?

- 되고 있는 것은 무엇입니까?

- 성공하기 위해 앞으로 무엇이 있으면 좋을 것 같습니까?

- 지금 뭐가 가장 걱정되나요?

- 지금까지 이 문제에 대해 어떤 행동을 취했습니까?

- 그 행동은 어떤 효과가 있었습니까?

- 해결을 위해 시도한 방법을 설명해 주십시오.

- 다른 시도를 하지 못한 이유는 무엇이죠?

- 목표를 향하는 것에 대해, 놓치고 있는 것은 무엇인가요?

- 무엇이 방해하고 있다고 생각합니까?

- 어떤 생각이 자신을 제약하고 있다고 생각합니까?

3단계 O-Option대안 확인: 당신은 어떤 것들을 할 수 있는가?

현재의 위치에서 가고 싶은 곳으로 이동하기 위해서 선택 가능한 옵션을 탐색하고 평가하는 단계다. 구성원 혼자서 생각하는 것보다 더 많은 아이디어를 낼 수 있도록 지원한다. 즉, 구성원이 창의력을 발휘할 수 있도록 다양한 질문으로 지원을 하자. 구성원이 틀에서 벗어날 수 있도록 효과적인 질문을 하고 구성원의 관점을 변화시킬 수 있는 질문을 하여 창의력을 불러일으키는 것에 초점을 맞추자. "다른 문제점들이 더 있습니까?"라는 질문은 "없다"라는 대답을 유도한다. 반면, "어떤 문제점들이 더 있을까요?"라는 질문은 더 많은 생각을 유도할 수 있다. 질문은 상대방이 문제에 주의를 기울이게 하고 피드백의 계기를 만들어준다. 더욱 다양한 대답을 할 수 있도록 다양한 답변을 유도하는 열린 질문법개방형 질문법의 활용을 권장한다.

이 단계에서 활용할 수 있는 질문들은 다음과 같다.

- 가능한 대안은 무엇입니까?

- 과거에 시도한 방법은 무엇인가요?

- 이 옵션에 대해 어떻게 생각하나요?

- 누가 당신을 지원할 수 있나요?

- 다른 대안은 무엇입니까?

- 어떤 옵션을 사용할 준비가 되셨습니까?

- 어떤 종류의 행동이 효과적일까요?

- 누구에게서 도움을 받을 수 있을까요?

- 당신의 경험과 현재의 상황에 비추어 볼 때 가장 큰 기회가 무엇이라고 생

  각합니까?

- ○○○이 되었다면 어떻게 하시겠습니까?

- 앞으로 무엇이 필요 합니까?

- 자신 내면에 어떤 사용 가능한 능력이나 자원이 있는 것 같습니까?

- 당신의 어떤 지식이나 기능이 도움될 것 같습니까?

- 만약 충분한 시간이 있으면 어떻게 하겠습니까?

- 만약 예산이 10배 있다면, 어떻게 하겠습니까?

- 그것을 실현하고 있는 사람이 있습니까? 누구입니까?

- 무엇이 성공을 방해한다고 생각하십니까?

- 누구에게 도움을 받으면 더 잘될 것 같아요?

- 과거에 비슷한 예에서 잘된 것은 무엇인가요?

- 당신이 존경하는 ○○씨라면 어떻게 할 것 같습니까?

- 만약 ○○이었다면 어떻게 하겠습니까?

- 각각 안에 대해 효과성과 효율성, 적응 가능성 측면에서 점수를 부여한다면?

이 때 리더는 구성원이 행동을 결정하게 돕는데, 구체적으로 구성원이 우선 순위를 정하고, 나열한 대안 중에서 행동 계획을 스마트SMART하게 수립하도록 지원하는 것이 좋다. 목표가 달성 가능하려면 이 때 설정하는 목표는 구체적이고, 측정 가능하며, 성취 가능하고, 관련되고, 시간적 범위를 고려한 목표여야 한다. 이와 같은 요인을 고려해 목표를 세우는 것을 '스마트 목표SMART Goals 설정 기법'이라고 한다.

- Specific: 구체적
- Measurable: 측정 가능
- Agreed: 이해관계자stakeholder 간에 합의됨
- Realistic: 현실적
- Time-bounded: 시간이 정해져 있음

스마트 목표 설정 기법은 달성하고자 하는 것의 목표를 정의하고 실천하기 위한 기준을 제시하기 위해 1981년 조지 도란이 만든 목표달성 기법이며, 이후 GE는 이것을 스마트 목표라는 시스템으로 발전시켰다.

G.R.O.W. 모델을 주창한 존 휘트모어는 이러한 과정목표를 'SMART steps'라고 설명했다.

스마트 목표 설정 기법은 목표를 설정할 때 중요한 역할을 하지만 처음 목표를 설정할 때부터 이것에 맞춰 생각하려고 하면, 구성원은 다양한 아이디어를 생각해내지 못하고 그 틀에 제한되어 버릴 가능성이 있으므로 이에 대한 주의가 필요하다.

4단계 W-Will실행의지: 당신은 무엇을 실행하겠는가?

구성원과 함께 옵션을 평가한 후 실행 조치를 취할 차례다. 미래의 가능성에 초점을 맞추어 질문을 던져 본다. 코칭을 받는 구성원이 특정 행동을 반드시 취해야 한다는 생각을 할 수 있도록 초점을 맞춘다.

언제When, 누구와Whom에 의해, 무엇What이 행해지는 지 구체적으로 설명세부 계획을 확인한다.

- 이것이 어느 정도까지 당신이 원하는 바를 충족시키고 있습니까?
- 당신은 무엇을 하려고 합니까?
- 당신은 그것을 언제 하려고 합니까?
- 이 행동은 당신의 목표에 부합됩니까?
- 실행과정에서 예상되는 장애물은 무엇인가요?
- 합의된 계획을 실행하는 데 방해가 되는 것은 무엇인가요?
- 언제 시작하시겠습니까?
- 실행하지 않으면 어떻게 됩니까?
- 어떤 종류의 지원이 필요합니까?
- 당신을 지원하기 위해 제가 무엇을 하면 좋을까요?
- 어떤 자원이 도움이 될 수 있을까요?
- 어떤 것부터 시작하는 것이 유효하다고 생각하나요?
- 현재 우선 순위가 가장 높은 것은 무엇입니까?
- 다음에 무엇을 하실 겁니까?
- 이 계획을 실행하면 어떤 느낌이 들겠습니까?
- 이 목표를 달성하고 나면 자신에게 어떤 보상을 주시겠습니까?

- 이 계획을 달성하기 위해 주변 사람들에게 어떤 지원이 필요합니까?
- 오늘 합의된 계획의 실행이 어느 정도 확실한지 1~10점으로 평가해 보시겠습니까?

결정과 몰입Decide on Actions & Commitment: 실천으로 연결

추가로, G.R.O.W. 대화 이후에 리더는 코칭 중에 수립한 계획이 실천으로 반드시 연결될 수 있도록 구성원이 공언하고 결심하게 한다. 이때 활용하면 좋을 질문은 다음과 같다.

- 우선 내일부터 무엇을 하실 겁니까?
- 시작할 것을 제가 어떻게 알 수 있을까요?
- 실행하면 저에게 알려 주실 수 있나요?

클로징Closing: 성찰

마지막으로 코칭 세션을 마무리한 후 다음 약속을 잡는다. 마지막 단계에서는 구성원의 실천 의지가 성과로 연결될 수 있도록 용기를 북돋으며 코칭 대화를 통해 얻은 배움을 돌아볼 수 있도록 다음과 같은 질문을 제시한다.

- 오늘 가장 중요한 깨달음은 뭔가요?
- 오늘 가장 중요한 배움은 무엇인가요?
- 오늘 코칭을 통해 무엇을 배웠습니까?
- 오늘 코칭을 통해 새롭게 발견한 것은 무엇입니까?
- 오늘 코칭을 통해 관점이 전환된 것은 무엇입니까?

- 오늘 코칭의 결과로 앞으로 무엇이 달라지겠습니까?

- 오늘 당신은 ㅇㅇ을 하게 보셨습니다.

- 이 약속을 당신이라면 반드시 할 수 있다고 믿습니다.

- 다음에는 언제 만날까요?

이러한 질문들을 마무리 질문이라고 한다. 마무리 질문을 통해 구성원은 의식이 확장되는 경험을 하게 된다. 코칭의 단계에서 중요하지 않은 단계가 없겠지만 마무리하기는 코칭 상담을 완전하게 만드는 단계다. 구성원으로 하여금 코칭 전반을 돌이켜 보게 하고 스스로 이루어 냈음을 확인하는 마무리하는 과정은 구성원이 코칭의 주인이 되게 해주는 중요한 단계다.

3

상황대응 리더의 코칭 전략

코칭을 들어봤거나 경험해 본 리더들은 '마중물' 역시도 꽤나 많이 들어봤을 것이다. 펌프를 아는가? 우리의 조부모 세대에 존재했던, 물을 길어 쓰는 도구다. 펌프는 압력 작용을 통해 물을 끌어올리는 양수 장치를 의미한다. 이 펌프는 손잡이에 힘을 가해 아래에 있는 물을 끌어올리는 원리로 작동한다. 이 펌프에는 특별함이 있다. 바로, 어느 정도의 수면이 차 올라야 한다는 것이다. 즉, 펌프에 한 바가지의 물을 쪼로록 붓지 않으면 메마른 펌프는 아무리 힘을 가해도 일정 수면이 차오르지 않아 물이 끌어올려지지 않는다. 이 한 바가지의 물을 우리는 '마중물'이라고 한다. 마중물에서 '마중'은 '오는 사람을 나가서 맞이함'이라는 뜻을 담고 있다. 리더의 역할은 이 마중물과 같다. 그저 말로만 "하라."라고 지시만 내릴 뿐이고, 그것을 어떻게, 어떤 방식으로 해야 하는 지에 대한 충분한 안내와 논의가 결여된다면 구성원들은 어떻게 해야 할 지갈피를 잡지 못할 것이다. 더 큰 물을 끌어 올리기 위해 먼저 마중 나가는 마중물은 구성원 개개인이 가진 역량을 극대화할 수 있도록 끌어주는 리더의 모습 그 자체이다.

매사추세츠대학교 교수인 켄 블랜차드Ken Blanchard는 리더십에 관한 다른 관점의 정의를 내렸다. 바로 상황과 상대에 맞게 변화하는 리더십을 발휘하라는 것이다. 블랜차드 교수가 제시하는 '상황대응 리더십'은, 리더십이란 리더의 유형이 아니라 구성원의 유형에 따라 변화해야 함을 의미한다. 구성원의 역량에 맞게, 조직의 사기에 맞게, 기업을 둘러싼 환경에 맞게 변화해야 하는 것이 바로 리더십이다. 그는 리더십이란 '언제나 최고를 지향'하는 것이 아니라 '상황에 맞는 최적의 형태로 발휘'되어야 한다고 피력한다.

임파워먼트empowerment란 구성원들로 하여금 자신의 일을 스스로 생각할 수 있도록 도와줌으로써 그들이 조직의 성과 달성을 위해 자신의 지식과 경험, 의욕을 적극적으로 활용하게 만드는 것을 말한다. 블랜차드에 의하면, 지금까지 대부분의 관리자들은 늘 임파워먼트를 '직원들에게 의사결정권을 넘겨주는 것'이라고 정의해왔다. 관리자들은 결과에 대한 책임이 자신에게 있다는 것을 알기 때문에, 직원들에 대한 통제를 멈추는 것을 두려워했고 따라서 관리자들은 임파워먼트를 자신의 지배력에 대한 위협 정도로 여겨왔다. 그는 그러나 리더로서 그들이 자신의 역할을 가장 쉽게 완수할 수 있는 방법은 바로, 임파워먼트를 통해 개인과 팀들이 알아서 움직일 수 있도록 발전시킴으로써 위계질서를 대체하는 것이라고 말한다. 완전한 리더가 되기 위해서는 유연한 사고를 가지고 자신의 리더십 스타일을 상황에 맞게 적용할 수 있어야 한다라고 주장하는 블랜차드 교수는 '상황대응 리더십'을 통해 구성원들의 발달 수준과 상황에 따라 리더가 각 구성원들을 관리하고 동기를 부여할 수 있는 효과적인 각기 다른 접근방식을 제시하였다.

코칭의 방법을 통해 구성원에게 리더십을 발휘할 때도 구성원의 수준과 발달 상황에 따라 달리 방법을 취하는 것이 좋다.

구성원의 상황에 따라 코칭 방법을 달리해야 하는 이유

손무는 병법서《손자병법》을 통해, "지피지기 백전불태知彼知己 百戰不殆"라고 했다. 전문은

'知彼知己 百戰不殆 지피지기 백전불태

不知彼而知己 一勝一負 부지피이지기 일승일부

不知彼不知己 每戰必殆 부지피부지기 매전필태

상대를 알고 자신도 알면 백 번 싸워도 위태롭지 않으나

상대를 알지 못한 채 자신만 알면 승패를 주고받을 것이며

상대도 모르고 자신도 모르면 싸움에서 반드시 위태롭다.'라는 말이다.

여기서의 상대는 리더인 나와 함께 동행해야 할 구성원들 혹은 내가 해결해야 할 문제를 의미하며, 자신은 문제를 직접 해결해야 하는 나 스스로를 의미하기도 하고, 내가 리더로서 발현해야 할 역량, 자원이라고 생각해볼 수도 있겠다.

〈아웃라이어〉라는 책으로 유명한 저술가 말콤 글래드웰도 갈등 대부분이 서로가 서로를 모르면서 잘 이해하고 있다고 착각하는 데서 발생한다고 했다.

역량과 성과가 높은 구성원에게는 더 높은 수준의 과제와 보상을 주고, 역량과 성과가 낮은 구성원에게는 낮은 수준의 직무를 부여하되 육성의 기회를 더 주어야 한다. 역량이 높은 구성원에게 평이한 업무를 부여하고, 역량이 낮은 구성원에게 높은 수준의 직무를 부여하는 리더는 없다. 리더가 코칭을 통해 구성원을 육성하고자 한다면 개개인의 역량 수준에 맞게 목표를 부여하고 과정관리에 함께 해야 한다.

구성원의 수준에 따른 구분을 하고자 한다면, 성과3개년 정도의 평가와 역량역량평가 또는 조직장의 판단 등을 기준으로 3단계로 구분하는 것이 일반적이다. 구분의 기준은 고성과자로 일컬어지며 미래 리더로 성장할 잠재력이 있는 A플레이어A-Player와 재교육 혹은 극단적으로는 퇴출이 필요한 C플레이어C-Player, 그리고 대부분의 구성원이 해당하는 B플레이어B-Player이다.

A플레이어A-Player, 핵심인재는 고성과자로, 미래 리더로 성장할 잠재력 있는 인재다. 전체 임직원의 상위 10~15%수준의 성과 결과를 보이는 조직 구성원으로, 이들은 경영변화에 민감하며 사업 전략을 수립하거나, 새로운 제품을 개발하는 역할을 한다.

B플레이어B-Player,대부분 인력는 위기 시 회사의 안정을 도모하고, 변치 않는 로열티로 기존 사업의 굳건한 토대역할을 담당한다. 전체 구성원의 60~80% 정도를 차지한다.

C플레이어C-Player, 저성과자는 퇴출 또는 재교육이 필요한 하위 5~10% 미만의 조직 구성원으로, 성과와 역량이 매우 떨어지는 특징을 보인다. 이러한 저성과자는 일반적으로 본인에게 주어진 성과목표를 달성하지 못할 뿐만 아니라 타 구성원 및 조직 전체에도 부정적인 영향을 주게 되어 조직이 추구하는 전략적 목표 달성을 어렵게 하는 특징을 보인다.

업무 성향과 수행 능력이 각기 다른 만큼, 이들 각각에게는 각기 다른 코칭 전략이 적용되어야 한다.

A-player 맞춤형 코칭 전략

A-player 코칭 시 유의사항

A플레이어는 일을 잘하는 구성원이다. 따라서 최대한 그의 의견을 존중하고 그가 개인 기량을 마음껏 펼칠 기회를 제공해야 한다. 일을 잘할 수 있는 최적의 환경을 제공하고 자율성을 최대한 존중해주어야 한다. 여기서 절대 간과하지 말아야 할 명제는, A플레이어는 대체로 학습 욕구가 뛰어나다는 것이다. 현재 상황에만 머물도록 최소한의 지원만 제공한다면 A플레이어는 발전하고 있다라는 느낌을 받지 못하여 심할 경우 부서 이동 혹은 퇴직을 결심할 수도 있다. 따라서 코칭을 통해 이들이 궁극적으로 원하는 것을 발견하고, 도전적인 목표를 제공하여 개인의 성장에 몰입할 수 있도록 도와야 한다.

A-player 대상 성과 코칭 대화 예시

리　더: 안녕하세요, 홍길동 님. 오늘 기분이 어떠세요? 저에게 들려주
　　　　어도 괜찮을 특별한 이야기가 있을까요?

구성원: 안녕하세요! ○○○와 관련된 이야기를 들려드릴까요?(개인 경
　　　　험담 중략)

리　더: 정말 반가운 소식이네요. 홍길동 님에게 즐거운 경험 이셨을 듯
　　　　합니다. 본격적인 이야기를 시작하기 전에, 지난 3개월 동안의
　　　　홍길동 님의 성과 달성을 위한 노력과 팀 시너지를 위해 특별히
　　　　보여준 노력에 감사의 말씀을 전하고 싶습니다. 홍길동 님은 업
　　　　무의 효과적인 우선 순위 설정 능력, 강력한 의사소통 능력, 문
　　　　제 해결에 대한 적극적인 접근 방식이 뛰어나신 분입니다. 특히
　　　　지난 ○월○일, 홍길동 님의 처리한 ○○ 건은 ○○○였고 그
　　　　결과 ○○가 ○○%에서 ○○%로 상승했을 뿐 아니라 홍길동
　　　　님의 기여는 팀에 ○○○한 긍정적인 영향을 미쳤습니다. 저는
　　　　홍길동 님과 함께 일하는 것을 진심으로 기쁘게 생각하며, 오늘
　　　　저는 홍길동 님과의 대화를 통해, 늘 발전을 위해 노력하는 홍
　　　　길동 님의 성장에 더욱 도움이 되는 이야기를 나누고 싶습니다.
　　　　어떻게 생각되시나요?

구성원: 감사합니다! 기대됩니다. 저는 항상 스스로 개선할 수 있는 방
　　　　법을 찾고 있습니다.

리　더: 좋습니다. 저는 홍길동 님의 통찰력을 진심으로 소중히 여기며
　　　　홍길동 님의 아이디어를 충분히 표현할 수 있는 기회를 제공하
　　　　고 싶습니다. 지금까지 해오면서 특히 효과가 있었다고 생각하
　　　　는 것들을 공유해 주실 수 있나요?

구성원: 저는 업무의 효과적인 우선 순위를 정하는 능력, 의사소통 능

력, 문제 해결에 대한 적극적인 접근 방식이 제 강점이라고 생각합니다.

리　더: 정말 귀중한 강점이군요. 저는 홍길동 님의 우선 순위 선정 기술이 어떻게 촉박한 기한을 맞추는 데 도움이 되었는지, 그리고 의사소통 능력이 어떻게 협력적인 팀 환경을 조성했는지 잘 알고 있습니다. 높은 전문성을 보유하고 있지만, 조금 더 높이기를 희망하는 부분이 있을 거라 생각됩니다. 들려주실 수 있을까요?

구성원: 때로는 예상치 못한 작업이나 요청으로 인해 작업 흐름이 방해를 받을 수 있습니다. 주요 우선 순위에 집중하지 않으면서 이러한 방해 요소를 관리하는 것은 어려울 수 있습니다.

리　더: 그런 상황들과 본의 아니게 발생하는 업무 상의 일들은 우리의 일상 중에 늘 일어날 수 있는 일이죠. 이해합니다. 이러한 의도치 않게 발생하는 일들을 보다 효과적으로 처리하기 위해 어떤 전략을 고려했거나 사용했습니까?

구성원: 이메일 및 기타 요청을 확인하고 응답하기 위해 특정 시간을 설정하려고 노력했지만 때로는 긴급한 작업으로 인해 여전히 일정이 방해를 받는 경우가 있습니다.

리　더: 지금까지 활용한 방법도 매우 좋았습니다만 혹시 이 문제를 개선하기 위해 다른 방법을 써 볼 수 있다면, 어떤 것들을 시도해 볼 수 있을까요?

구성원: 예상치 못한 작업과 더 중요한 작업을 위한 전용 시간 영역을 정하고 집중 해볼까 합니다.

리　더: 좋은 생각인 것 같네요. 좀 더 집중하는데 도움이 될 수 있을 것입니다. 작업을 관리하기 위해 현재 사용하고 있는 도구나 소프트웨어가 최적화될 수 있다고 생각하시나요?

구성원: 예, 저는 ㅇㅇㅇ를 사용하는데, 이것은 제 작업과 마감일을 추

적하는 데 도움이 됩니다. 하지만 이 툴을 100% 활용하지는 못하고 있습니다. 좀 더 효율적으로 사용할 수 있는 방법을 더 찾아봐야겠어요.

리　더: 그렇군요. 이 툴의 기능 중, 고급 기능이나 통합을 탐색하면 실제로 더 많은 효율성을 얻을 수 있습니다. 그것에 관심이 있으십니까?

구성원: 네. 제가 확실히 조사해 보겠습니다. 음… 지금 간단하게 조사해보니, ○○○의 기능 중 ○○○○ 기능을 활용하면 시간을 많이 절약할 수 있을 것으로 기대됩니다.

리　더: 좋습니다. 지금 제시한 아이디어를 구체적으로 어떻게 실천해 볼까요? 이 아이디어들을 1개월 동안 실천할 수 있는 방법으로 함께 만들어 보면 어떨까요? 다음 달부터 이 목표를 시작한다고 가정한다면, 어떻게 시작하시겠습니까?

구성원: 음… 다음 달에는 다음을 수행할 수 있습니다.

집중 시간 구간을 만들겠습니다.

방해 없이 집중적인 업무를 위해 매일 아침 2시간(오전 9~11시)을 따로 떼어 집중 구간을 만들겠습니다.

그리고 오전 11시 30분과 오후 4시의 30분 간을 예상치 못한 업무 및 이메일 처리를 위한 시간으로 지정하겠습니다.

도구 최적화에 투자하겠습니다.

매주(금요일 오후 2~3시) 한 시간을 투자하여 ○○○의 고급 기능을 학습하겠습니다.

세 가지 이상의 새로운 기능이나 통합을 문서화하고 일상 작업에 바로 적용해보겠습니다.

리　더: 매우 좋은 방법입니다. 이 실행의 과정에서 제가 지원할 수 있는 것이 있을까요?

구성원: 없습니다. 학습하는 과정 중에 어려움이 있으면 그 때 요청하겠습니다. 아, 집중 시간을 시행했을 때 ○○님께서 관찰하신 개선 사항에 대한 피드백을 제공해 주시면 도움이 될 것입니다. 또한 도구의 고급 기능에 대한 추가 리소스나 교육을 제공해 주시면 감사하겠습니다.

리 더: 감사합니다. 도움이 될만한 것을 찾아보겠습니다 실행하면 저에게 알려 주실 수 있나요?

구성원: 물론입니다.

리 더: 이제 장기적인 목표에 대해 이야기해 볼까요. 홍길동 님의 경력에서 궁극적으로 달성하고 싶은 것은 무엇이며, 개인적인 성장에 부합하는 도전적인 목표를 어떻게 설정할 수 있습니까?

구성원: 저는 리더십 기술을 개발하고 저에게 도전이 되는 더 중요한 프로젝트를 수행하고 싶습니다. 저는 ○○○ 분야에서 성장하는 것이 제 경력 발전에 도움이 될 것이라고 생각합니다.

리 더: 좋은 목표입니다. 이것도 실행으로 연결해볼 수 있을까요?

구성원: 다가오는 ○○○ 프로젝트를 주도하고 다음 주 말까지 프로젝트 계획의 윤곽을 잡을 예정입니다.
그리고 ○○○님의 멘토링을 시작할 예정입니다. 일주일에 한 번(수요일 오후 3~4시) 만나 지도와 지원을 제공하는 것을 목표로 ○○○님의 멘토 역할을 3개월 동안 할 예정입니다.

리 더: 탄탄한 계획인 것 같네요. 홍길동 님의 계획이 제대로 구현되기 위한 과정 중에 제가 도울 수 있는 부분이 있을까요? 그렇다면, 제가 어떻게 참여해야 합니까?

구성원: 프로젝트를 주도하는 초기 단계에 ○○ 부분의 지도와 지원이 도움이 될 것 같습니다.

리 더: 물론이죠. 저는 그렇게 할 수 있습니다. 진행 상황과 직면할 수

있는 어려움에 대해 논의하기 위해 주간 단위로 점검을 해보면 어떨까요?

구성원: 좋을 것 같습니다. 매주 ○○일에 10분 간 프로젝트 진행상황과 구성원 멘토링 진행 상황을 ○○님께 논의하겠습니다.

리　더: 좋습니다. 진행 상황을 검토하기 위해 언제 다시 만나면 좋을까요?

구성원: 한 달 후에 다시 만나 이러한 전략을 검토하고 효과가 어떻게 되었는지 살펴보겠습니다.

리　더: 완벽하네요. 오늘의 대화와 실행 계획을 요약해 주시겠습니까?

구성원: 물론입니다. 다음 달에 저는 집중적인 작업을 위해 매일 아침 2시간(오전 9~11시)을 할당하고 예상치 못한 작업 및 이메일을 처리하는 데 오전 11시 30분과 오후 4시에 30분을 할당하여 집중 시간 구간을 구현하도록 할 예정입니다. 매주 한 시간씩 ○○○의 고급 기능을 탐색하고, 세 가지 이상의 새로운 기능이나 통합을 문서화하고 이를 내 작업 흐름에 구현하는 데 투자하겠습니다.

○○프로젝트의 PM으로 프로젝트를 주도하고 다음 주 말까지 프로젝트 계획의 윤곽을 잡을 것을 제안하고, ○○○님의 멘토링을 시작합니다. 매주 ○○님과 체크를 통해 진행 상황, 과제 및 피드백을 논의할 것입니다.

리　더: 정말 멋집니다. 홍길동 님의 발전을 기대하고 있습니다. 그동안 지원이 필요하시면 언제든지 문의해 주세요.

구성원: 감사합니다. 지원에 감사드립니다.

리　더: 늘 감사드립니다.

B-player 맞춤형 코칭 전략

B-player 코칭 시 유의사항

B플레이어는 전체 인력에서 많은 비중을 차지하는 중간급 인재로, 조직의 이익에 장기적으로 기여하는 구성원이다. B플레이어는 전체 비중의 70%에 달하기 때문에 소외되었다는 열등의식에 사로잡히면 조직 전체 분위기를 가라앉힐 수 있을 만큼의 영향력을 가진 인력이기도 하다. B플레이어는 두 가지 유형으로 나눠 볼 수 있다. 한 그룹은 실력은 낮지만 성실한 구성원들이며, 다른 한 그룹은 실력은 높지만 성실성이 낮은 B플레이어이다. 실력이 낮은 B플레이어에게는 단순한 지시만으로는 충분하지 않다. 이들이 실질적으로 성장하고 발전하기 위해서는 업무에 대한 구체적인 설명이 필요하며, 단계적으로 업무를 이해할 수 있도록 도와주어야 한다.

반면, 성실성이 부족한 B플레이어는 실력 부족 문제와는 다른 접근이 필요하다. 이 경우에는 성과나 결과에만 초점을 맞추기보다는, 그들의 의욕이 떨어지게 된 원인을 심도 있게 분석하는 것이 우선이다. 성실성이 떨어진 이유는 각자 다를 수 있으며, 업무에 대한 흥미 부족, 과중한 업무로 인한 피로, 개인적인 문제 등 다양한 요인들이 영향을 미칠 수 있다. 이러한 원인들은 겉으로 드러나지 않는 경우가 많기 때문에, 일방적인 지시보다는 대화를 통해 이들이 직면한 문제를 파악하고, 관찰을 통해 행동 패턴을 이해하는 것이 중요하다. 이를 바탕으로 각 개인에게 맞춤형 코칭을 제공해야 한다.

B-player 대상 성과 코칭 대화 예시

B플레이어를 위한 코칭 대화 예시: 실력은 낮지만 성실한 구성원의 사례

리　더: 안녕하세요, 홍길동 님. 오늘 기분이 어떠세요? 저에게 들려주어도 괜찮을 특별한 이야기가 있을까요?

구성원: 안녕하세요! ○○○와 관련된 이야기를 들려드릴까요?(개인 경험담 중략)

리　더: 정말 반가운 소식이네요. 홍길동 님에게 즐거운 경험이셨을 듯합니다.

지난 3개월 동안 저는 특히 ○○ 프로젝트에 대한 홍길동 님의 노력과 성실한 접근 방식에 대해 이야기 들려 드리고 싶습니다. ○○ 세부 사항에 대한 홍길동의 관심과 배우려는 의지를 매우 높이 삽니다. 저는 오늘 우리가 홍길동 님의 성장과 발전을 어떻게 지원할 수 있는지에 대해 논의하고 싶습니다. 어떤 특정 영역이나 주제에 집중하고 싶나요?

구성원: 저는 ○○○ 분야의 기술을 향상시킬 생각을 해왔습니다. 저는 이 분야에 대한 능력을 향상시키는 것이 제가 더 효과적으로 성과를 구현하는 데 정말로 도움이 될 것이라고 생각합니다.

리　더: 집중해야 할 중요한 영역인 것 같습니다. 어떤 종류의 활동이나 학습 기회가 이 기술을 향상시키는 데 도움이 될 것이라고 생각하십니까?

구성원: 실습 교육 세션에 참여하면 매우 유익할 것 같습니다. 또한 일부 온라인 강좌를 탐색하면 탄탄한 이론적 기초를 얻을 수 있습니다. 또한 저를 지도해 줄 멘토가 있으면 감사하겠습니다.

리　더: 훌륭한 아이디어입니다. 앞으로 3개월 동안의 계획을 세우는 게 어때요? 특정 교육 세션과 과정을 선택하고 함께 일하고 싶은 멘토도 지금 한번 찾아볼까요? 어떻게 들리나요?

구성원: 좋아요. 적합한 교육 세션과 온라인 강좌를 찾아보겠습니다. 나에게 좋은 멘토가 누구인지도 생각해 볼게요.

리　더: 좋습니다. 우리가 함께 개선할 수 있는 계획을 들려주실 수 있을까요?

구성원: 먼저, ㅇㅇㅇ 기술에 초점을 맞춘 실습 교육 세션을 매월 2회 참석하겠습니다. ㅇㅇㅇ관련 온라인 강좌를 선택하여 등록하고 수료증까지 받겠습니다.

그리고, 사내의 멘토링 제도를 활용해서, 제 ㅇㅇ 기술에 도움을 주실 수 있을 만한 멘토를 파악하고 격주 멘토링을 통해 해당 멘토님께 도움을 받아 ㅇㅇ 기술을 ㅇㅇ 수준에서 ㅇㅇ 수준까지 높이겠습니다.

리　더: 정말 멋지네요. 교육 세션 등록과 멘토링 제도를 활용하는 과정 중에 제가 도움이 되고 싶네요. 홍길동 님의 진행 상황을 검토하고, 배운 내용에 대해 토론하고, 문제를 해결하기 위해 격주로 저와 함께 체크 일정을 잡고자 합니다. 더불어 학습 내용과 진행 상황을 일지에 기록해주시면 저와 주간 단위의 진행 체크 시, 상황을 알기가 수월하겠습니다. 이 계획이 어떨까요? 특별히 조정하거나 추가하고 싶은 사항이 있나요?

구성원: 체크 시, 진행 상황과 필요할 수 있는 추가 리소스에 대한 피드백을 제공해 주시면 도움이 될 것입니다.

리　더: 물론이죠. 저는 그렇게 할 수 있습니다. 순조롭게 진행되도록 격주 체크를 설정해 보겠습니다. 이제 대화를 요약해 보겠습니다. 우리가 논의한 실행 계획과 단계를 요약해 주시겠습니까?

구성원: 앞으로 3개월 동안 저는, ㅇㅇ에 초점을 맞춘 실습 교육 세션을

매월 2회 참석과 병행해서 3일 이내로 온라인 강좌 등록하겠습니다. 3개월 내에 수료증까지 받겠습니다. 멘토를 파악하고 격주 멘토링을 통해 ㅇㅇ 수준을 ㅇㅇ 수준까지 높이겠습니다. 이 진행 상황을 검토하고, 배운 내용과 진행 상황 등에 대해 ㅇㅇ님과 격주로 확인하겠습니다. 그 때 저는 ㅇㅇ님이 검토할 수 있도록 학습 내용과 진행 상황을 일지에 기록하겠습니다.

리　더: 멋집니다. 도움이나 리소스가 필요하면 언제든지 문의하세요. 늘 응원합니다.

구성원: 감사합니다. ㅇㅇ 학습을 시작하게 되어 기쁩니다.

B플레이어를 위한 코칭 대화 사례: 실력은 비교적 높지만 성실성이 낮은 구성원

리　더: 안녕하세요, 홍길동 님. 오늘 기분이 어떠세요? 저에게 들려주어도 괜찮을 특별한 이야기가 있을까요?

구성원: 안녕하세요! ㅇㅇㅇ와 관련된 이야기를 들려드릴까요?(개인 경험담 중략)

리　더: 정말 반가운 소식이네요. 홍길동 님에게 즐거운 경험이셨을 듯합니다. 저는 지난 3개월 동안 특히 ㅇㅇ에서 홍길동 님의 기술적 능력과 전문성이 빛을 발하는 것을 보았습니다. 그러나 참여와 후속조치에 있어서 몇 가지 불일치를 발견했습니다. 저는 홍길동 님의 성과와 동기를 향상시킬 수 있는 방법을 찾는 데 도움을 나누고 싶습니다. 오늘 어떤 구체적인 영역이나 주제에 집

중하고 싶나요?

구성원: 요즘 좀 의욕이 없는 것 같아요. 역할에 몰두할 수 있도록 일의 의미를 찾는 방법에 대해 논의하는 것이 도움이 될 것이라고 생각합니다.

리 더: 좋은 주제입니다. 직장에서의 동기 부여와 집중력에 영향을 미치는 요인에 대해 더 자세히 알려주실 수 있나요?

구성원: 제가 맡은 업무가 충분히 도전적이지 않아서 가끔 제 기여도가 인정되지 않는 것 같은 느낌도 그 일부인 것 같아요. 그냥 의미 없이 일상을 따라가는 것 같은 느낌이에요.

리 더: 솔직한 이야기를 들려주심에 감사드립니다. 도전과 인정을 받는 것이 중요합니다. 이에 대해 더 자세히 살펴보겠습니다. 어떤 종류의 작업이나 프로젝트가 더 매력적이고 성취감을 느끼나요?

구성원: 저는 창의적인 문제 해결력을 요하고 혁신적인 일을 해보고 싶습니다. 이런 일들에 다소 비중 있는 역할을 맡게 된다면 동기 부여가 될 것 같습니다.

리 더: 귀중한 통찰력이군요. 보다 혁신적인 프로젝트에 홍길동 님을 스스로 참여시키고 기여가 인정될 수 있도록 계획을 세워 보면 어떨까요? 어떤 아이디어를 시도해 보시겠습니까?

구성원: 음… 우선, 창의적인 문제 해결이 필요한 혁신적인 프로젝트 하나를 찾아 제안해 보겠습니다. 앞으로 2주 안에 시작하는 것을 목표로 하겠습니다. 프로젝트에 대한 명확한 목표를 설정하고 다양한 접근 방식을 탐색해 보겠습니다.

그리고, 팀 회의에서 개인의 기여가 강조되는 격주 표창 시스템을 제안하겠습니다.

성과를 논의하고 건설적인 피드백을 제공하기 위해 ㅇㅇ님과

의 월별 일대일 세션을 통해, 월별 체크 일정을 계획하여 동기
부여 수준과 직면한 문제에 대해 ○○과 함께 논의하겠습니다.

리 더: 이 계획이 어떻게 보이시나요? 특별히 조정하거나 추가하고 싶
은 사항이 있나요?

구성원: 필요에 따라 피드백과 지원을 제공해 주시면 도움이 될 것입
니다.

리 더: 물론이죠. 저는 그렇게 할 수 있습니다. 순조롭게 진행되도록
월별 체크를 설정해 보겠습니다. 이제 대화를 요약해 보겠습니
다. 우리가 논의한 실행 계획과 단계를 요약해 주시겠습니까?

구성원: 네, 앞으로 3개월 동안 저는, 다양한 접근 방식을 탐색할 수 있
는 명확한 목표와 자율성과 함께 창의적인 문제 해결이 필요한
하나의 혁신적인 프로젝트를 제안합니다. 팀 회의에서 개인의
기여가 강조되는 격주 표창 시스템을 제안합니다.

월별 ○○님과의 일대일 세션을 통해 진행 상황과 성과에 대해
논의하고 건설적인 피드백을 받습니다.

리 더: 멋집니다. 저는 늘 홍길동 님의 성장과 발전에 동행하기를 희
망합니다. 도움이나 리소스가 필요하면 언제든지 문의하세요.

구성원: 감사합니다. 지원에 감사드리며 시작하게 되어 기쁩니다.

C-player 맞춤형 코칭 전략

C-player 코칭 시 유의사항

C 플레이어에게는 더 많은, 더 깊이 있는 관찰이 필요하다. 적성에 맞
지 않는 일을 오래도록 하고 있었던 것은 아닌지, 오랫동안 사소한 인정

도 받지 못해 왔던 것은 아닌지 면밀히 살펴야 한다. 해당 구성원의 성격과 성향이 근본 원인인 경우도 있을 수 있다. 코칭을 통한 발견이 필요하다. 일반적으로 C플레이어는 실력도 낮지만 성실성도 매우 낮을 확률이 높다. 조직에 대한 기대도 없고 개인의 성장 비전도 없다. 그럼에도 불구하고 C플레이어에 관심을 두고 개선을 위해 노력해야 하는 이유는, 조직에 미치는 영향 때문이다. C플레이어의 무기력과 낮은 의욕 수준이 팀 전체로 전이되어 팀의 의욕 수준이 전반적으로 낮아질 수 있고, 팀에서 누군가 제 몫을 하지 못하면 팀에는 역할의 수행하는 과정 중 불균형 현상이 발생하고 그것은 불평등과 불공정에 대한 불만을 일으켜 팀 전체의 노력 수준을 저하시킬 수 있다. 이들을 각별히 관리해야 하는 또 다른 이유는, 긍정적인 태도보다 부정적인 태도가 팀의 분위기를 더 빨리 물들인다는 특성에 있다. 경영학자 미첼 쿠지와 심리학자 엘리자베스 홀로웨이가 제시한 '썩은 사과' 법칙에 의하면, 사과는 산화될 시 에틸렌이라는 물질을 다량으로 분출한다. 그렇기 때문에 과산화된, 즉 썩은 사과를 다른 사과와 함께 보관하면 상자 전체가 금방 부패하게 된다. 팀의 썩은 사과는 건강한 조직도 빠르게 오염시키기 때문에 썩은 사과를 제대로 판별하고 개선을 위해 노력해야 하며, 심한 경우는 필요하다면 솎아내는 행동을 강력히 실천해야 한다. 심리학자 로이 바우마이스터도 "나쁜 것은 좋은 것보다 강력한 영향력을 발휘한다."라고 했다.

C-player 대상 성과 코칭 대화 예시
C-Player를 위한 코칭 대화 사례: 열심히 일하지만 성과가 저조한 구성원

리　더: 안녕하세요, 홍길동 님. 오늘 기분이 어떠세요? 저에게 들려주어도 괜찮을 특별한 이야기가 있을까요?

구성원: 안녕하세요! ○○○와 관련된 이야기를 들려드릴까요?(개인 경험담 중략)

리　더: 정말 반가운 소식이네요. 그 소식을 들으니 기쁩니다. 자, 이제 업무 이야기를 하자면, 저는 특히 ○○○에서 많은 노력을 기울이고 계신 것을 보았는데, 노고에 감사드립니다. 그러나 홍길동 님의 성과가 기대 수준에 미치지 못하는 것도 확인했습니다. 저는 홍길동 님의 경험에 대해 더 많이 이해하고 홍길동 님의 성장과 발전을 지원할 수 있는 방법을 모색하고 싶습니다. 현재 역할과 담당하고 있는 업무에 대해 어떻게 생각하시나요?

구성원: 최선을 다했지만 진전이 없는 것 같아요. 때때로 나는 그 일이 약간 부담스럽거나 내 강점과 잘 맞지 않는다고 생각합니다.

리　더: 홍길동 님이 직면하고 있는 몇 가지 어려움이 있을 것 같습니다. 이러한 어려움의 원인이 무엇이라고 생각하시나요?

구성원: 작업의 기술적인 측면으로 어려움을 겪고 있으며 어떻게 진행해야 할지 확신이 서지 않는 경우가 많습니다. 이로 인해 실수와 지연이 발생합니다.

리　더: 기꺼이 공유해 주셔서 감사합니다. 가장 어려움을 느끼는 특정 영역을 정확히 찾아내도록 노력해 보겠습니다. 최근에 특히 막혔거나 압도당했다고 느꼈던 작업이나 프로젝트가 있습니까?

구성원: 네, 지난번 보고 때 데이터 분석 부분에 완전 멍한 느낌이 들었습니다. 어떻게 접근해야 할지 몰랐고 결국 여러 가지 오류를 범하게 되었습니다.

리　더: 알겠습니다. 훈련에만 집중하기보다는 몇 가지 대안적인 접근 방식을 살펴보겠습니다. 이러한 문제를 다르게 해결할 수 있는 방법은 무엇이라고 생각하시나요?

구성원: 제가 어렵게 생각하는 작업에 대해 좀 더 구조화된 지침이나 템플릿을 사용할 수도 있습니다. 또한 동료 검토 시스템을 갖추면 실수를 조기에 발견하는 데 도움이 될 수 있습니다.

리 더: 정말 좋은 아이디어입니다. 체계적인 지침과 동료 검토가 확실히 도움이 될 수 있습니다. 실행 계획을 세워 보겠습니다. 어떤 아이디어를 시도해볼까요?

구성원: 기술 작업에 대한 세부 템플릿 및 지침을 개발하거나 확보하겠습니다. 검토 시 ㅇㅇ님께서 리뷰해주시면 더욱 감사드리겠습니다. 또 데이터 분석과 같은 가장 어려운 작업에 대한 단계별 체크리스트를 만들어 작업을 수행할 때마다 따르도록 하겠습니다. 그리고 최종 제출 전에 동료가 제 작업을 검토하도록 할 수 있는 동료 검토 프로세스는 어떨까요? 믿을 수 있는 동료를 선택하고 정기적인 검토 세션을 마련할까 합니다. 피어 리뷰어를 위한 체크리스트를 만들겠습니다.

저의 진행 상황을 검토하고, 배운 내용에 대해 토론하고, 문제를 해결하기 위해 저와 격주로 확인 일정을 가져도 될까요? ㅇㅇ님의 리뷰를 통해 템플릿과 체크리스트를 발전시킬 수 있을 것으로 기대됩니다.

리 더: 특별히 조정하거나 추가하고 싶은 사항이 있나요?

구성원: ㅇㅇ님께서 매주 수요일 마다 진행 상황 체크를 위해 저에게 면담 시간을 할애해주시고 템플릿과 프로세스에 대한 피드백을 제공해 주시면 좋을 것 같습니다.

리 더: 저는 그렇게 할 수 있습니다. 순조롭게 진행되도록 매주 수요일 오후 2시, 진행 상황 체크 면담 시간을 설정해 보겠습니다. 이제 우리가 나눈 대화와 실행 계획을 요약해 주시겠어요?

구성원: 물론이죠. 앞으로 3개월 동안 저는 다음을 수행할 것입니다. 기술 작업에 대한 세부 템플릿과 지침을 개발하고 이를 검토합니다.

데이터 분석과 같은 어려운 작업을 위한 단계별 체크리스트를 만듭니다.

신뢰할 수 있는 동료와 함께 동료 검토 프로세스를 수립하고 정기적인 검토 세션을 마련하겠습니다.

일관성과 철저함을 보장하기 위해 피어 리뷰어를 위한 체크리스트를 만들고 적용하겠습니다.

진행 상황을 검토하고, 배운 내용에 대해 토론하고, 문제를 해결하기 위해 매 주 수요일 오후 2시에 ○○님과 진행 상황 체크의 주제로 면담을 하겠습니다. ○○님과의 체크 중에 검토하실 수 있도록 학습 내용과 진행 상황을 일지에 기록하겠습니다.

리　더: 멋집니다. 공유에 감사드립니다. 저는 당신의 발전을 지켜보고 동행할 수 있기를 기대합니다. 지속적인 성과 문제는 부정적인 평가로 이어질 수 있으며 팀에서 홍길동 님의 역할에 영향을 미칠 수 있다는 점을 기억하십시오. 성공할 수 있도록 함께 노력합시다. 도움이나 리소스가 필요하면 언제든지 문의하세요.

구성원: 감사합니다. ○○님의 지원에 감사드리며 시작하게 되어 기쁩니다.

리　더: 감사합니다.

C-Player를 위한 코칭 대화 사례: 불평이 많고 팀 분위기를 좋지 않게 조성하는 구성원

리　더: 안녕하세요, 홍길동 님. 오늘 기분이 어떠세요? 저에게 들려주어도 괜찮을 특별한 이야기가 있을까요?

구성원: 안녕하세요! ○○○와 관련된 이야기를 들려드릴까요?(개인 경험담 중략)

리　더: 정말 반가운 소식이네요. 홍길동 님에게 즐거운 경험이셨을 듯합니다.

리　더: 홍길동 님은 ○○ 영역에 뛰어난 능력을 갖고 있음에도 불구하고 팀 분위기에 영향을 미치는 것으로 보이는 불만과 부정적인 태도가 잦은 것으로 나타났습니다. 예를 들어, 지난 ○월 ○의 팀 회의, ○의 팀 회의에서 홍길동 님은 ○○하게 다른 사람들을 방해하고 그들의 아이디어를 무시하여 긴장감을 조성하고 협업 환경을 혼란시켰습니다. 저는 홍길동 님의 관점을 이해하고 이러한 문제를 어떻게 함께 해결할 수 있는지 알아보고 싶습니다. 현재 역할과 팀 환경에 대해 어떻게 생각하시나요?

구성원: 솔직히 답답함을 느꼈어요. 내 노력이 인정받지 못하는 것 같고, 일부 작업이 무의미하거나 잘못 관리되는 것 같습니다.

리　더: 홍길동 님의 솔직함에 감사드립니다. 가치 있다고 느끼고 일의 목적을 보는 것이 중요합니다. 저도 홍길동 님의 의견에 동의합니다. 이에 대해 더 자세히 살펴보겠습니다. 홍길동 님의 동기부여에 영향을 미치고 이러한 행동으로 이어지는 원인에 대해 더 자세히 말씀해 주시겠습니까?

구성원: 작업량 분배가 불공평하고 제 제안이 진지하게 받아들여지지

않는 것 같아요. 내 말을 듣지 못하는 것 같으면 동기를 유지하기가 어렵습니다.

리 더: 그건 타당한 우려 사항입니다. 모든 사람이 자신의 의견을 듣고 공정한 업무량을 갖는 것이 중요합니다. 하지만 건강한 팀 환경을 조성하려면 긍정적이고 협력적인 태도를 유지하는 것도 중요합니다. 이러한 문제를 해결하기 위해 어떤 구체적인 변경이나 지원을 원하십니까?

구성원: 업무 분배에 대한 더 명확한 의사소통과 나의 노력에 대한 더 많은 인정이 도움이 될 것이라고 생각합니다. 또한 문제를 논의하고 해결하기 위해 정기적인 팀 회의를 갖는 것이 도움이 될 수 있습니다.

리 더: 건설적인 제안이군요. 이에 대해 더 자세히 살펴보겠습니다. 작업 분배에 대한 의사소통을 어떻게 개선할 수 있다고 생각하시나요?

구성원: 누가 무엇을 하고 있는지 논의하고 작업이 공정하게 분배되는지 확인하는 정기 회의를 가질 수도 있습니다.

리 더: 좋은 생각인 것 같습니다. 인정은 어떻습니까? 어떤 종류의 인정이 의미 있다고 생각하시나요?

구성원: 팀 회의에서 개인의 기여를 인정하는 것이 좋을 것 같습니다. 큰 일일 필요는 없으며, 사람들이 잘한 일에 대해 간단히 인정하는 것만으로도 충분합니다.

리 더: 훌륭한 제안입니다. 이러한 문제를 해결하고 팀에 대한 기여도를 향상시키기 위한 세부 계획을 세워 보겠습니다. 이러한 변경 사항을 구현하기 위해 어떤 구체적인 조치를 취하고 싶습니까?

구성원: 업무 분배 및 인정에 대해 논의하기 위해 정기적인 팀 회의를 제안하고 싶습니다. 그리고, 회의할 때 좀 더 긍정적이고 협조적

이 되도록 노력하고 싶습니다. 적극적으로 경청하고 건설적인 피드백을 주는 것이 도움이 될 수 있다고 생각합니다.

리 더: 정말 좋은 계획인 것 같습니다. 이러한 단계를 구현하는 데 어떻게 도움을 드릴 수 있나요?

구성원: 팀 회의를 진행하고 제가 어떻게 지내는지에 대한 피드백을 좀 더 긍정적이고 지지적으로 제공해 주시면 도움이 될 것입니다.

리 더: 물론이죠. 저는 그렇게 할 수 있습니다. 순조롭게 진행되도록 월별 일대일 세션을 설정해 보겠습니다. 우리가 나눈 대화와 실행계획을 요약해 주시겠어요?

구성원: 물론이죠. 향후 3개월 동안 저는, 업무 분배 및 인정을 논의하기 위해 정기적인 팀 회의를 제안하고 실행합니다. 팀 회의 중에 적극적으로 경청하고 건설적인 피드백을 제공하는 연습을 하겠습니다.

팀과의 상호작용에서 더욱 긍정적이고 지지적인 태도를 취하도록 노력하겠습니다. ○○님과의 월별 일대일 세션을 예약하여 진행 상황을 검토하고, 배운 내용에 대해 토론하고, 문제를 해결하겠습니다.

리 더: 훌륭한 요약입니다. 개선되는 모습을 지켜보며 계속해서 지원해 주시기를 기대합니다. 계속해서 부정적인 행동을 하면 심각한 결과를 초래할 수 있다는 점을 기억하십시오. 긍정적인 팀 환경을 조성하기 위해 함께 노력합시다. 도움이나 리소스가 필요하면 언제든지 문의하세요.

구성원: 감사합니다. 지원에 감사드리며 이러한 변화가 도움이 되기를 바랍니다.

리 더: 감사합니다. 즐거운 하루 보내시고 긍정적인 팀 환경을 조성하기 위해 함께 노력합시다!

코치형 리더가 된다는 것

코치형 리더가 직면할 수 있는 도전 과제와 문제 해결 전략
이중 역할의 균형 및 상충되는 목표와 요구의 균형 맞추기

조직 내에서의 코칭은 일반적인 코칭의 상황과 다르다. 부서 내 코칭, 팀 내 코칭은 대인 관계, 팀 문화, 집단 목표를 이해하는 것을 포함한다. 리더는 전후 상황을 탐색하고 긴밀히 협력하면서, 때때로 발생하는 갈등이나 시너지 해결에 적극적으로 참여해야 한다.

또한, 팀 코칭은 큰 틀 내에서 조직의 목표 및 전략적 목표와 밀접하게 연관되어 있다. 따라서 일대일 코칭을 하더라도 리더의 초점은 개인의 성장뿐만 아니라 각 구성원이 팀과 조직의 집단적인 성공에 어떻게 기여하는지에 맞춰져 있어야 한다. 이 때 리더는 팀의 성공에 대한 구성원 개개인의 기여도와 역할 인식, 구성원 간 어떻게 최적으로 지원할 수 있는 지에 대해 명확하게 이해할 수 있도록 지원할 수 있어야 한다. 때때로 개인의 열망이 팀의 목표와 상이하거나 구성원 코칭에 할애하는 시간이 팀의 목표와 거리가 먼 경우가 발생할 수도 있다. 이 때 리더는 구성원 개인 발전과 팀의 성과 달성의 초점에 올바른 균형을 가져야 한다. 팀 성과에 대한 고려 요인에도 균형이 필요하다. 협업과 생산 목표 달성이 상충되는 상황이 발생할 수도 있으며 팀 결속력의 정도가 단기 성과 창출과 장기 성과 창출에 다르게 작동할 수도 있다. 이 문제를 해결하기 위해 때에 따라 리더는 일대일 코칭 외에도 그룹 코칭, 팀 빌딩 등을 적절히 활용해야 할 수도 있다. 개인의 발전 목표와 팀 및 조직 목표가 상충

될 때에는 개인 목표와 팀 목표의 공통점을 찾고 개인과 팀 모두에게 이익이 되는 계획을 수립하는 방향의 코칭 대화를 시도해볼 것을 권장한다.

더불어 코치로서의 역할과 리더로서의 역할을 균형 있게 유지하기 위해 각 역할에 대한 경계와 기대치를 명확히 정의하는 것이 좋다. 구성원에게 코치로서 행동할 때와 리더로서 행동할 때를 명확히 구분하고, 각 상황에서의 리더의 대응 방법이 다를 수 있음을 미리 알린다. 코칭 시에는 위에 제시한 코칭 기법과 프로세스 등을 참고하여 코치로서 리더만의 구조화된 코칭 루틴을 구축하는 것이 좋다. 더불어 이는 정기적인 리더의 팀 및 구성원 관리 활동과 분리하자.

신뢰 구축과 저항 관리

효과적인 코칭을 위해 신뢰를 구축하는 것이 중요하다. 그러나 이미 기존에 쌓아온 관계에 의해 불신이나 회의감이 형성된 구성원과의 코칭은 어려울 수 있다. 오랜 시간이 소요될 수 있을 것이다. 서두르지 말고, 차근차근 시작하자. 일관성 있고, 투명하며, 접근 가능하도록 행동하여 구성원의 신뢰를 천천히 쌓아가자. 약속을 지키는 모습을 보이고, 비밀을 유지하며, 구성원의 개인적인 성장과 성공에 진정으로 관심을 가지고 있음을 드러내자.

때에 따라 일부 구성원들은 변화에 대한 두려움, 부정적인 경험 또는 코칭에 대한 잘못된 이해 등의 이유로 리더의 코칭에 저항할 수 있다. 이러한 경우는 코칭의 이점에 대해 팀을 교육하고 성공 사례를 공유해볼 것을 권장한다. 열린 대화를 위한 안전한 공간을 만들고 그들의 우려에 공감하며 구성원 개개인의 개인적인 이슈나 목표에 맞춘 접근 방식을 사용해도 좋다.

객관성 유지와 성과 측정

코칭의 과정 중에 구성원의 내밀한 정보를 알게 된다면 이 때문에 관리자의 역할 수행 시 객관성 유지가 어려워질 수 있다. 이것이 우려된다면 반드시 코칭 시작 전, '코칭의 과정 중 알게 되는 서로의 정보들은 일체 비밀로 하며, 알게 된 개인적인 정보들은 업무 및 업무 관리에 절대 영향을 미치지 않을 것'과 같은 내용에 대해 서약을 해두는 것이 좋다. 코칭과 업무 관리 시의 역할 분리를 위한 스스로의 규칙을 마련하는 것도 좋다.

관리자와 구성원이라는 역할의 한계로 인해 객관성 유지가 어려워지는 경우도 있다. 바로 관리자로서 구성원에게 갖고 있는 기대치 혹은 기대감인데, 이 기대치가 강한 경우 리더는 코칭 중 의도치 않게 구성원에게 본인의 의견이나 요구사항을 내비치게 될 수 있고, 이런 경우 코칭 시 큰 어려움을 겪을 수 있다.

구성원에 대한 기대치와 기대감은 열린 질문 보다 닫힌 질문을, 중립 질문보다는 유도질문을 택하게 만들 수도 있다. 적절하지 못한 질문으로 코칭 과정이 긍정적이지 못한 방향으로 흘러갈까 염려스럽다면 코칭 대화 시, 구조화된 프레임워크와 평가 도구를 사용하여 코칭 과정을 객관적으로 진행해볼 것을 권장한다. 더불어 코칭의 과정이 편향되지 않도록 멘토 코치나 전문 코치로부터 나의 코칭 방법 등에 대해 리뷰 받는 것도 좋다.

또한 코칭 대화 중에 구성원이 자신의 발전을 책임지고 실행 계획을 따르도록 책임감을 장려하는 표현들을 적용하는 것이 좋다. 코칭 대화 중 구성원의 현 상황을 꾸밈없이 비춰줌으로써 구성원이 바르게 현상을 파악하여 올바른 문제 해결방을 찾아 추동할 수 있는 힘을 얻도록 한다.

구성원 개개인은 다양한 학습 스타일, 성격, 요구사항, 문제해결력을 가지고 있어 일률적인 접근 방식으로 코칭할 수 없다. 따라서 성과 창출을 목표로 하는 코치형 리더는 구성원 개인의 필요에 맞춘 유연한 코칭 접근 방식을 사용해야 한다. 각 구성원의 강점, 약점, 선호도를 이해하는 데 시간을 투자하고, 다양한 학습 스타일에 맞는 다양한 코칭 기법을 개발하고 활용하자. 물론 이 가운데 상당한 시간 투자가 필요하며, 이는 리더가 수행해야 할 다른 리더십 책임과 균형을 맞추는 것에 저해 요인이 될 수 있다. 쉽지 않겠지만 구성원 코칭 활동을 리더의 핵심 업무 중 우선 순위에 배정하고 정기적인 업무 일정에 반영하자. 코칭 면담 시간을 미뤄두고 한꺼번에 숙제 해결하듯이 처리하려고 하는 경우 코칭의 효과성은 극적으로 하락한다. 너무 바빠서 시간이 나지 않는 경우는 시간 효율성을 극대화하기 위해 그룹 코칭 세션을 사용하고, 가능한 경우 구성원들에게 리더의 업무를 임파워먼트하고 일대일 코칭 시간을 확보하기를 권장한다.

코치형 리더가 된다는 것

위에 열거한 바와 같이, 리더가 코치형 리더가 된다는 것에는 장점과 단점이 존재한다.

리더가 코치형 리더가 된다면,

- 리더와 팀/개인 간의 더욱 강력하고 신뢰받는 관계가 형성될 수 있다.

- 장기적인 결과를 얻는 데 도움이 될 수 있다

- 구성원과 팀이 잠재력을 최대한 발휘하도록 도울 수 있다.

- 협력적이고 지원적인 업무 환경을 조성할 수 있다.

- 구성원들이 존중 받고 지원을 받는다고 느끼기 때문에 구성원의 업무 몰입
  도가 높아질 수 있다.

그러나 코치형 리더가 되는 것에는 다음과 같은 단점도 있다.

- 더욱 많은 시간 투자와 에너지 투자가 필요 해진다.

- 장기적 관점의 성장을 목적으로 하는 코칭의 특성 상 결과가 나타나기까지
  오랜 시간이 걸릴 수 있다.

- 구성원이 코칭 리더십을 긍정적으로 생각하고 적극적으로 참여하는 경우에
  만 효과적이다.

위와 같은 단점에도 불구하고 왜 코치형 리더가 되어야 하는 가? 리더
십을 발휘하는 과정 중에 특히 더 코치형 리더를 필요로 하는 상황, 코
칭 리더십 스타일이 특히 효과적인 상황이 있다.

이러한 상황은 다음과 같다.

- 팀이 중장기 목표의 달성을 위해 노력할 때

- 리더가 구성원들에게 더 높은 수준의 성과를 낼 수 있도록 영감을 주고 동기

를 부여해야 할 때

- 리더가 팀과의 신뢰를 구축하고 강화해야 할 때

- 리더가 조직 및 개인/팀 목표를 일치시켜야 할 때

- 팀 또는 개인이 성과 달성과 관련한 좌절에 직면했을 때

당신과 당신이 이끄는 팀 또는 부서가 위의 항목에 하나라도 해당이 된다면 코치형 리더가 될 것을 적극적으로 고려해보기를 권장한다.

코칭은 구성원에게 자신감을 심어주어 자발적이고 주도적으로 업무에 몰입하게 하는, 작금의 리더가 반드시 갖추어야 할 강력한 필살기다. 탁월한 코치형 리더는 동기를 부여하고 지원적 태도를 통해 구성원 개개인의 성과 향상을 촉진할 뿐 아니라 개개인의 성과를 바탕으로 조직의 성과 향상에 기여하는 성장 지향적인 환경을 조성한다.

"등대는 움직이지 않는다. 다만 배의 움직임을 비출 뿐이다."라고 한다. 구성원 개개인과 팀이 한 척의 배가 되어 어둔 밤에서 서로 부딪히지 않고 그들 개개인이 희망하는 목표 지점으로 잘 항해할 수 있도록 든든한 빛이 되어 주는 것, 그것이 코치형 리더의 역할이며 리더로서 코칭을 해야 하는 이유이다.

제5장

디지털 시대의 코칭

김현

Point ─────────────────

디지털 혁신과 인공지능 기술을 활용한
코칭은 성과 향상과 개인화된 피드백
제공을 통해 코칭의 효율성을 극대화한다.

1

디지털 혁신과 코칭의 미래

디지털 혁신과 인공지능의 발전은 우리의 삶과 업무 방식을 급격하게 변화시키고 있다. 특히 코칭 분야에서는 이러한 기술 도입이 중요한 전환점이 되고 있다. 2024년 다보스 세계경제포럼에서 발표된 "AI와 코칭의 미래" 보고서에 따르면, AI와 신기술은 코칭의 접근성, 효율성, 그리고 결과를 혁신적으로 개선할 수 있는 잠재력을 가지고 있다.

AI와 신기술의 기회

코칭 분야에서 AI의 가능성은 이미 많은 코치들이 인식하고 있다. 국제코칭연맹ICF과 PwC가 함께 실시한 2023년 코칭 스냅샷에 따르면, 코치들의 34%가 AI가 코칭의 다음 혁신이 될 것이라고 믿고 있으며, 29%는 AI가 코칭 비즈니스를 더 쉽게 운영할 수 있게 할 것이라고 응답했다. 또한, 디지털 코칭 플랫폼이 전 세계 사람들과 조직의 직원들에게 코칭 접근성을 향상시킬 수 있다는 점에서 큰 동의를 얻고 있다.

디지털 도구의 발전과 업무 환경의 변화

디지털 도구의 발전과 함께, 업무 환경 역시 빠르게 변화하고 있다. 맥킨지의 연구에 따르면, 빠르게 변화하는 조직의 리더들은 높은 운영 탄력성과 혁신 성과를 보고하고 있다. 코칭은 이러한 변화에 대응하여 직원의 기술 향상과 비즈니스의 민첩한 운영을 지원하는 중요한 역할을 하고 있다.

실제 조직의 92%가 코칭이 직원들이 기술 향상을 이해하고 받아들이며 실행하는 데 도움을 준다고 응답했으며, 53%는 직원 기술 향상에 코칭이 중요한 역할을 한다고 밝혔다 ICF 2023.

AI와 코칭의 통합

AI 기술의 발전은 코칭의 새로운 지평을 열고 있다. 데이터 분석을 통해 AI는 개별 고객의 필요와 선호를 파악하고, 이를 바탕으로 맞춤형 코칭 프로그램을 제공할 수 있다. 예를 들어, AI 기반 코칭 플랫폼인 코치봇 CoachBot 은 고객의 성향과 목표에 따라 개인화된 코칭 전략을 제안한다. 이는 코치가 보다 효율적으로 고객을 지원할 수 있도록 도와준다.

AI는 코칭 세션 사이에 고객에게 적절한 과제를 추천하거나 목표 달성을 위한 '넛지'를 제공하여 지속적인 발전을 촉진할 수 있다. 또한 코치-고객 매칭 과정에서도 중요한 역할을 한다. 적절한 코치와 고객을 연결함으로써 코칭 효과를 극대화할 수 있으며, 이를 통해 고객은 자신의 목표에 부합하는 코치를 찾아 더 높은 만족도를 얻을 수 있다.

디지털 플랫폼의 이점과 고려 사항

디지털 코칭 플랫폼은 코칭의 접근성을 크게 향상시켰다. 이러한 플랫폼을 통해 전 세계 어디서나 코칭 서비스를 이용할 수 있으며, 특히 조직 내에서 직원들이 보다 쉽게 코칭에 접근할 수 있게 한다. 또한, 비용 절감의 이점을 제공하여 더 많은 사람들이 코칭의 혜택을 누릴 수 있게 한다.

그러나 디지털 플랫폼의 활용에는 몇 가지 고려해야 할 점이 있다. 개인정보 보호와 보안 문제가 대표적이다. 온라인 환경에서 민감한 개인정보를 다루기 때문에, 데이터 보호 규정을 준수하고 정보 보안 체계를 강화하는 것이 중요하다. 또한, 디지털 코칭은 직접적인 인간적 교감이 제한될 수 있으므로, 코치는 이를 보완하기 위한 노력을 기울여야 한다.

코칭의 미래: 인간과 AI의 협업

AI가 코칭 분야에서 점점 더 중요한 역할을 하게 되겠지만, 인간 코치의 고유한 가치는 여전히 중요하다. AI는 데이터 분석과 반복적인 업무 처리에서 뛰어난 성과를 보일 수 있지만, 인간 코치는 공감, 직관, 그리고 개별적 접근 등에서 강점을 가지고 있다.

미래에는 AI가 코치의 보조 도구로서 기능하며, 코치는 이를 통해 더 높은 수준의 맞춤형 코칭을 제공할 수 있을 것이다. 예를 들어, AI가 고객의 진행 상황을 모니터링하고 필요한 경우 코치에게 실시간 정보를 제공함으로써, 코치는 더욱 효과적으로 고객을 지원할 수 있다.

새로운 트렌드와 코칭의 발전

디지털 혁신과 함께 새로운 코칭 트렌드도 등장하고 있다. 예를 들어, 가상현실VR과 증강현실AR을 활용한 코칭이 점점 인기를 끌고 있다. 이러한 기술은 현실감 있는 시뮬레이션을 통해 고객이 다양한 상황을 연습하고 경험할 수 있도록 도와준다.

또한, 건강 코칭과 웰빙 코칭의 중요성이 증가하고 있다. 디지털 기술을 활용하여 개인의 건강 상태를 모니터링하고, 맞춤형 건강 관리 계획을 제공함으로써, 고객이 더 건강한 삶을 살 수 있도록 지원할 수 있다.

2

코칭 레볼루션의 핵심 요소

코칭 분야는 지금 역사적인 전환점을 맞이하고 있다. 디지털 기술의 폭발적 발전, 인공지능의 비약적 진보, 그리고 팬데믹 이후 변화된 업무 환경은 코칭의 본질과 방식을 근본적으로 재정의하고 있다. 이러한 변화는 단순한 진화가 아닌, 말 그대로 '레볼루션혁명'이라 할 수 있다.

코칭 레볼루션은 기존의 코칭 방식을 완전히 뒤엎고, 새로운 패러다임을 제시하고 있다. AI와 빅데이터, 가상현실과 증강현실, 그리고 모바일 기술 등 다양한 디지털 혁신 요소들이 결합하여 코칭의 접근성, 개인화, 효율성을 극대화하고 있다. 이 혁명은 코칭이 개인과 조직의 성장에 미치는 영향력을 크게 확대하고 있으며, 글로벌 비즈니스 환경에서 경쟁력을 유지하는 데 필수적인 요소로 부상하고 있다.

이러한 혁명적 변화의 중심에는 몇 가지 핵심적인 요소들이 있다. 이들은 마치 퍼즐 조각처럼 서로 맞물려 코칭의 새로운 패러다임을 형성하고 있다. 이 핵심 요소들을 이해하는 것은 미래 코칭의 방향을 예측하고, 효과적인 코칭 전략을 수립하는 데 필수적이다. 그렇다면, 코칭 레볼루션을 이끄는 핵심 요소들은 무엇이며, 어떻게 코칭의 미래를 형성하고 있는지 자세히 살펴보자.

1) AI 기반 개인화 코칭

인공지능은 코칭의 개인화 수준을 획기적으로 높이고 있다. AI는 개인의 성격, 학습 스타일, 경력 경로, 성과 데이터 등을 종합적으로 분석하여 맞춤형 코칭 플랜을 수립한다. 예를 들어, IBM의 Watson Career Coach는 직원들의 이력, 기술, 관심사를 분석하여 개인화된 경력 조언을 제공한다. 또한, Cultivate AI는 리더의 커뮤니케이션 패턴을 분석하여 리더십 스킬 향상을 위한 맞춤형 제안을 한다.

2) 데이터 기반 의사결정

AI 기반 개인화 코칭과 밀접하게 연관된 요소로, 빅데이터와 고급 분석 기술의 발전으로 코칭은 더욱 과학적이고 객관적인 접근이 가능해졌다. 코치들은 고객의 행동 패턴, 성과 지표, 피드백 데이터를 실시간으로 분석하여 보다 정확한 인사이트를 얻을 수 있다. Workday의 People Analytics 플랫폼은 HR 데이터를 활용하여 직원 성과와 참여도를 예측하고, 이를 바탕으로 효과적인 코칭 전략을 수립할 수 있도록 돕는다.

3) 가상현실과 증강현실 활용

VR과 AR 기술은 코칭 경험을 더욱 몰입적이고 실제적으로 만들고 있다. 이 기술들은 특히 리더십, 공공 연설, 갈등 해결 등의 스킬을 연습하는 데 효과적이다. 예를 들어, VirtualSpeech는 VR을 통해 다양한 청중 앞에서 발표하는 경험을 제공하며, 실시간 피드백을 통해 발표 스킬을 향상시킨다. Mursion은 AI와 VR을 결합하여 복잡한 대인관계 시나리오를 시뮬레이션하여 리더십 및 고객 서비스 스킬을 훈련한다.

4) 모바일 및 온디맨드 코칭

스마트폰의 보급과 5G 네트워크의 확산으로 '언제 어디서나' 코칭을 받을 수 있게 되었다. BetterUp, Coaching.com, Torch 등의 플랫폼은 실시간 채팅, 화상 통화, 음성 메시지 등을 통해 즉각적인 코칭 서비스를 제공한다. 이러한 접근성 향상은 코칭을 일상적인 습관으로 만들어, 지속적인 성장과 발전을 가능케 한다.

5) 마이크로 러닝과 넛지nudge 기술

현대인의 바쁜 일정과 짧아진 주의 집중 시간을 고려한 마이크로 러닝이 코칭에도 적용되고 있다. 5~10분 단위의 짧은 코칭 세션이나 학습 모듈을 통해 효율적인 기술 습득이 가능해졌다. 여기에 행동경제학의 '넛지' 개념을 적용한 기술이 더해져, 학습한 내용을 실제 행동으로 옮기도록 돕는다. Humu의 AI 기반 넛지 시스템은 개인의 성향과 상황에 맞는 작은 행동 제안을 통해 점진적인 변화를 유도한다.

6) 생체신호 모니터링과 웰빙 코칭

웨어러블 기기의 발전으로 개인의 생체신호를 실시간으로 모니터링하고, 이를 코칭에 활용할 수 있게 되었다. 심박 변이도HRV, 수면 패턴, 활동량 등의 데이터를 분석하여 스트레스 관리, 업무 생산성 향상, 전반적인 웰빙 증진을 위한 맞춤형 코칭이 가능해졌다. Whoop과 같은 플랫폼은 운동 선수들의 훈련과 회복을 최적화하는 데 이러한 기술을 활용하고 있으며, 이는 기업 임원들의 성과 관리에도 적용되고 있다.

7) 소셜 러닝과 피어 코칭

디지털 플랫폼의 발전으로 조직 내 지식 공유와 상호 학습이 더욱 활성화되고 있다. LinkedIn의 Career Advice 기능이나 Slack과 같은 협업 도구를 통해 멘토링과 피어 코칭이 일상화되고 있다. Mentorloop와 같은 플랫폼은 AI를 활용해 최적의 멘토-멘티 매칭을 제공하며, 지속적인 관계 관리를 지원한다. 이러한 접근은 조직의 집단 지성을 활용하고, 학습 문화를 조성하는 데 기여한다.

8) 윤리적 AI와 데이터 보안

AI와 빅데이터의 활용이 확대됨에 따라, 윤리적 사용과 데이터 보안의 중요성이 더욱 부각되고 있다. 코칭 과정에서 수집되는 개인의 민감한 정보를 보호하고, AI의 의사결정 과정을 투명하게 관리하는 것이 중요한 과제로 떠오르고 있다. 예를 들어, EU의 GDPR이나 미국의 CCPA와 같은 데이터 보호 규정을 준수하는 것은 물론, 'Explainable AI' 기술을 통해 AI의 판단 근거를 이해하고 설명할 수 있어야 한다. IBM의 AI Fairness 360 툴킷과 같은 솔루션은 AI 시스템의 편향성을 검사하고 완화하는 데 도움을 준다.

이러한 핵심 요소들은 서로 긴밀히 연결되어 코칭의 혁신을 주도하고 있다. 그러나 이 과정에서 인간 코치의 역할은 여전히 중요하다. 기술은 코치의 능력을 확장하고 보완하는 도구로 활용되며, 궁극적으로는 인간의 통찰력, 창의성, 공감 능력이 코칭의 핵심이 될 것이다.

인간 코치와 기술의 협업은 코칭 레볼루션의 성공적인 실현을 위한 핵심 요소이다. 인간 코치는 기술을 활용하여 데이터 분석과 행정 업무를 효율화하고, 이를 통해 더욱 깊이 있는 코칭 세션에 집중할 수 있다.

코칭 레볼루션은 앞으로도 계속 진화할 것으로 예상된다. 기술의 발전과 함께 코칭은 더욱 개인화되고, 실시간으로 제공되며, 다양한 분야와 통합될 것이다. 예를 들어, AI와 감성 컴퓨팅의 결합으로 코칭은 감정 상태를 실시간으로 파악하여 더욱 섬세한 지원을 제공할 수 있을 것이다. 또한, 블록체인 기술을 활용한 데이터 보안 강화로 개인정보 보호 문제를 해결하는 데 기여할 수 있다.

그러나 이러한 발전 속에서도 중요한 것은 인간 중심의 코칭 본질을 유지하는 것이다. 기술은 도구일 뿐이며, 코칭의 핵심은 여전히 사람과 사람 사이의 신뢰와 공감에 기반한다. 앞으로의 코칭 레볼루션은 기술과 인간성이 조화롭게 융합된 형태로 발전할 것이며, 이는 개인과 조직의 성장을 극대화하는 데 큰 역할을 할 것이다.

3

디지털 시대의 새로운 코칭 모델

디지털 혁명은 코칭 분야에 근본적인 변화를 가져오고 있다. 과거의 전통적인 대면 코칭은 시간과 장소의 제약이 있었으며, 코치의 역량과 경험에 크게 의존하였다. 그러나 디지털 기술의 발전으로 인해 이러한 한계가 허물어지고, 새로운 코칭 모델들이 등장하고 있다. 이들은 코칭의 효과성, 접근성, 그리고 확장성을 크게 향상시켜 개인과 조직의 성장에 기여하고 있다.

디지털 코칭 모델은 인공지능, 가상현실, 빅데이터 등 첨단 기술을 활용하여 개인화된 코칭 경험을 제공한다. 이러한 모델들은 코칭의 방식뿐만 아니라 본질까지도 재정의하고 있으며, 이는 코칭 분야에 혁신적인 변화를 불러일으키고 있다. 이제 우리는 전통적인 코칭 모델과 디지털 코칭 모델의 차이점을 이해하고, 디지털 시대에 부합하는 새로운 코칭 모델들을 살펴볼 필요가 있다.

아래에서는 디지털 시대를 이끄는 주요 코칭 모델 8가지를 자세히 살펴보고자 한다. 각 모델의 작동 방식, 장단점, 실제 사례, 그리고 미래 전망까지 종합적으로 분석하여 제시한다.

1) 인공지능 보조 코칭 모델

인공지능 보조 코칭 모델은 AI 기술을 활용하여 인간 코치의 능력을 확장하고 보완한다. 이 모델은 빅데이터 분석과 자연어 처리 기술을 통해 개인화된 인사이트와 코칭을 제공한다.

주요 특징

빅데이터 분석을 통해 개인화된 인사이트를 제공하고, 자연어 처리 기술을 활용한 대화형 코칭을 통해 사용자와 소통하며, 예측 분석을 통해 선제적으로 코칭을 제안하는 기능을 갖추고 있다.

작동 방식

1) **데이터 수집**: 고객의 행동, 성과, 피드백 등 다양한 데이터를 수집
2) **패턴 분석**: AI가 데이터를 분석하여 패턴과 트렌드를 파악
3) **인사이트 생성**: 분석 결과를 바탕으로 개인화된 인사이트와 제안을 생성
4) **코칭 제공**: AI 챗봇이나 인간 코치를 통해 인사이트와 제안을 전달

장단점

- **장점**: 언제나 이용가능, 대규모 데이터 처리 능력, 객관적 분석

- **단점**: 인간적 직관의 부족, 복잡한 감정 처리의 한계

사례 연구. IBM의 Watson Career Coach

IBM은 Watson AI를 활용하여 직원들에게 개인화된 경력 코칭을 제공합니다. 이 시스템은 직원의 스킬, 경험, 관심사를 분석하고, 회사 내 기회와 매칭하여 맞춤형 경력 조언을 제공합니다. 결과적으로 직원 유지율이 향상되고, 내부 이동이 20% 증가했습니다.

— IBM 공식 웹사이트, 2021년 HR 기술 보고서

2) 가상현실 시뮬레이션 코칭

가상현실 시뮬레이션 코칭은 몰입형 가상 환경에서 실제 상황을 모의하여 안전하게 훈련할 수 있는 플랫폼을 제공한다.

주요 특징

현실적인 시나리오 시뮬레이션을 통해 학습자에게 즉각적인 피드백을 제공하며, 반복 훈련이 가능하도록 설계되어 있다.

작동 방식

1) **시나리오 설정**: 훈련이 필요한 상황예: 공개 연설, 어려운 대화을 VR로 구현

2) **몰입형 체험**: 사용자가 VR 헤드셋을 착용하고 가상 환경에서 상황을 경험

3) **실시간 피드백**: 음성 톤, 바디 랭귀지, 아이 컨택 등을 AI가 분석하여 즉각
   적인 피드백 제공

4) **데이터 분석**: 세션 후 상세한 성과 분석과 개선점 제시

장단점

- **장점**: 안전한 환경에서의 실전 같은 경험, 높은 학습 효과

- **단점**: 초기 구축 비용이 높음, 멀미 등 신체적 불편함 가능성

사례 연구. Walmart의 VR 관리자 트레이닝
Walmart는 VR 기술을 활용하여 매장 관리자들의 리더십 스킬을 훈련시킵니다. 블랙 프라이데이와 같은 혼잡한 상황, 까다로운 고객 응대 등 다양한 시나리오를 VR로 체험하게 합니다. 이 프로그램 도입 후, 관리자들의 리더십 스킬이 향상되고 고객 만족도가 증가했습니다.
                                          – Walmart 보도자료, VR 교육 효과성 연구(2019)

3) 마이크로 코칭 모델

마이크로 코칭은 짧고 빈번한 코칭 개입을 통해 지속적인 성장을 도모하는 모델이다.

주요 특징

5~15분 내외의 짧은 코칭 세션을 제공하며, 모바일 앱을 통해 일상적으로 접근할 수 있다. 또한 실시간 피드백과 '넛지' 기능을 통해 사용자의 행동을 유도한다.

작동 방식

1) **목표 설정**: 사용자가 달성하고자 하는 단기 및 장기 목표 설정

2) **일일 과제**: AI가 목표에 맞는 소규모 일일 과제를 제시

3) **체크인**: 하루 중 여러 번 짧은 체크인을 통해 진행 상황 확인

4) **실시간 코칭**: 필요 시 AI 챗봇이나 인간 코치가 즉각적인 조언 제공

장단점

• **장점**: 높은 접근성, 일상에 쉽게 통합, 지속적인 성장 촉진

• **단점**: 심층적인 논의의 부족, 장기적 관점의 부재 가능성

사례 연구. Duolingo의 언어 학습 코칭
언어 학습 앱 Duolingo는 마이크로 코칭 원리를 적용하여 사용자의 지속적인 학습을 유도합니다. 5분 내외의 짧은 학습 세션, 일일 목표 설정, 실시간 피드백, 그리고 gamification 요소를 통해 사용자의 꾸준한 참여를 이끌어냅니다. 이 접근법으로 Duolingo는 3억 이상의 사용자를 확보했습니다.
 – Duolingo 공식 블로그, 2022년 사용자 통계 보고서

4) 데이터 기반 퍼포먼스 코칭

데이터 기반 퍼포먼스 코칭은 웨어러블 기기와 IoT 센서로 수집된 데이터를 분석하여 개인의 성과를 최적화하는 모델이다.

주요 특징

실시간 생체 데이터 모니터링을 통해 AI 기반 성과 예측 및 최적화를 수행하며, 개인화된 컨디션 관리 및 퍼포먼스 향상 전략을 제공한다.

작동 방식

1) **데이터 수집**: 웨어러블 기기를 통해 심박수, 수면 패턴, 활동량 등의 데이터 수집

2) **분석**: AI가 수집된 데이터를 분석하여 개인의 컨디션과 퍼포먼스 패턴을 파악

3) **예측**: 현재 상태와 향후 일정을 바탕으로 최적의 퍼포먼스 발휘 시점 예측

4) **코칭**: 개인화된 컨디션 관리 및 퍼포먼스 향상 전략 제시

장단점

- **장점**: 객관적 데이터 기반의 정확한 코칭, 개인의 생체리듬에 맞춘 최적화
- **단점**: 프라이버시 침해 우려, 데이터에 지나치게 의존할 위험

사례 연구. WHOOP의 엘리트 운동선수 코칭
WHOOP는 웨어러블 기기와 AI를 활용하여 엘리트 운동선수들의 훈련과 회복을 최적화합니다. NBA, NFL 등 프로 리그에서 널리 사용되며, 선수들의 부상 위험을 30% 이상 감소시키고 수면의 질을 개선했다고 보고되었습니다.
– WHOOP 백서, 스포츠 과학 저널 발표 자료(2020)

5) 소셜 러닝 기반 피어 코칭 모델

소셜 러닝 기반 피어 코칭 모델은 디지털 플랫폼을 활용해 조직 내 구

성원들 간의 지식 공유와 상호 코칭을 촉진하는 모델이다.

주요 특징

집단 지성을 활용하여 수평적 학습 문화를 조성하고, AI 기반 최적 매칭 시스템을 제공한다.

작동 방식

1) **프로필 생성**: 구성원들의 기술, 경험, 관심사 등을 포함한 상세 프로필 작성

2) **AI 매칭**: 알고리즘을 통해 최적의 멘토-멘티 또는 피어 코칭 파트너 매칭

3) **상호작용**: 화상 회의, 메시징, 포럼 등 다양한 채널을 통한 지식 공유 및 코칭

4) **성과 추적**: 상호작용의 빈도, 만족도, 학습 성과 등을 지속적으로 모니터링 및 분석

장단점

• **장점**: 조직 내 지식의 효율적 공유, 학습 문화 조성, 낮은 비용

• **단점**: 참여자의 자발성에 의존, 질적 관리의 어려움

사례 연구. Microsoft의 Employee Career Development 프로그램
Microsoft는 내부 소셜 네트워크 플랫폼을 활용하여 직원들 간의 피어 코칭을 촉진합니다. AI가 개인의 경력 목표와 기술을 분석하여 최적의 멘토를 추천하고, 직원들은 이를 통해 자유롭게 멘토링 관계를 형성합니다. 이 프로그램 도입 후 직원 만족도가 20% 상승하고, 내부 이동률이 30% 증가했습니다.
– Microsoft HR 혁신 보고서, LinkedIn 학습 플랫폼 사례 연구(2021)

6) 적응형 학습 코칭 모델

적응형 학습 코칭 모델은 AI와 머신러닝을 활용하여 개인의 학습 패턴과 진행 상황에 따라 실시간으로 코칭 내용과 방식을 조정하는 모델이다.

주요 특징

실시간 학습 진단 및 피드백을 제공하고, 개인의 학습 속도와 스타일에 맞춘 콘텐츠를 제공하며, 지속적으로 난이도를 조정한다.

작동 방식

1) **초기 평가**: 학습자의 현재 지식 수준과 학습 스타일 진단
2) **맞춤형 학습 경로 생성**: AI가 개인에게 최적화된 학습 경로 설계
3) **실시간 모니터링**: 학습자의 진행 상황, 이해도, 참여도를 지속적으로 추적
4) **동적 조정**: 학습자의 반응에 따라 콘텐츠의 난이도, 형식, 속도를 실시간으로 조정

장단점

• **장점**: 고도로 개인화된 학습 경험, 효율적인 학습 진행
• **단점**: 복잡한 알고리즘 개발 필요, 인간 상호작용의 부족 가능성

사례 연구. Knewton의 적응형 학습 플랫폼
Knewton은 AI 기반의 적응형 학습 플랫폼을 제공합니다. 이 플랫폼은 학생의 학습 패턴을 분석하여 개인화된 학습 경로를 생성하고, 실시간으로 난이도를 조

정합니다. 이를 통해 학생들의 학업 성취도가 평균 18% 향상되었고, 중도 포기율이 56% 감소했습니다.

– Knewton 효과성 연구 보고서, 교육기술 저널 논문(2019)

7) 몰입형 게이미피케이션 코칭 모델

몰입형 게이미피케이션 코칭 모델은 게임의 요소와 메커니즘을 코칭에 적용하여 참여도와 동기부여를 높이는 모델이다.

주요 특징

게임적 요소포인트, 배지, 리더보드 등를 활용하여 학습자의 몰입을 유도하고, 스토리텔링과 역할놀이를 통해 참여를 촉진하며, 즉각적인 보상 시스템을 제공한다.

작동 방식

1) **목표 게임화**: 코칭 목표를 게임의 미션이나 퀘스트로 변환

2) **진행 상황 시각화**: 레벨 시스템 등을 통해 성장 과정을 가시적으로 표현

3) **소셜 요소 통합**: 협력과 경쟁 요소를 통해 참여 동기 부여

4) **데이터 분석**: 게임 내 행동 데이터를 분석하여 코칭에 활용

장단점

• **장점**: 높은 참여도와 동기부여, 실패에 대한 두려움 감소

• **단점**: 과도한 경쟁 유발 가능성, 진지성 부족 우려

8) 통합형 생태계 코칭 모델

통합형 생태계 코칭 모델은 코칭, 학습, 성과 관리, 경력 개발 등을 하나의 통합된 플랫폼에서 제공하는 모델이다.

주요 특징

다양한 개발 활동을 통합적으로 접근하고, AI 기반의 개인화된 발전 경로를 제시하며, 실시간 성과 추적 및 피드백을 제공한다.

작동 방식

1) **통합 데이터 수집**: 학습, 성과, 피드백 등 다양한 소스의 데이터 통합

2) **종합 분석**: AI가 통합된 데이터를 분석하여 개인의 강점, 약점, 발전 기회 파악

3) **맞춤형 개발 계획**: 개인별 최적화된 학습 및 코칭 계획 수립

4) **다각적 지원**: 코칭, e-러닝, 멘토링 등 다양한 방식의 통합적 지원 제공

장단점

- **장점**: 전체론적 접근으로 일관된 개발 지원, 데이터의 통합적 활용

- **단점**: 복잡한 시스템 구축 필요, 개인정보 보호 이슈

사례 연구. SAP의 SuccessFactors

SAP의 SuccessFactors는 인재 관리, 학습, 성과 관리, 보상을 통합한 플랫폼입니다. AI를 활용해 개인별 맞춤형 발전 경로를 제시하고, 지속적인 코칭과 피드백을 제공합니다. 이 시스템을 도입한 기업들은 직원 생산성이 평균 17% 향상되고, 인재 유지율이 30% 개선되었다고 보고했습니다.

― SAP SuccessFactors 고객 성공 사례집, HR 기술 트렌드 보고서(2022)

이러한 다양한 코칭 모델들은 각기 고유한 특성과 장단점을 지니고 있다. 실제 적용 시에는 조직의 상황과 목적에 맞게 이들 모델을 선택하거나 결합하여 사용하는 것이 효과적일 수 있다. 또한 이러한 기술 기반 모델들은 전통적인 대면 코칭을 완전히 대체하기보다는, 인간 코치의 능력을 확장하고 보완하는 방향으로 발전할 것으로 예상된다.

따라서 미래의 코치들은 다양한 디지털 도구와 모델들을 능숙하게 활용하면서도, 인간만이 제공할 수 있는 깊은 통찰력, 공감 능력, 윤리적 판단력을 갖추는 것이 중요하다. 디지털 시대의 코칭은 기술과 인간성이 조화롭게 융합되어 더욱 효과적이고 영향력 있는 형태로 진화해 나갈 것이다.

4

인간 코치의 역할과 미래

---

1) AI시대의 코칭 환경 변화

디지털 기술과 인공지능의 급속한 발전은 코칭 분야에 혁신적인 변화를 가져오고 있다. AI 기반 코칭 도구와 플랫폼의 등장으로 코칭의 접근성과 효율성이 크게 향상되었다. 이러한 변화는 많은 코치들에게 기회와 도전을 동시에 제시하고 있다. 일부 코치들은 AI가 자신의 역할을 대체할 수 있다는 우려를 표명하기도 한다. 그러나 AI 기술의 발전은 인간 코치의 역할을 완전히 대체하기보다는, 그 역할을 재정의하고 확장하는 방향으로 나아가고 있다.

2) AI 코칭의 장점과 한계

AI 코칭 도구는 언제든지 사용할 수 있으며, 비용 효율적이고, 방대한 데이터를 분석하여 개인화된 코칭을 제공할 수 있다는 장점이 있다.

예를 들어, Replika와 같은 AI 기반 챗봇은 사용자와의 대화를 통해 정서적 지원과 기본적인 상담을 제공한다. 이러한 도구는 시간 관리, 스트레스 관리, 기초적인 스킬 개발 등에서 효과적으로 활용될 수 있다.

그러나 AI에는 분명한 한계가 존재한다. 복잡한 인간 관계, 윤리적 딜레마, 리더십의 섬세한 측면 등을 다루는 데 있어서는 아직 인간 코치의 역할을 대체하기 어렵다. AI는 감정의 미묘한 차이나 문화적 맥락을 완전히 이해하지 못하며, 윤리적 판단에 있어서도 제한적이다. 또한, AI의 결정 과정이 불투명하거나 편향성을 가질 수 있어 신뢰성에 문제가 생길 수 있다.

3) 인간 코치의 고유한 가치

인간 코치는 AI가 제공할 수 없는 고유한 가치를 지니고 있으며, 이는 코칭의 효과를 극대화하는 데 필수적이다.

1. **공감과 정서적 연결**: 인간 코치는 고객의 감정을 깊이 이해하고 공감할 수 있어, 신뢰 관계 형성에 직접적인 영향을 미친다.
2. **직관과 창의성**: 복잡한 상황에서 직관적 통찰과 창의적 해결책을 제시할 수 있다.
3. **윤리적 판단**: 민감한 상황에서 윤리적 고려사항을 판단하고 적절히 대응할 수 있다.
4. **맥락 이해**: 고객의 개인적, 문화적, 조직적 맥락을 총체적으로 이해하고 대응할 수 있다.
5. **유연한 접근**: 고객의 반응이나 상황 변화에 따라 코칭 전략을 즉각적으로

조정할 수 있다.

4) 신뢰와 관계 구축의 중요성

코칭에서 가장 중요한 요소 중 하나는 코치와 고객 사이의 신뢰 관계이다. "신뢰는 코칭 실무의 산소와 같다"는 말이 있듯이, 신뢰는 코칭의 핵심이다. 인간 코치는 진정성, 일관성, 공감을 통해 깊은 신뢰를 구축할 수 있다. 반면, AI는 감정을 느끼거나 진정성을 전달하는 데 한계가 있어 인간 코치만큼의 깊은 신뢰와 관계를 형성하기는 어렵다.

5) 하이브리드 코칭 모델의 부상

미래의 코칭은 AI와 인간 코치의 장점을 결합한 하이브리드 코칭 모델로 발전할 가능성이 높다. AI는 데이터 분석, 기초적인 피드백 제공, 자료 정리 등의 영역을 담당하고, 인간 코치는 복잡한 상황 분석, 깊이 있는 대화, 전략적 조언 등에 집중할 수 있다.

6) 윤리적 고려사항과 인간 코치의 역할

AI 사용이 확대됨에 따라 개인정보 보호, 데이터 보안, AI의 편향성 등 윤리적 문제가 부각되고 있다. AI는 수집된 데이터를 어떻게 활용하는지 투명하지 않을 수 있으며, 알고리즘의 편향성으로 인해 공정성을 해칠 수 있다.

인간 코치의 윤리적 역할

- **개인정보 보호 준수**: 인간 코치는 코칭 과정에서 얻은 정보를 비밀로 유지하며, 고객의 개인정보를 보호한다.
- **윤리적 의사결정**: 복잡한 상황에서 윤리적 판단을 내리고, 고객의 이익을 최우선으로 고려한다.
- **AI 도구 사용의 한계 인식**: AI 도구의 한계를 명확히 이해하고, 기술에 과도하게 의존하지 않도록 주의한다.

7) 인간 코치의 미래 준비

AI시대에 인간 코치가 경쟁력을 유지하고 발전하기 위해서는 다음과 같은 노력이 필요하다.

1. **지속적인 학습과 기술 습득**: 최신 코칭 기법과 지식을 지속적으로 학습하고, AI 및 디지털 도구 사용에 대한 역량을 강화해야 한다.
2. **AI 도구의 효과적인 활용 능력 개발**: AI 코칭 도구를 효과적으로 활용하여 코칭의 효율성과 효과를 높일 수 있어야 한다. 예를 들어, 데이터 분석 결과를 코칭 전략에 통합하는 방법을 익힌다.
3. **인간 고유의 가치 강화**: 공감 능력, 직관, 윤리적 판단력 등 인간만이 제공할 수 있는 고유한 가치를 더욱 강화해야 한다.
4. **윤리적 기준 준수와 리더십 발휘**: 윤리적 고려사항을 명확히 인식하고, AI 사용에 대한 윤리적 기준을 설정하여 코칭 업계에서 리더십을 발휘한다.

AI의 발전은 코칭 분야에 큰 변화를 가져오고 있다. 그러나 이는 위협

이 아닌 기회가 될 수 있다. 인간 코치의 공감 능력, 직관, 윤리적 판단력과 AI의 데이터 분석력, 효율성이 결합된다면, 코칭의 질과 접근성은 더욱 향상될 것이다. 미래의 성공적인 코치는 이러한 변화를 수용하고, AI와 인간의 강점을 조화롭게 활용하여 고객에게 최상의 가치를 제공하는 사람이 될 것이다. 따라서 인간 코치는 기술의 발전에 발맞추어 자신의 역량을 강화하고, 지속적인 성장을 추구해야 할 것이다.

성과 극대화 코칭 기법

김현

Point ————————————————————

데이터 기반의 맞춤형 코칭은
성과를 극대화하고 팀과 조직의 효율성을
증진한다.

1

성과 코칭의 진화.
전통적 방식에서 디지털 접근으로

비즈니스 환경이 급변하는 디지털 시대에 접어들면서, 조직의 성과 관리와 코칭 방식에도 큰 변화가 일어나고 있다. 전통적인 성과 코칭에서 디지털 기반의 새로운 접근법으로의 전환은 도구의 변화를 넘어, 성과 관리의 패러다임 자체를 근본적으로 재정의하고 있다.

성과 코칭의 중요성 재조명

성과 코칭은 조직의 목표 달성과 개인의 성장을 연결하는 핵심 고리이다. 전통적으로 성과 코칭은 주로 연간 또는 분기별 성과 평가를 중심으로 이루어졌다. 관리자는 정기적인 면담을 통해 직원의 성과를 검토하고, 개선점을 제시하며, 미래의 목표를 설정했다.

그러나 이러한 접근 방식은 몇 가지 한계점을 드러냈다.

- **시의성 부족**: 피드백이 실제 성과와 너무 멀리 떨어진 시점에 제공됨
- **주관성**: 평가자의 개인적 편견이 개입될 여지가 큼
- **제한된 데이터**: 종합적인 성과 파악이 어려움
- **일방향성**: 상호작용과 지속적인 대화의 부족

디지털 시대의 도래와 함께, 이러한 한계점들을 극복할 수 있는 새로운 가능성이 열렸다. 실시간 데이터 수집, 인공지능 분석, 모바일 플랫폼 등의 기술은 성과 코칭을 보다 동적이고 효과적인 프로세스로 변화시키고 있다.

디지털 시대의 성과 관리 패러다임 변화

디지털 기술의 발전은 성과 관리와 코칭 접근 방식에 다음과 같은 근본적인 변화를 가져왔다.

1) 지속적인 피드백

연간 또는 분기별 평가에서 벗어나, 실시간 또는 수시로 피드백을 제공할 수 있게 되었다. 예를 들어, Workday나 15Five와 같은 플랫폼은 관리자와 직원 간의 지속적인 대화를 촉진한다. 이를 통해 문제를 조기에 발견하고 해결할 수 있으며, 성과 향상을 위한 즉각적인 조치가 가능해졌다.

2) 데이터 기반 객관성

AI와 머신러닝 기술을 활용하여 다양한 소스에서 성과 데이터를 수집하고 분석할 수 있게 되었다. IBM의 Watson Talent Insights와 같은 도구는 방대한 HR 데이터를 분석하여 객관적인 성과 지표를 제공한다. 이는 평가의 공정성을 높이고, 숨겨진 패턴이나 동향을 발견하는 데 도움을 준다.

3) 개인화된 코칭

AI 기술은 각 개인의 성과 패턴, 학습 스타일, 경력 목표 등을 분석하여 맞춤형 코칭 제안을 할 수 있다. 예를 들어, Butterfly.ai는 관리자의 리더십 스타일을 분석하고 개인화된 코칭 조언을 제공한다.

4) 자기주도적 성장

디지털 플랫폼을 통해 직원들은 자신의 성과를 실시간으로 모니터링하고, 필요한 학습 자원에 즉시 접근할 수 있게 되었다. LinkedIn Learning이나 Coursera와 같은 온라인 학습 플랫폼과의 통합은 직원들의 자기주도적 성장을 지원한다.

5) 협업적 목표 설정

클라우드 기반 도구들은 조직의 목표와 개인의 목표를 투명하게 연계하고, 이를 팀 전체가 공유할 수 있게 한다. OKR Objectives and Key Results 방법론을 지원하는 Lattice나 Betterworks와 같은 플랫폼은 목표 설정과 추적 과정을 더욱 협업적이고 역동적으로 만든다.

6) 예측적 분석

AI는 과거 성과 데이터를 바탕으로 미래의 성과를 예측하고, 잠재적인 문제나 기회를 사전에 식별할 수 있다. 이를 통해 코치는 선제적으로 대응 전략을 수립할 수 있다.

이러한 변화는 성과 코칭을 더욱 역동적이고 효과적인 프로세스로 변모시키고 있다. 그러나 이 과정에서 인간 코치의 역할이 축소되는 것이 아니라, 오히려 더욱 중요해지고 있음을 인식해야 한다. 디지털 도구는 데이터와 인사이트를 제공하지만, 이를 해석하고 개인의 상황에 맞게 적용하는 것은 여전히 인간 코치의 몫이다.

디지털 시대의 성과 코칭은 기술과 인간의 강점을 결합하여 보다 지속적이고, 데이터에 기반하며, 개인화된 접근을 가능케 한다. 이는 성과를 평가하는 것을 넘어, 조직과 개인의 지속적인 성장과 발전을 촉진하는 강력한 도구로 진화하고 있다. 앞으로의 장에서는 이러한 디지털 접근법을 활용한 구체적인 코칭 전략과 사례들을 더 자세히 살펴볼 것이다.

2

데이터 기반 성과 코칭의 기본 원리

디지털 시대의 성과 코칭은 데이터를 핵심 동력으로 삼고 있다. 빅데이터와 인공지능의 발전은 성과 관리와 코칭 방식에 혁신적인 변화를 가져왔다. 이 장에서는 데이터 기반 성과 코칭의 기본 원리를 살펴보고, 이를 효과적으로 적용하는 방법을 논의한다.

빅데이터와 AI를 활용한 성과 분석

데이터 수집의 다양화

현대의 성과 코칭은 다양한 소스에서 데이터를 수집한다.

- 업무 성과 데이터: 프로젝트 완료율, 매출, 고객 만족도 등
- 행동 데이터: 이메일 응답 시간, 회의 참여도, 협업 툴 사용 패턴

- 학습 및 개발 데이터: 온라인 코스 이수율, 스킬 평가 결과

- 피드백 데이터: 360도 평가, 동료 리뷰, 고객 피드백

- 생체 데이터: 스트레스 레벨, 수면 패턴웨어러블 기기 활용

AI 기반 데이터 분석

수집된 데이터는 AI 알고리즘을 통해 분석되어 의미 있는 인사이트로 변환된다.

- 패턴 인식: AI는 개인의 성과 패턴을 식별하여 강점과 개선점을 파악한다.

- 예측 분석: 과거 데이터를 기반으로 미래 성과를 예측한다.

- 이상 징후 감지: 성과나 행동의 급격한 변화를 감지하여 조기 개입을 가능케 한다.

- 개인화된 추천: 각 직원의 특성에 맞는 개발 계획을 제안한다.

데이터 시각화

복잡한 데이터를 이해하기 쉬운 형태로 시각화하는 것이 중요하다.

- 대시보드를 통한 실시간 성과 모니터링

- 인포그래픽을 활용한 성과 추이 및 비교 분석

- 히트맵을 통한 팀 내 협업 패턴 시각화

실시간 성과 모니터링과 피드백 시스템

지속적 성과 관리Continuous Performance Management

전통적인 연간 평가에서 벗어나, 지속적인 성과 모니터링과 피드백이 이루어진다.

전통적 방식	지속적 성과 관리
연간 또는 분기별 평가	주간 또는 월간 체크인
과거 지향적	현재와 미래 지향적
하향식 평가	쌍방향 대화
형식적인 문서 작성	실질적인 성과 개선 논의

실시간 피드백 메커니즘

- **즉각적 피드백**: 업무 완료 직후 간단한 평가와 코멘트
- **마이크로 피드백**: 작은 성과나 행동에 대한 빈번한 인정과 조언
- **AI 기반 코칭 제안**: 성과 데이터를 바탕으로 AI가 적시에 코칭 포인트 제안

적응형 목표 관리

빠르게 변화하는 비즈니스 환경에 맞춰 목표를 유연하게 조정한다

- OKRObjectives and Key Results 방식의 도입
- 분기별 목표 리뷰 및 조정
- 실시간 진행 상황 추적 및 공유

데이터 기반 코칭의 윤리적 고려사항

데이터 기반 접근법의 장점과 함께, 다음과 같은 윤리적 측면도 고려해야 한다.

1. **데이터 프라이버시**: 개인정보 보호와 데이터 수집에 대한 투명성 확보

2. **알고리즘 편향**: AI 분석의 공정성과 객관성 보장

3. **과도한 모니터링**: 직원의 자율성과 신뢰 침해 우려

4. **데이터 해석의 맥락화**: 숫자만으로 판단하지 않고 상황적 맥락 고려

데이터 기반 성과 코칭은 객관성, 정확성, 시의성 측면에서 큰 장점을 제공한다. 그러나 이는 인간 코치의 직관과 경험을 대체하는 것이 아니라 보완하는 도구로 활용되어야 한다. 코치는 데이터를 통해 얻은 인사이트를 바탕으로, 개인의 고유한 상황과 니즈를 고려한 맞춤형 코칭을 제공해야 한다.

디지털 도구를 활용한
맞춤형 성과 코칭

성과 추적 및 분석 도구 활용법

성과 추적 및 분석 도구는 코치와 고객 모두에게 객관적인 데이터를 제공하여 효과적인 코칭을 가능하게 한다.

도구 유형	주요 기능	코칭 활용 방안
OKR 관리 도구	목표 설정 및 추적	명확한 목표 수립과 진행 상황 모니터링
업무 분석 소프트웨어	시간 사용 및 생산성 분석	효율적인 업무 습관 코칭
성과 대시보드	핵심 성과 지표(KPI) 시각화	데이터 기반 성과 리뷰 및 코칭
피드백 수집 플랫폼	360도 피드백 수집 및 분석	다각도 성과 평가 및 개선점 도출

OKR 관리 도구를 통한 목표 중심 코칭

- **목표 설정 지원**: SMART 원칙에 따른 효과적인 목표 수립 가이드

- **진행 상황 추적**: 실시간 목표 달성도 모니터링 및 중간 점검

- **목표 조정 코칭**: 환경 변화에 따른 유연한 목표 조정 지원

업무 분석 소프트웨어를 활용한 생산성 코칭

- **시간 사용 패턴 분석**: 비생산적인 활동 식별 및 개선 전략 수립

- **집중도 향상 코칭**: 딥워크 세션 계획 및 실행 지원

- **업무 프로세스 최적화**: 반복 작업 자동화 등 효율성 증대 방안 코칭

성과 대시보드를 이용한 데이터 기반 코칭

- **KPI 시각화**: 핵심 성과 지표의 실시간 모니터링 및 트렌드 분석

- **벤치마킹**: 팀 또는 업계 평균과의 비교를 통한 개선점 도출

- **예측적 분석**: AI 기반 성과 예측을 통한 선제적 코칭 접근

피드백 수집 플랫폼을 통한 다각적 성과 코칭

- **360도 피드백 분석**: 동료, 상사, 부하직원 등 다양한 관점의 피드백 종합

- **강점 기반 코칭**: 개인의 강점을 식별하고 이를 극대화하는 전략 수립

- **맞춤형 개발 계획**: 피드백 결과를 바탕으로 개인화된 역량 개발 계획 수립

2) 온라인 협업 플랫폼을 통한 코칭 실행

온라인 협업 플랫폼은 시공간의 제약 없이 지속적이고 효과적인 코칭을 가능하게 한다.

플랫폼 유형	주요 기능	코칭 활용 방안
화상 회의 도구	실시간 영상 통화, 화면 공유	원격 1:1 코칭 세션 진행
프로젝트 관리 도구	작업 할당, 진행 상황 추적	코칭 과제 관리 및 모니터링
실시간 메시징 앱	즉각적인 커뮤니케이션	수시 체크인 및 빠른 피드백 제공
디지털 화이트보드	아이디어 시각화, 협업	목표 수립 및 전략 기획 세션

화상 회의 도구를 활용한 원격 코칭 세션

- **정기적 1:1 미팅**: 대면 코칭과 유사한 환경에서 심층적인 코칭 대화 진행
- **녹화 및 리뷰**: 코칭 세션 녹화를 통한 자기 성찰 및 추후 검토 지원
- **문서 실시간 공유**: 성과 보고서, 개발 계획 등을 함께 보며 논의

프로젝트 관리 도구를 이용한 코칭 과제 관리

- **액션 아이템 추적**: 코칭 세션에서 도출된 과제의 진행 상황 모니터링
- **마일스톤 설정**: 장기적 개발 목표를 단계별로 나누어 관리
- **자동 리마인더**: 과제 기한 접근 시 자동 알림으로 실행력 강화

실시간 메시징 앱을 통한 지속적 코칭 대화

• **수시 체크인**: 짧은 메시지로 진행 상황 확인 및 격려

• **즉각적 질의응답**: 업무 중 발생하는 질문에 대한 실시간 코칭 제공

• **그룹 코칭 채널**: 팀 전체를 대상으로 한 코칭 메시지 공유

디지털 화이트보드를 활용한 시각적 코칭

• **목표 맵핑**: 개인의 목표와 조직의 목표를 시각적으로 연결

• **전략 기획 세션**: 문제 해결이나 기회 탐색을 위한 브레인스토밍

• **성과 여정 시각화**: 개인의 성장 과정과 주요 성과를 타임라인으로 표현

3) 통합적 접근: 디지털 코칭 생태계 구축

다양한 디지털 도구들을 유기적으로 연결하여 종합적인 코칭 생태계를 구축할 수 있다.

1. **도구 간 데이터 연동**: 각 도구에서 생성된 데이터를 중앙 대시보드에서 통합 분석

2. **자동화된 인사이트 도출**: AI 기반 분석을 통해 코칭 포인트 자동 식별

3. **맥락 인식 코칭 제안**: 다양한 데이터를 종합하여 상황에 맞는 코칭 개입 제안

4. **지속적 학습 루프**: 코칭 결과를 지속적으로 피드백하여 시스템 개선

디지털 도구를 활용한 성과 코칭은 데이터 기반의 객관적 접근과 시

공간의 제약을 뛰어넘는 유연성을 제공한다. 성과 추적 및 분석 도구는 코치와 고객 모두에게 명확한 방향성과 진척도를 제시하며, 온라인 협업 플랫폼은 지속적이고 효과적인 코칭 관계를 가능하게 한다.

4

하이브리드 팀 성과 향상을 위한
그룹 코칭 기법

현대의 업무 환경은 원격 근무와 사무실 근무가 혼합된 하이브리드 형태로 점차 변화하고 있다. 이러한 새로운 환경에서 팀의 성과를 향상시키기 위해서는 그룹 코칭 기법도 함께 진화해야 한다. 이 장에서는 하이브리드 팀을 위한 효과적인 그룹 코칭 기법을 살펴본다.

하이브리드 팀의 특성과 도전 과제

하이브리드 팀은 다음과 같은 특성과 도전 과제를 가지고 있다.

특성	도전 과제
유연한 근무 형태	일관된 팀 문화 유지의 어려움
다양한 커뮤니케이션 채널	의사소통의 복잡성 증가
개인화된 업무 환경	팀 결속력 약화 가능성
시간과 공간의 유연성	업무와 삶의 균형 관리
기술 의존도 증가	디지털 피로도와 기술적 문제

하이브리드 팀을 위한 그룹 코칭 기법

구분	전략	세부 내용
블렌디드 코칭 세션 설계	하이브리드 미팅 최적화	• 대면 참석자와 원격 참석자 모두를 고려한 균형 있는 세션 설계 • 360도 카메라, 대형 디스플레이 등을 활용한 몰입형 환경 조성
	공정한 참여	• 원격 참석자의 의견을 우선적으로 청취하는 순서 도입 • 디지털 투표 도구를 활용한 의사 결정 프로세스 도입
디지털 협업 도구를 활용한 그룹 활동	실시간 협업 보드 활용	• Miro, MURAL 등을 사용한 비주얼 브레인스토밍 세션 • 팀 목표 및 KPI 시각화를 통한 공동 이해 도모
	게이미피케이션 요소 도입	• Kahoot!, Quizizz 등을 활용한 팀 학습 세션 • 가상 팀 빌딩 활동을 통한 원격 팀워크 강화
비동기식 코칭 방법론	자기 성찰 노트	• 팀원들이 개인적 성찰을 공유하는 디지털 저널 플랫폼 운영 • 코치의 정기적 피드백과 질문을 통한 심층적 사고 유도
	마이크로 러닝 코칭	• 짧은 비디오 레슨과 퀴즈를 통한 지속적 학습 촉진 • 모바일 앱을 통한 일일 코칭 팁 제공
데이터 기반 팀 성과 코칭	팀 분석 대시보드 활용	• 실시간 성과 지표, 협업 패턴, 의사소통 데이터 등을 시각화 • 데이터 기반 팀 토론 및 개선점 도출 세션 진행
	AI 기반 팀 다이나믹스 분석	• 자연어 처리(NLP)를 활용한 팀 커뮤니케이션 패턴 분석 • 머신러닝 모델을 통한 팀 성과 예측 및 선제적 코칭 포인트 식별

심리적 안전성 강화를 위한 코칭	익명 피드백 시스템	• 안전한 환경에서 솔직한 의견을 공유할 수 있는 플랫폼 제공 • 정기적인 팀 분위기 체크인 세션 진행
	가상 안전 공간 조성	• 가상 휴게실 또는 카페 공간을 만들어 비공식적 소통 장려 • 정서적 지원을 위한 온라인 피어 코칭 그룹 운영

하이브리드 그룹 코칭 실행을 위한 체크리스트

체크	내용
☐	모든 팀원이 동등하게 참여할 수 있는 기술적 환경 구축
☐	대면/비대면 참여자를 고려한 블렌디드 세션 설계
☐	실시간 및 비동기식 코칭 방법의 적절한 조합
☐	데이터 수집 및 분석 도구 선정
☐	팀의 심리적 안전성을 높이기 위한 전략 수립
☐	정기적인 코칭 효과성 평가 및 피드백 수집 계획

하이브리드 팀 환경에서의 그룹 코칭은 기존 방식에서 한 단계 더 나아가, 기술과 인간적 요소를 효과적으로 결합해야 한다. 디지털 도구를 활용한 데이터 기반 접근과 함께, 팀원 간의 연결감과 심리적 안전성을 강화하는 것이 핵심이다.

코치는 이러한 복잡한 환경에서 팀의 고유한 니즈를 파악하고, 유연하게 대응할 수 있는 능력을 갖추어야 한다. 하이브리드 그룹 코칭을 통해 팀은 물리적 거리를 넘어 더욱 강력한 협업과 높은 성과를 달성할 수 있을 것이다.

미래지향적 성과 코칭 사례 연구

디지털 기술의 발전은 성과 코칭 분야에 혁신적인 변화를 가져오고 있다. 이 장에서는 최신 기술을 활용하여 성과 코칭을 선도하고 있는 기업들의 사례를 살펴본다. 이를 통해 미래 성과 코칭의 방향성을 예측하고 실제로 적용 가능한 인사이트를 얻을 수 있을 것이다.

Microsoft. AI 기반 성과 관리 시스템

Microsoft는 2022년에 'Viva Goals'라는 AI 기반 성과 관리 시스템을 도입했다. 이 시스템은 OKRObjectives and Key Results 프레임워크를 기반으로 하며, 실시간 데이터 분석과 AI 예측 모델을 통해 개인과 팀의 성과를 지속적으로 모니터링하고 코칭한다.

주요 특징

- 실시간 진행 상황 추적 및 시각화

- AI 기반 성과 예측 및 조기 경고 시스템

- 자동화된 코칭 제안 및 리소스 추천

Microsoft의 내부 보고에 따르면, Viva Goals 도입 이후 다음과 같은 결과를 얻었다.
- 목표 달성률 23% 향상
- 직원 참여도 18% 증가
- 성과 리뷰 시간 35% 단축

이 사례는 AI 기술이 성과 관리의 효율성과 효과성을 크게 개선할 수 있음을 보여준다. 특히 실시간 데이터 분석과 예측 모델을 통해 선제적인 코칭이 가능해졌다는 점이 주목할 만하다.

Google. 머신러닝 기반 피어 피드백 시스템

Google은 2021년부터 머신러닝 기술을 활용한 새로운 피어 피드백 시스템을 실험적으로 운영하고 있다. 이 시스템은 자연어 처리 기술을 사용하여 동료들의 피드백을 분석하고, 개인화된 성장 기회를 식별한다.

주요 특징

- 텍스트 분석을 통한 건설적인 피드백 패턴 식별

- 개인별 강점 및 개선 영역 자동 요약

- AI 기반 맞춤형 개발 계획 추천

Google의 내부 연구 결과, 이 시스템 도입 후 다음과 같은 변화가 관찰되었다.
- 피드백의 구체성 27% 증가
- 직원 개발 계획 수립 시간 40% 단축
- 성과 개선 속도 15% 향상

이 사례는 머신러닝 기술이 피드백의 질을 향상시키고, 개인화된 발전 계획 수립을 지원할 수 있음을 보여준다. 특히 대규모 조직에서 일관된 품질의 피드백을 제공하는 데 큰 도움이 될 수 있다.

Unilever. VR 기반 리더십 코칭 프로그램

Unilever는 2022년에 가상현실 기술을 활용한 혁신적인 리더십 코칭 프로그램을 전 세계 관리자들을 대상으로 시작했다. 이 프로그램은 현실적인 비즈니스 시나리오를 VR 환경에서 시뮬레이션하여 리더들의 의사결정 및 커뮤니케이션 스킬을 향상시킨다.

주요 특징

- 고도로 몰입적인 VR 기반 시나리오 트레이닝

- AI 분석을 통한 실시간 피드백 및 코칭

- 글로벌 peer-to-peer 가상 코칭 세션

Unilever의 보고에 따르면, 프로그램 도입 후 다음과 같은 결과를 얻었다.

- 리더십 역량 평가 점수 31% 상승
- 프로그램 참가자의 직원 유지율 12% 향상
- 리더십 트레이닝 비용 25% 절감

이 사례는 VR 기술이 안전하면서도 효과적인 학습 환경을 제공할 수 있음을 보여준다. 특히 글로벌 기업에서 일관된 리더십 트레이닝을 제공하는 데 큰 장점이 있다.

Salesforce. AI 코칭 어시스턴트

Salesforce는 2023년 초, Einstein Coach라는 AI 기반 코칭 어시스턴트를 자사 CRM 플랫폼에 통합했다. 이 시스템은 세일즈 성과 데이터를 실시간으로 분석하여 개인화된 코칭과 제안을 제공한다.

주요 특징

- 실시간 세일즈 활동 분석 및 인사이트 제공

- 개인화된 스킬 개발 추천

- 음성 인식 기반 통화 코칭

Salesforce의 초기 결과 보고에 따르면, 다음과 같은 성과가 관찰되었다.

- 신규 세일즈 담당자의 생산성 20% 향상
- 고객 만족도 15% 증가
- 세일즈 사이클 13% 단축

이 사례는 AI가 실시간으로 개인화된 코칭을 제공할 수 있는 가능성을 보여준다. 특히 데이터 기반의 객관적인 인사이트를 통해 세일즈 팀의 성과를 효과적으로 개선할 수 있음을 알 수 있다.

이상의 사례 연구들은 AI, VR, 머신러닝 등 첨단 기술이 성과 코칭 분야에 가져오고 있는 혁신을 보여준다. 실시간 데이터 분석, 개인화된 피드백, 몰입형 학습 경험 등을 통해 기업들은 더욱 효과적이고 효율적인 성과 관리와 인재 개발을 실현하고 있다.

제7장

MZ 세대에 특화된 코칭 기법

김영헌

Point ─────────────────────

MZ 세대는 자율성을 중시하므로
코칭 과정에서 스스로 결정할 기회를
제공하여 참여도를 높여야 한다.

1

MZ 세대와 소통이 왜 중요한가?

지금 우리 조직 내에는 일부 베이버부머 세대와 그들에게 일하는 방법을 배운 X세대 그리고 디지털 네이티브 시대를 살아온 MZ 세대가 있다. 이들은 각기 삶의 여정을 다르게 걸어왔으므로 서로 다른 가치관을 가지고 있으며, 이렇게 다양한 세대가 동시대에 일터에서 공존하고 있다.

또한 세상은 4차 산업혁명 디지털 트랜스포메이션 시대, AI시대를 맞아 소위 VUCA시대가 더욱 가중되었다. 이러한 시대 환경에 가장 적응성이 높은 세대가 MZ 세대이다. MZ 세대는 업종에 따라 다소 다를 수는 있지만 대부분의 조직에서 과반수를 훌쩍 넘은 비중을 차지하고 있다. 특히 미래의 불확실성Uncertainty에 대비하기 위한 노력이 절실히 요구되는 시대에 그들과의 소통은 매우 중요한 과제가 되었다.

여기서 또 하나 살펴볼 것은 '조직의 CEO는 임원과 팀장들에게 무엇을 요구하는가?'이다. 우선 조직의 비전과 전략을 명확히하고 이를 실행하는데 주도적인 역할을 기대한다. 또한 부문별 목표를 설정하고 성과를 측정하며 평가하는 시스템을 운영해 주길 바란다. 이어서 조직의 변화와 혁신을 주도하며 변화관리 프로세스를 실행하길 주문한다. 또한 위기 상황에 대비한 대응 계획을 수립하고 필요시 실행하여야 하며, 긍정적이고 협력적인 조직문화를 조성하도록 요구하며, 인재육성 프로그램을 실행하고 자신의 리더십 개발과 투명하고 효과적인 커뮤니케이션 등을 요청하고 있다. 또한 조직운영에서 일어나는 각종 사안에 대한 문제해결능력과 조직 구성원 간 갈등해결 역량도 요구하고 있다.

이와 병행하여 임원과 팀장은 조직 구성원들의 동기를 부여하고 그들이 자발적으로 일할 수 있는 환경을 만들어 주어야 한다. 한편 지금 우리 사회는 리더와 함께 일하는 조직 구성원에게는 어떤 역량을 요구하고 있는가? 이 시점에 생각해 볼 대목이다. 최근 한국 HRD 협회가 주관한 HRD Korea 2024에서 발표한 내용이 시사점이 크다.

〈AI, 디지털 시대 인재육성을 위한 기업교육 혁신전략〉 토론회에서 서울대 임철일 교수는 미래 사회 변화와 대응 측면에서 외부에서 서울대 졸업생에게 거는 기대로 미래 역량을 연구한 결과를 발표하였다. 요약하면 첫째, 창의와 혁신적인 사고 및 역량이고 둘째, 공감과 소통 역량을 제시하였다. 이어 기업에서 최근 요구하는 사항으로 EQ 리더십 함양이었다고 강조하였다.

또한 조대연 고려대 교수는 4차 산업혁명시대 미래 인재 역량을 연구하여 발표하였다. 여기에는 일, 생활, 여가 측면의 세가지 영역이 있었고, 일 측면에서는 창의역량, 융합역량, 정보통신역량이 TOP3를 차지했으나 앞서 세가지 영역의 종합적인 면에서 윤리의식_{도덕성}, 자기주도적인생설계역량, 협동적수행역량, 행복추구역량, 인문역량이 총 13개 역량 중 Top 5를 차지했다.

이외에 종합적인 역량면에서 정보통신역량, 자기권리추구역량, 창의역량, 융합역량, 자기주도적 학습역량, 문화예술역량, 시간관리역량 순으로 제시되었다. 여기서 윤리의식, 자기주도적 인생설계역량, 행복추구역량, 인문역량 등은 끊임없는 자기성찰이 필요한 영역이고, 협동적수행역량 또한 커뮤니케이션 영역으로서 MZ 세대뿐만 아니라 임원 세대를 포함해서 모든 계층에서 우선적으로 필요한 역량이다. 이러한 자기성찰 영역과 커뮤니케이션 영역은 코칭의 세계에서 더욱 확대할 수 있는 부분이라 볼 수 있다.

MZ 세대와 임원 세대는
왜 소통이 어려운가? 어떤 차이점이 있는가?

일반적으로 MZ 세대와 임원 세대는 가치관의 차이, 성장과정과 문화적 배경의 차이, 커뮤니케이션 차이 등에서 나타나는 차이점이 있어 원활한 소통이 쉽지 않다. 어떤 차이가 있을까? MZ 세대와 임원 세대라도 개인별 특성에 따라 개인차가 있어 모든 것을 일반화할 수는 없지만 추세적 측면에서 보면 다음과 같은 차이점을 볼 수 있다.

첫째, 일에 대한 관점의 차이다. MZ 세대는 일과 삶의 균형Work & Life Balance을 중요시하며 자기개발과 개인의 행복을 추구한다. 그들은 의미 있는 일을 찾고, 사회적 가치와 행복을 동시에 추구한다. 반면에 임원은 전통적으로 조직의 목표달성과 성과에 중점을 두고, 장시간 근무와 헌신을 중요시하는 경향이 있다. 이로 인한 조직내 일하는 방법에 대한 차이를 나타낸다.

둘째, 직장문화의 선호도 차이다. MZ 세대는 자유롭고 수평적인 조직문화를 선호하며 참여와 협력을 중시한다. 그들은 위계적인 구조보다는 팀워크와 개방적인 소통을 원한다. 반면에 임원은 전통적인 위계 구조와 명령 체계를 선호하는 경우가 많다. 이는 MZ 세대와 소통에 장벽이 될 수 있다.

셋째, 소통방식의 차이다. MZ 세대는 디지털 네이티브로서 이메일, 메신저, 소셜 미디어 등의 다양한 디지털 커뮤니케이션 도구를 선호한다. 그리고 빠르고 간결한 소통을 중시한다. 반면, 임원은 전통적인 대면회의, 전화 통화, 공식 문서 등을 통한 소통방식을 선호하는 경향이 있다. 따라서 의사소통 방식과 속도에서 차이를 나타낸다.

넷째, 피드백 방식의 차이다. MZ 세대는 즉각적이고 정기적인 피드백을 원하며, 상호 피드백과 열린대화를 선호한다. 그들은 투명성과 솔직함을 중시한다. 반면에 임원은 공식적이고 정기적인 성과 리뷰를 통해 피드백을 제공하는 경향이 있다. 이는 MZ 세대가 원하는 즉각적인 피드백과 시차 등에 갭이 있을 수 있다.

다섯째, 디지털 기술사용 능력의 차이다. MZ 세대는 최신 디지털 도구와 기술에 익숙하며, 이를 활용하여 효율적으로 업무를 처리한다. 반면에 임원은 일부이기는 하지만 새로운 기술도입에 저항감을 느낄 수 있으며, 기존에 익숙한 도구와 방식을 고수하는 경우가 있다.

여섯째, 기대하는 보상과 인정의 차이다. MZ 세대는 금전적 보상뿐만 아니라 인정받는 것, 성장 기회, 유연한 근무환경 등을 중시한다. 반면에 임원은 전통적으로 금전적 보상과 승진을 주요 동기 요소로 여기는 경향이 있다.

일곱째, 경력개발 관점의 차이다. MZ 세대는 다양한 경험과 빠른 경력 성장을 원하며, 직무 이동과 새로운 도전을 선호한다. 반면에 임원은 안정적인 경력 경로와 장기간에 걸친 성장을 중시하는 경우가 많다.

여덟째, 권위에 대한 인식의 차이다. MZ 세대는 권위에 도전하는 경향이 있으며, 상호 존중과 평등한 관계를 중시한다. 반면에 임원은 조직 내 권위와 상급자의 지시 또는 명령을 중시하는 경향이 있다. 이와 같이 권위에 대한 인식 차이로 갈등을 초래할 수 있다.

아홉째, 변화와 혁신에 대한 수용 차이다. MZ 세대는 변화와 혁신에 적극적이어서 빠르게 적응하며 새로운 아이디어를 시도하는 것을 선호한다. 반면에 임원 세대는 기존 방식을 유지하려는 경향이 있으며 변화에 대해 신중하게 접근하는 경우가 많다.

그러면 이렇게 서로 다른 차이점을 어떻게 줄일 수 있을까? 어떻게 하면 임원과 MZ 세대간 원활한 소통을 하고, 조직의 성과를 제고하며 모든 계층이 만족도를 높일 수 있을까? 첫째 수평적 조직문화로 전환이다. 모든 구성원이 자유롭게 의견을 표현하고 협력할 수 있어야 한다. 유연하고 개방적인 상호 신뢰의 조직문화 속에서 조직 구성원은 상사에게 어떤 질문도 할 수 있어야 하며, 상사의 지시에 대해서 부하직원은 Yes뿐만 아니라 No 또는 수정의견을 낼 수 있는 관계가 되어야 수평적 조직문화이다.

둘째, 교육 및 세미나 등을 통해 세대 간 차이를 이해하고 소통 스킬을 향상시킬 수 있는 대화법 등 교육과 훈련이 필요하다. 특히 소통 스킬에서 MZ 세대가 선호하는 디지털 도구와 방식에 대해 임원 세대에게 알려주고, 전통적 소통 방식에 대한 장점도 MZ 세대가 이해하도록 해야 한다. 또한 즉각적이고 정기적인 피드백을 통하여 MZ 세대 요구를 충족 시킬 수 있도록 한다.

셋째, 멘토링과 코칭 프로그램을 통해 세대 간 상호 이해 및 지식을 공유할 수 있는 기회를 제공하는 것이다. 코칭에 대해서는 다음 챕터에서 자세히 알아보고 멘토링에 대해 이야기하면, 지금까지 상사나 고참이 해오던 멘토링 방식과 달리 임원이 MZ 세대에게 멘토링을 받는 역逆,Reverse멘토링 제도 도입도 적극 도입해 볼만한다. 통상 멘토링은 경험과 지식이 풍부한 사람이 상대적으로 부족한 사람에게 전수해주는 것인데, 지금 조직 구성원들의 대다수를 차지하는 MZ 세대들의 가치관이나 그들의 사고방식을 오히려 임원이 알고 업무에 반영하면 성과를 높일 수 있기 때문이다.

3

MZ 세대 맞춤형 코칭 전략

통상 MZ 세대는 1980년대 초반부터 2000년대 초반까지 태어난 세대로 분류하는데 이들은 디지털 네이티브로서 독특한 특성과 욕구를 가지고 있다. 이들에게 특화된 코칭 기법은 그들의 요구에 맞춘 접근이 필요하다. MZ 세대의 잠재력을 최대한 발휘하도록 하기 위해 다음과 같은 것들을 고려해야 할 것이다.

첫째, 디지털 도구활용이다. MZ 세대는 디지털 기술에 익숙하고 이를 선호한다. 따라서 코칭과정에서 디지털 도구와 플랫폼을 적극 활용하는 것이 중요하다. 예를 들면 줌, 팀즈, 웹엑스 등 온라인 미팅 플랫폼을 활용하여 접근성을 높이고 모바일 코칭 앱을 통해 지속적인 피드백을 주고받는 것이다. 한편 그들이 재미와 흥미를 느끼는 게임 요소를 시뮬레이션 기법으로 도입한 게임화Gamification를 통해 목표 달성에 따른 보상, 도전과제 등을 체험함으로써 동기를 부여하는 방법도 고려해 볼만하다.

둘째, 의미 있는 목표 설정이다. MZ 세대는 자신의 일에 의미를 찾기 원한다. 그들이 느끼는 가치와 연관된 코칭목표를 설정하는 것이 중요하다. 개인의 가치관과 연관된 목표를 설정하면 그들의 동기를 강화할 수 있다. 또한 그들이 관심 갖고 있는 사회적 가치와 관련된 목표도 의미가 있다.

셋째, 개별화된 접근이다. MZ 세대는 고유성을 중시한다. 맞춤형 코칭을 통해 개별적인 필요와 목표를 충족시켜야 한다. 따라서 개인화된 코칭목표 설정을 위해 개인의 강점과 약점에 대한 고려가 필요하다. 특히, 이 부분에서는 약점보다는 그들의 강점에 초점을 맞추는 것이 매우 중요하다. 왜냐하면 조직에서 탁월한 성과는 조직 구성원의 강점에서 나오기 때문이다. 또한 맞춤형으로 구체적이고 실질적인 피드백을 제공하여 동기부여가 유지되도록 해야 한다.

넷째, 피드백의 즉시성이다. 기다리지 않고 바로 피드백을 하는 것이 중요하다. 실시간 피드백으로 개선과 성장을 촉진한다. 또한 짧은 주기의 정기적인 피드백을 제공하여 성장과 발전 상황을 점검한다.

다섯째, 자율성과 참여 유도이다. MZ 세대는 자율성을 중시하고 자신이 참여하는 과정에서 더 큰 만족감을 느낀다. 코칭과정에서 스스로 결정할 수 있는 기회를 제공해야 한다. 또한 적극적으로 참여할 수 있는 환경을 조성하여 책임감을 부여한다.

여섯째, 네트워킹과 멘토링의 기회 제공이다. MZ 세대는 네트워킹과 멘토링을 통해 성장한다. 다양한 네트워킹 기회를 제공하여 인적자원을 넓히도록 하고 자신이 존경하는 경험 많은 멘토와의 정기적인 멘토링을 통해 지식과 경험을 배우기도 하고, 그들의 가치관과 행동방식을 코칭 과정에서 나누게 되면 일석이조가 될 것이다.

상기와 같이 MZ 세대의 잠재력을 최대한 발휘하도록 하기 위한 맞춤형 코칭 전략을 살펴보았는데, 다른 사람의 단점을 보는 것은 본능이고 강점을 보는 것은 재능이라는 말처럼 리더들은 그들의 강점을 보는 눈을 가지고 코칭 전략을 짜야 한다.

그리고 MZ 세대들이 리더 자신을 감정적으로 좋아하게 되면 신뢰가 쌓이고 조직의 몰입도가 높아지게 된다. 마치 우리가 학창 시절 선생님이 감정적으로 좋으면 그 선생님의 과목도 좋아하게 되고 더 열심히 공부하는 것처럼 말이다. 요즘 연예계 팬덤에서도 배울 수 있다. 실제 방탄소년단이나 임영웅을 감정적으로 좋아하게 되면 팬들은 자발적으로 앨범을 사고 콘서트 표를 구매하는 것도 마찬가지이다.

MZ 세대가 변해야 한다고 생각하기 전에 리더 자신이 먼저 변해야 한다. 그 변해야 할 것은 〈충조평판〉을 하지 않는 것이다. 필자가 코칭을 처음 배울 때 멘토 코치로부터 절대 하면 안 된다고 배운 것이다. 이는 즉 충고, 조언, 평가, 판단을 하지 않는 것이다. 임원과 팀장 등 리더가 MZ 세대의 무한한 잠재력을 존중하고, 그들이 강점을 발휘하도록 환경을 조성해야 한다.

4

MZ 세대와 원활한 소통을 원하는 임원 코칭 사례

실제 임원 코칭을 하다 보면 MZ 세대와 편안하게 소통을 잘하고 싶다는 임원들이 많다. 관련하여 필자가 경영대학원에서 원우들과 〈경영과 코칭 리더십〉 수업 시 논의한 내용이 도움이 될 것 같아 소개한다. 우선 코칭 설계를 3단계로 나누어 총 10회기의 코칭 세션으로 구성했다. 물론 조직 내 상황에 따라 코칭 세션은 탄력적으로 운영할 수 있다.

그리고 외부 김코치가 임원과 가상 실연을 하였는데, 그 첫 번째 대화 내용은 다음과 같다.

〈임원 첫 미팅 대화〉
김코치: 안녕하세요~ 오늘 어떤 주제로 이야기를 나누고 싶으신가요?
임　원: 요즘 젊은 직원들과 대화를 하다 보면 내가 이상한 건지 이해도

안 가고 영 불편하기만 합니다. 그래도 적응하고 이해를 해보려고는 하지만 내가 굳이 그래야 하나 싶은 생각이 더 많이 드는건 사실입니다.

김코치: 어떤 부분이 이해가 안가시나요?

임　원: 개인의 워라밸만 챙기고 조직 분위기를 위한 희생? 예의? 배려? 같은 공동체 의식이 부족한 것 같네요. 함께 잘해보자는 취지에서 친밀감이 형성되어야 업무에 대한 이해도도 높아지고 시너지가 날텐데 그러한 틈을 우리에게 내어주려고 하지 않는다고 해야하나… 요새는 예전 나의 상사들이 하라고 하면 하던 시절이 아니라고 하니, 편안하게 다가가려고 해보는데 틈을 내어 주지도 않고 선을 넘지 말라는 느낌을 받아요.

김코치: 그럼 구체적으로 무엇을 해결하고 싶으세요?

임　원: MZ 세대들과 편안하게 소통하고 싶습니다.

김코치: 편안하다는 것이 어떤 의미일까요?

임　원: 음… 불편한 요소들이 없다고 표현할 수 있을 것 같아요. 대화가 불편하지 않은, 마음이 불편하지 않은 상태라고 할 수 있겠네요.

김코치: 이번 코칭이 끝났을 때 어떤 결과를 얻으면 좋으시겠어요?

임　원: 대화를 하는데 서로 왜곡해서 듣지 않는 관계가 형성되었으면 합니다.

김코치: 그렇게 되는 것이 어떤 의미가 있습니까?

임　원: 직원들과 신뢰가 쌓이고 오해가 덜 생기니까 성과에도 좋은 영향을 미치고~ 그럼 직장에서의 생활이 즐거워지는 것이지요.

김코치: 말씀해 주신 내용을 바탕으로 앞으로 10회간 이야기를 나누는 시간을 갖도록 하겠습니다.

이어서 10회기를 마치고 6개월 후 코치와 임원의 대화 내용이다.

〈6개월 뒤 임원 피드백〉

김코치: 안녕하세요~ 그동안 어떠셨어요? 잘 지내셨나요? 10회 코칭을 마친 이후의 이야기를 듣고 싶습니다.

임　원: 처음 코칭을 시작하기 전까지만 해도 나는 그대로인데 세상이 바뀌면서 젊은 사람들이 예의범절을 잃고 잘못된 방향으로 변해간다는 생각이 많이 들었어요. 그래서 초반 나를 진단하고 이해하라고 하는 부분이 아주 괘씸하고 마음에 안 들었지요. 근데 나를 진단하면서 스스로에 대해 객관적으로 알고 나니 MZ 세대뿐만 아니라 다른 사람들도 객관적으로 보이기 시작했습니다.

김코치: 어떤 도움이 되셨는지 좀 더 구체적으로 말씀해 주시겠어요?

임　원: 우선 습관처럼 MZ 세대들은… 요즘 젊은 친구들은… 이렇게 시작하던 말과 생각을 바꾸게 되었습니다. 저도 모르게 세대 간의 갈등을 조장할 수 있는 고정관념에 사로잡혀 있었다는 사실을 알게 되었습니다. 다르다는 것이 잘못된 것이 아닌데 MZ 세대들의 소통 방식이 잘못되었다고 생각하고 제가 익숙하고 편한 소통 방식만을 고집한 것도 사실이었습니다. 시작점부터 관점 변화가 필요하다는 사실을 알게 되었습니다.

김코치: 코칭 시작할 때 말씀하셨던 원하시는 결과를 얻으셨을까요?

임　원: 우선 제가 이야기를 하기 전에 상황을 간략히 설명한 다음 직원들의 의견을 먼저 듣는 방식으로 회의나 대화에 변화를 주었습니다. 또한 그들의 생각을 들을 수 있는 열린 질문을 할 수 있게 되고 나니, 각자 어떤 생각을 가지고 이야기를 하고 의견을 내는지 이해할 수 있게 되면서 대화가 훨씬 편안해졌습니다.

〈MZ 세대와 원활한 소통을 주제로 한 코칭 설계도(예시)〉

구분	주제	세부내용
1부 나를 알고	1회차 나는 어떤 사람인가	• DISC, MBTI 등을 통한 기본 성향 분석 • 시대적, 환경적, 발달과정 분석에 따른 기질 파악
	2회차 기성 세대 이해하기	• 기성 세대의 정의, 규모 및 인구 통계 • 기성 세대의 주요 특성 및 가치관
	3회차 기성 세대의 리더십 스타일 및 소통방법	• 기성 세대가 선호하는 리더십 스타일 • 리더십 스타일과 차별성의 이해
2부 너를 알면	4회차 MZ 세대 이해하기	• MZ 세대의 정의, 규모 및 인구 통계 • MZ 세대의 주요 특성 및 가치관
	5회차 소통의 어려움 및 해결 방안	• MZ 세대와 소통하는 데 어려움을 겪는 이유 분석 • 효과적인 MZ 세대 소통 전략 모색(예: 적극적인 경청, 양방향 소통, 피드백 제공) • MZ 세대와의 신뢰 구축 전략

3부
백전
불태
	6회차
	MZ 세대 동기 부여
	및 성과 관리
		• MZ 세대를 동기 부여하는 요소
		  (예: 성장 기회, 의미 있는 일, 자율성, 인정)
		• MZ 세대에게 효과적인 성과 관리 방식
		  (예: 목표 설정, 규칙적인 피드백, 성과 공유)
		• MZ 세대의 워라벨 지원 전략

	7회차 커뮤니케이션 하기	• MZ 세대가 선호하는 커뮤니케이션 방식 (예: 비대면, 간결, 시각적, 스토리텔링) • 효과적인 MZ 세대 커뮤니케이션 전략 개발 • MZ 세대와의 갈등 예방 및 해결 전략
	8회차 피드백 잘하기	• MZ 세대의 피드백 문화 및 특징 (예: 솔직하고 직접적인 피드백, 개선 지향적) • MZ 세대에게 효과적인 피드백 제공 방식 • MZ 세대의 피드백을 활용한 성장 전략
	9회차 멘토링 및 코칭	• MZ 세대 멘토링 및 코칭의 중요성 • 효과적인 MZ 세대 멘토링 및 코칭 전략 • MZ 세대 멘토링 및 코칭 프로그램 개발
코칭 마무리	10회차 코칭내용 요약 및 성과 점검	• 지난 9번의 코칭 내용 요약 및 성과 점검 • MZ 세대 소통 및 리더십 역량 향상을 위한 구체 적인 계획 수립 • 지속적인 학습 및 발전 방안 모색

상기 사례에서 손자병법의 지피지기 백전불퇴知彼知己, 百戰不殆를 중심으로 코칭 설계도를 세웠는데 실제에서는 임원과 MZ 세대간 전략적 대화를 통해 코칭 설계도를 만들어야 한다.

리더로서 MZ 세대를 위한 코칭 process 단계별 해야 할 일은 무엇일까? 중요한 것은 우선 MZ 세대와 코칭대화의 목표와 주제를 선정하는 것이다. 이는 리더로서의 생각도 있겠지만, MZ 세대가 코칭 대화 주제를 주도적으로 설정하도록 분위기를 마련해 줘야 한다. 그들이 가장 절실히 요구하는 주제가 선정되어야 그들의 생각을 이끌어낼 수 있기 때문이다. 이어서 현실 점검을 통해 목표와 현실의 갭을 측정하는데 존 휘트모어에 의하면 가능한 목표 10점 만점에 현실이 얼마인지 물어보고 그 갭을 줄이기 코칭 계획을 수립하여 대안을 찾게 된다. 여기서 숫자를 통한 정량적으로 살펴봄으로써 MZ 세대와 리더가 같은 공감대를 이루고 서로가 다르게 생각하는 것에 편차를 줄일 수 있다. 이어서 실행 의지를 심어주고 실행 결과 성과 점검과 피드백, 지속적 발전 방안 등을 수립한다. 이를 표로 제시하면 다음과 같다.

〈MZ 세대를 위한 코칭 Process 별 해야할 일〉

단계	해야할 일	구체적 활동(예시)
1. 목표 설정	코칭 목표를 명확히 하고 공유	• SMART 목표 설정(고객이 주도) • 개인별 맞춤 목표 수립
2. 현실 점검	MZ 세대의 요구와 기대를 이해	• 설문조사 및 인터뷰(현재 상황 점검) • 정기적인 피드백 세션

3. 코칭 계획 수립	단계별 코칭계획 수립	• 코칭 세션 계획 • 코칭 세션 일정 수립 • 교육 자료 및 리소스 준비 • 관련 자료 및 참고 자료 준비
4. 코칭 실행	코칭 계획에 따른 코칭 실행	• 정기적인 코칭 세션 • 대안(options) 선택 • 코칭 세션 좋았던 점, 개선점 논의
5. 성과 점검과 피드백	코칭성과의 진단과 피드백 제공	• 목표달성여부 점검 • 성과에 대한 피드백 제공 • 고객에 대한 인정과 칭찬
6. 지속적 방안	지속적인 개선과 발전방안 수립	• 추가 학습기회 제공 • 다음 단계 목표설정 및 계획 수립

상기 내용을 자사의 상황과 특성에 맞게 맞춤형으로 실시하는 것이 바람직하다.

〈생각해 볼 화두〉

1. MZ 세대와 소통에서 임원과 팀장 등 리더가 가져야 할 Mindset은 무엇인가?
   이를 어떻게 적용하면 효과적인가?
2. 조직 구성원의 무한한 잠재력을 이끌어내는 데 Leader as a Coach 로서 자신만의 유니크한 기법은 무엇인가?
3. 나태주 시인의 꽃밭에서 시詩 〈뽑으려 하니 모두가 잡초였지만/ 품으려 하니 모두가 꽃이었습니다〉를 리더로서 조직 구성원을 바라보는 관점차원에서 보면 어떤 느낌인가?

제8장

조직을 탈바꿈시키는 코칭

김영헌

Point ─────────────────

조직의 변화를 주도하는 코칭은
구성원의 참여와 성장을 촉진하여
조직 전체의 혁신을 이끌어낸다.

1

조직 변화의 필요성과
조직 변화 모델

조직을 탈바꿈시킨다는 의미는 무엇일까? 4차 산업혁명 시대, 정답이 없는 시대, 미래를 만들어가야 하는 시대에 조직은 지속적인 변화를 추구해야 생존도 가능하다. 조직 변화는 조직 내 개인이나 집단의 변화를 포함하여, 조직 차원의 포괄적인 변화도 포함된다 여기서 개인의 변화에는 조직 구성원 행동, 가치관, 몰입, 만족도 등의 변화를 목표로 하고, 집단의 변화에는 소집단의 과정 손실을 최소화하고, 집단 활동에서 얻어질 수 있는 여러 가지 장점을 최대한 활용하는 것을 목표로 한다. 이어서 조직의 변화에는 조직 내외의 변화에 대응해 한 개체로서 조직의 생존력을 높이는 것이다.

이와 관련 우리 조직은 조직 변화 단계에서 어떤 지점에 있고 어느 방향으로 변하고 있는지 살펴볼 필요가 있다. 이에 조직 변화 모델과 변화에 대한 두 가지 관점 등을 큰 그림 차원에서 먼저 살펴보고 코칭이 주는 의미를 논의하는 순서로 알아보고자 한다.

우리 조직이나 집단은 지금 어느 단계로 발전해 나가고 있는가? 모든 생명도 시간이 지남에 따라 발달하듯이 조직과 집단도 시간이 지남에 따라 발달한다. 이에 대한 연구로 대표적인 연구는 터크만Tuckman의 집단 발달 4단계 모델이다.

첫 번째는 형성기로 조직 구성원들은 집단에서 자신들이 어떠한 행동을 수행해야 하며, 그 행동을 수행하기 위하여 필요한 기술이나 자원은 무엇인가 등을 결정하는 단계이다. 조직 구조, 목표, 책임 등을 먼저 정하고 그다음 조직 구성원 역할을 교육시키기 시작한다.

두 번째는 격동기로 갈등이 생기기 시작하는 단계로서 조직 구성원들이 처음에 생각하고 있었던 것과 실제로 차이가 있음을 알게 되고 리더의 능력에 대하여 회의를 느끼기 시작한다. 이에 일부의 조직 구성원들은 리더의 결정에 반항하기도 한다. 이 단계에서는 집단은 중요한 의사결정이나 의사소통에 있어서 상당한 어려움을 겪게 된다. 따라서 집단의 규범과 기준, 업무 규칙들이 개발되기 시작한다.

세 번째는 규범기로 조직 구성원들은 규범을 정립하여 격동기를 극복할 수 있는 질서를 찾게 되고 응집력과 동료의식이 싹트게 되는 단계이다. 조직 구성원들은 자신들이 집단의 일부분이라고 느끼게 된다.그들은 서로의 느낌을 공유하며 각자의 행동에 피드백을 주고받기 시작한다.

네 번째는 성과 달성기로 집단의 본래 목적을 달성하기 위하여 매진하는 단계이다. 조직 구성원들과의 관계도 점점 복잡해지고 과업 수행에서 다양한 문제도 생겨난다. 집단에 대한 새로운 도전이 발생하고, 이를 극복하면서 더욱 성장 발전하게 된다. 한편 도전에 실패하거나 굴복하게 되면 난관에 처하게 된다.

　다음은 우리에게 익숙한 챈들러Chandler의 조직 변화 모델이다. 그는 조직의 쇠퇴 원인을 크게 두 가지로 요약한다. 하나는 환경의 변화와 경쟁의 심화 같은 외부적인 원인에 의하여 발생되는 조직 유효성Effective-ness의 저하와 또 하나는 조직의 내부적인 성장과정에서 관료적 성향의 증대가 초래하는 내부 비효율성Inefficiency이다. 그러나 현실에서는 이러한 요인이 분리되어 작용한다기보다는 상호 복합적으로 나타나고 있다. 결국 조직은 그 유기체 속성상 내외부 환경 변화와 상호작용을 통해 성장과 쇠퇴를 반복한다고 볼 수 있다.

〈챈들러 조직 변화 모델〉

그러면 조직 변화의 속도와 규모 측면에서 어떻게 대응해야 할까? 여기에는 점진적 변화Incrementalism와 급진적 변화Quantum Change가 있다. 어떤 것을 선택할 것인가는 조직의 상황과 특성에 따라 다를 수 있지만, 변화에 대한 저항을 제대로 극복하기 위해서는 급진적 방식이 요구되고 있다. 예를 들면 기업에서 원가절감 10%보다 2배 이상 획기적 원가절감을 추진하는 이유는 매너리즘에 빠지지 않고 새로운 것을 다양하게 제로베이스에서 시도해 보려는 것이다. 이는 코칭 철학에 비유하자면 모든 사람에게는 무한한 가능성과 잠재력이 있기 때문에 다양한 선택지를 강구하게 된다고 믿는 것이다.

스탠포드대 써튼Sutton 교수는 그의 저서 〈효과적인 이상한 아이디어들〉에서 현상을 유지하려는 자세와 혁신적 관점의 차이를 다음과 같이 네 가지로 설명하였다. 첫째, 현상유지관점은 분산variance을 줄인다. 그러나 불량률을 제로로 하는 등 정확도를 높이는 것도 중요하지만 실패하더라도 다양한 아이디어를 시도하는 즉, '분산을 크게 하는 것'이 혁신의 출발점이라는 것이다. 둘째, 현상유지관점은 옛 것을 옛 관점으로 바라본다. 옛 것을 새로운 관점 즉 새로운 눈으로 바라보는 것이 혁신관점이다. 데자뷔dejavu가 아니라 뷔자데vujade의 관점으로 보는 것이다. 셋째, 현상유지관점은 해오던 대로 한다. 해오던 방식을 탈피하는 것이 혁신관점이다. 하던 대로 정확히 하는 것이 효율성은 높지만 혁신과는 거리가 멀다. 넷째, 현상유지관점은 지금 돈을 번다는 목표를 가진다. 반면에 혁신 관점은 돈은 나중에 더 많이 번다는 관점이다. 혁신은 선

투자, 후 보상의 개념이다.

　조직 변화 모델 중 가장 많이 인용되는 것은 레윈Lewin의 장이론場理論, Field theroy일 것이다. 그는 조직 변화는 해빙Unfreezing, 변화Changing, 그리고 재결빙Refreezing의 3단계를 거쳐 이루어진다고 했다.

　해빙 단계에서는 변화를 추진하는 세력과 새로운 변화에 저항하는 세력이 힘겨루기를 하게 된다. 예를 들면 현재의 위치와 혜택을 지속적으로 유지하려는 현상 유지 세력이 변화의 필요성을 인식하고 조직 변화를 시도하려는 세력에 제동을 걸게 됨으로써 갈등이 발생하게 된다. 이에 따라 추진 세력의 힘이 저항 세력보다 크게 하는 것이 중요하고, 이를 위해 참여, 교육, 공개논의, 협상, 결속 등의 방법을 활용한다.

　변화단계는 여러 가지 기법들을 사용해서 계획된 변화를 실천에 옮기는 과정이다. 변화의 대상이 개인의 가치관이나 태도였다면 그에 걸맞는 프로그램을 만들어 추진해야 하고, 조직구조의 변화가 목표인 경우는 전결규정의 분석, 조정이나 불필요한 정책을 바꾸도록 해야 한다.

　재결빙단계는 바람직한 상태로 변화된 조직의 새로운 국면을 상시화하는 단계이다. 변화된 상태는 본래의 상태로 회귀하려는 성향이 있으므로 보다 강력한 재결빙의 노력이 요청된다. 레윈은 재결빙시켜야 할 요인들로 새로운 목표, 조직 구조, 행동 그리고 태도 등을 들고 있다. 재결빙을 성공시키기 위해서는 최고 경영자의 지원, 적절한 보상 그리고 체계적인 계획과 실천 등이 필요하다.

2

조직을 탈바꿈시키는 코칭 사례

조직을 탈바꿈시키는 데는 앞서 살펴본 것처럼 개인 차원, 집단 차원, 조직 차원 등 여러 가지 요소들이 있다. 여기서는 가장 중요한 개인이 업무와 조직 구성원을 대하는 태도를 중심으로 몇 가지 사례를 살펴보고자 한다. 이를 위해서는 임원, 팀장 등 조직의 리더는 코치형 리더가 되어야 한다. 코치로서의 리더가 되어 조직 구성원들을 코칭으로 그들이 스스로 변화하도록 도와주어야 한다. 조직에서 발생하는 세 가지 사례를 살펴보면 리더로서 고민이 좀 해결될 수 있으리라 본다. 당장 리더가 조직 구성원을 코칭하기 어렵다면 외부 전문 코치를 활용하는 것도 바람직하다. 이 역시 〈경영과 코칭 리더십〉 수업에 함께 논의한 내용으로 도움이 되리라 생각한다.

이 세 가지 사례는 존 휘트모어의 GROW 모델을 기본으로 하여 진행되었다. GROW 코칭 대화법은 Goal목표 - Reality현실 - Options대안 -

Will의지의 단계로 구성되어 있다. Goal은 코칭의 단기 및 장기 목표를 설정하는 것으로 무엇을 원하는가?What do you really want? Reality은 현재의 상황을 파악하기 위한 현실 점검으로 현재 어떤 상황인가요?What is happening Options는 가능한 대안과 다른 전략이나 방법을 정하는 것으로 무엇을 할 수 있는가?What could you do? Will은 그것을 하겠다는 의지를 확인하는 것으로 무엇을 하겠는가?What will you do now?이다. 이 모델은 성공 요인은 고객인 조직 구성원의 자각과 책임이 있어야 한다고 존 휘트모어는 강조하고 있다.

첫 번째 사례는 무기력하고 의지가 약한 조직 내 저성과자 김예민가명. 34세을 위한 전문 코치와 코칭 대화 사례이다.

[김예민과 코칭 대화 사례]

〈Goal단계(목표 설정)〉

코　치: 예민 님 반갑습니다. 요즘 업무에 대해 좀 이야기를 나누고 싶어요. 현재 직장에서 어떤 목표를 가지고 계신가요? 어떤 방향으로 성장하고 싶으신지 궁금합니다.

김예민: 솔직히 말해서, 요즘 목표가 뚜렷하지 않아요. 좀 무기력하고 의욕도 떨어진 상태입니다.

코　치: 그렇군요. 목표가 없으면 방향을 잃고 어디로 나아가야 할지 모르겠죠. 예민 씨는 직장에서 어떤 것을 성취하고 싶으신가요? 혹시 꿈이나 목표가 있다면 말씀해 주세요.

김예민: … 솔직히 말해서, 지금은 그런 생각을 할 여유가 없어요.

코　치: 지금은 어려운 상황이지만, 잠시 시간을 내서 자신이 정말 원하는 것을 생각해 보는 것도 좋을 것 같아요. 만약 예민님이 목표를 달성한다면 어떤 기분이 들까요? 어떤 보람을 느낄까요?

김예민: … 글쎄요. 목표를 달성한다면 아마도 성취감을 느끼고 자부심도 느낄 것 같아요.

코　치: 맞아요. 목표를 달성했을 때 느낄 수 있는 긍정적인 감정을 상상해보세요. 그 감정을 느끼기 위해 어떤 목표를 설정해야 할까요?

김예민: … 제가 잘하는 분야에서 성과를 내고 인정받는 것이 목표가 될 수 있을 것 같아요.

코　치: 좋은 목표입니다. 예민 씨의 강점과 능력을 생각해 볼 때, 충분히 달성 가능한 목표라고 생각합니다.

〈Reality 단계(현실 점검)〉

코　치: 그럼 지금 현재 상황을 한번 살펴볼까요? 어떤 점이 그 목표를 달성하는 데 어려움을 주고 있나요?

김예민: 현재 프로젝트 일정이 자주 늦어지고, 고객의 요구 사항을 제대로 반영하지 못하는 경우가 많습니다. 그리고 팀원들과의 커뮤니케이션도 부족한 것 같습니다.

코　치: 구체적으로 어떤 상황에서 일정이 늦어지나요? 그리고 고객의 요구 사항을 반영하지 못하는 이유는 무엇인가요?

김예민: 일정이 늦어지는 이유는 팀원들이 각자 맡은 일을 제때 완료하지 못하기 때문이에요. 그리고 고객의 요구 사항을 반영하지 못하는 이유는 처음부터 요구 사항을 명확히 이해하지 못해서 발생하는 것 같습니다.

코　치: 예민 씨, 최근 몇 개월간 성과 평가를 보니, 프로젝트 일정 지연과 고객 불만족이 지속되고 있는 것을 알 수 있습니다. 이것이 반복되면 팀 전체의 성과에도 악영향을 미칠 수 있습니다. 예민 씨도 이에 대해 어떻게 생각하시나요?

김예민: 맞습니다. 저도 이런 상황을 개선하려고 노력했지만, 여전히 문제들이 해결되지 않고 있는 것 같습니다. 제 책임이라고 생각합니다.

코　치: 본인의 노력에도 불구하고 결과가 나오지 않을 때는 많이 힘들었겠네요. 지금 우리가 이 대화를 통해 문제를 정확히 파악하고 해결 방안을 찾는 것이 중요합니다.

김예민: 네, 동의합니다. 이번 기회를 통해 반드시 개선하고 싶습니다.

〈Option단계(대안 탐색)〉

코　치: 말씀해 주셔서 감사합니다. 이제 현재 상황을 개선할 수 있는 방법들을 생각해 봅시다. 무기력을 극복하고 성과를 높이기 위해서 어떤 방법들이 있을까요? 생각나는 대로 말씀해 주세요.

김예민: 음… 업무에 변화를 주거나, 새로운 프로젝트에 참여해 보는 것이 도움이 될 것 같아요.

코　치: 좋은 생각이에요. 제가 추가로 제안을 드려도 될까요?

김예민: 그리해 주시면 너무 고맙겠습니다.

코　치: 멘토링 프로그램에 참여하거나, 새로운 기술을 배우는 것도 있을 것 같아요. 이 외에 또 다른 선택지로 어떤 것이 있을까요?

김예민: 이 정도면 충분할 것 같습니다. 제가 말씀드리고 코치님이 제안해 주신 모든 것들을 시도해 보고 싶습니다.

〈Will단계(실행 의지)〉

코　치: 여러 가지 선택지를 나누었는데, 그중에서 어떤 것을 먼저 시도
　　　해보고 싶으신가요?

김예민: 저는 새로운 프로젝트에 참여하는 것이 가장 매력적인 것 같아
　　　요. 그것부터 시작해 보고 싶어요.

코　치: 아주 좋습니다. 새로운 프로젝트에 참여하기 위해서 구체적으
　　　로 어떤 행동을 취해야 할까요? 언제까지 어떤 일을 하기로 결
　　　심하셨나요?

김예민: 다음 주까지 팀장님께 새로운 프로젝트에 참여하고 싶다는 의
　　　사를 밝히고, 필요한 준비를 시작하겠습니다.

코　치: 아주 좋습니다. 그럼 이제 구체적인 행동 계획을 세워 봅시다.
　　　어떤 것부터 시작할 수 있을까요?

김예민: 먼저, 프로젝트 관리 툴을 팀원들과 함께 학습하고 활용법을 숙
　　　지하는 워크숍을 진행하겠습니다. 그리고 고객 피드백 시스템
　　　을 도입하기 위해 관련 부서와 협의하겠습니다.

코　치: 그 계획들을 언제까지 실행할 수 있을 것 같나요?

김예민: 프로젝트 관리 툴 워크숍은 이번 달 말까지, 피드백 시스템 도
　　　입은 다음 달 중순까지 할 수 있도록 바로 추진할 수 있을 것
　　　같습니다.

코　치: 훌륭한 계획입니다. 그럼 다음 주에 다시 만나서 이 계획이 어떻
　　　게 진행되고 있는지 확인해 보도록 하죠. 혹시 도움이 필요하거
　　　나 어려운 점이 생기면 언제든지 말씀해 주세요.

김예민: 감사합니다. 열심히 해보겠습니다.

　여기서 김예민 씨는 코칭 대화를 통해서 무엇을 배우고 느꼈는가? 그
는 자신의 목표와 구체적인 행동 계획을 세웠다. 그리고 긍정적이고 적

극적인 태도를 보였으며 스스로 문제를 해결하려는 의지도 나타냈다. 무엇보다도 중요한 것은 코칭 과정을 통해 자신의 무기력을 극복하고 성과를 향상시킬 수 있는 자신감을 얻었으며, 앞으로 지속적인 관심과 지도가 있다면 더욱 성장할 수 있는 모멘텀을 얻었다.

두 번째 사례는 자신이 없으면 조직이 안 돌아간다고 자만심 있고, 목소리가 크고 팀원들의 말을 잘 듣지 않는 독불장군식 태도의 소유자 나독불가명, 40세과의 코칭 대화 사례이다.

[나독불과 코칭대화 사례]

〈Goal단계(목표 설정)〉

코　치: 안녕하세요, 나독불 선생님. 요즘 날씨가 더웠는데 어떻게 지내셨나요?

나독불: 그랬나요. 일에 몰두하다 보니 날씨 같은 건 신경도 안 쓰이더군요.

코　치: 그렇군요. 맡은 일에 항상 열심히 하신다고 팀장님을 통해 들었는데 그 말씀이 맞군요. 잠시 코칭 대화를 나누고 싶은데 가능하실까요?

나독불: 코칭 대화라니요? 무슨 말씀이신가요?

코　치: 코칭 대화는 간단히 말씀드리면 서로의 목표를 설정하고 달성하기 위한 방안을 함께 모색하는 과정이라고 생각하시면 됩니다. 팀원들의 역량을 최대한 발휘하고 팀의 목표를 달성하는 데 도움이 될 수 있을 것 같아서 제안해 드린 거예요.

나독불: 지금도 이미 잘하고 있습니다. 우리 팀은 저 없으면 안 돌아갑니다. 못 믿겠으면 다른 팀원들한테 한번 물어보십시오.

코 치: 그러시군요. 하지만 조직에 몸담고 있는 이상 점검은 필요하다고 생각하는데 어떻게 생각하십니까?

나독불: 아, 뭐 그렇다면 한 번 이야기해 보도록 하죠. 대신 빨리 끝내주십시오. 팀 내 역할이 크다 보니 시간을 많이 낼 수는 없습니다.

코 치: 네. 알겠습니다. 시간 내주셔서 감사합니다.

〈Goal단계(목표 설정), Reality단계(현실 점검)〉

코 치: 지난번 팀 프로젝트에서 나독불 선생님의 팀은 좋은 성과를 거두셨다고 들었는데 맞나요?

나독불: 그렇죠. 이번에도 제가 큰 몫을 했죠.

코 치: 그러셨군요. 이번 프로젝트를 통해 느낀 점이 많으실 것 같은데, 어떤 점이 제일 어려우셨을까요?

나독불: 아 글쎄 제가 의견을 냈는데 몇몇 사람이 다른 의견을 내는 바람에 의견의 합의가 이루어지는 데 시간이 꽤 많이 걸렸습니다.

코 치: 그랬군요. 왜 의견이 달랐다고 생각하십니까?

나독불: 그거야 뭐, 각자 생각하는 게 다르니까 그런 거 아니겠습니까?

코 치: 의견이 다를 때 해결하는 방법은 어떤 것들이 있을까요?

나독불: 목표에 얼마나 부합하는 의견을 내는지가 제일 중요할 것 같고, 그 의견을 낸 사람이 팀원들에게 의도를 잘 전달한다면 더 수월하겠죠.

코 치: 그렇군요. 역시 현명하시네요. 이번에 선생님의 의견은 그 조건에 부합했나요?

나독불: 저는 그렇게 생각하는데 이번엔 제 의견이 채택되지 않았습니다.

코 치: 이유가 뭘까요?

나독불: 글쎄요….

코　치: 나독불 선생님의 안이 채택되지 않고 다른 분의 의견이 받아들여졌는데 팀의 성과는 나쁘지 않았다는 거군요.

나독불: 뭐, 그렇죠.

코　치: 한 가지 더 여쭤보겠습니다. 나독불 선생님께서는 어떤 유형의 팀을 만들고 싶으신가요?

나독불: 그거야 당연히 성과가 좋은 팀이죠. 그래야 일하는 보람도 있고, 인정도 받고 그에 상응하는 보상이 주어질 테니까요.

코　치: 그러시군요. 그럼 이번에 코칭 목표를 어떻게 정하면 좋을까요?

나독불: 성과를 올리는 방법 찾기가 괜찮을 것 같습니다.

코　치: 네, 이번 코칭의 목표는 성과를 올리는 방법 찾기가 되겠습니다.

나독불: 네.

〈Option단계(대안 탐색)〉

코　치: 성과를 올리기 위해 현재 어떤 방법을 사용하고 계신가요?

나독불: 음… 각자 맡겨진 역할에 최선을 다해야 할 것 같습니다.

코　치: 그렇군요. 선생님께서 현재 본인의 역할에 최선을 다하고 계신다고 생각하십니까?

나독불: 물론이죠. 저만한 사람 흔치 않습니다.

코　치: 그럼, 성과를 더욱 향상시키기 위해 다른 방법을 더 찾아 볼까요?

나독불: 아무래도 팀의 목표니까 팀플레이가 되려면 협력이 중요하겠죠.

코　치: 그렇군요. 팀이니까 협력이 중요하군요. 좋은 말씀이시네요. 팀 안에서 협력이 이루어지려면 무엇이 중요할까요?

나독불: 모든 일들이 그렇듯이 목표를 이루는 가장 좋은 방법을 찾아내고 그걸 효과적으로 실행하면 되겠죠.

〈Will단계(실행 의지)〉

코　치: 그렇네요. 선생님께서 그 부분에 기여하실 만한 부분이 있다면 무엇이 있을까요?

나독불: 다른 사람의 의견도 합리적이라면 수용하고 협력하는 거겠죠.

코　치: 역시 팀에서 역할이 대단하시다더니 현명한 분이시네요. 앞으로도 프로젝트가 많을 텐데 그때도 이번처럼 다른 팀원들의 의견을 수용하시고 필요하다면 도움도 주실 생각이실까요?

나독불: 뭐 그게 더 합리적이라면 그래야죠.

코　치: 알겠습니다. 역시 합리적으로 생각하시는 분이시고, 팀에 꼭 필요한 분이신 것 같습니다. 좋은 성과를 거두시는 팀 만들어 가시길 바라겠습니다. 혹시 저에게 하시고 싶으신 말씀이 있으신지요?

나독불: 없습니다. 뭐, 암튼 수고하셨습니다.

코　치: 나독불 선생님 시간 내주셔서 감사합니다. 이만 코칭 대화를 마칠까 하는데 괜찮으실까요?

나독불: 네.

나독불 씨는 코칭 대화를 통해 무엇을 배우고 느꼈는가? 그는 자신의 부족한 부분을 인지하고 개선 방향을 설정하였다. 앞으로 팀원들과 협력을 통해 팀의 성과를 더욱 향상시킬 수 있는 토대를 마련하였고 본인도 팀 성과 향상을 위해 지속적인 노력과 협력을 약속하였다.

마지막으로 임원상사에게 비굴할 정도로 친절하면서 소속 구성원에게는 강압적인 태도의 소유자, 즉 전형적인 강약약강 스타일의 나비굴가명, 11041세과 코칭대화 사례이다.

[나비굴과 코칭대화 사례]

〈Goal단계(목표 설정)〉

코　치: 안녕하세요. 이렇게 만나 뵙게 되어 정말 반갑습니다.

나비굴: 네. 근데 저는 이 자리가 조금 불편하네요.

코　치: 어떤 점에서 그렇게 느끼셨나요?

나비굴: 사실, 이 자리가 조금 불편해요. 제가 신청한 것도 아니고, 바쁜 와중에 시간을 내야 하니까요.

코　치: 그런 느낌을 받으셨다면 정말 불편하셨겠어요. 그럼에도 불구하고, 오늘 여기 계신다는 건 지금 상황에서 어떤 심경의 변화가 있었다는 뜻일 수도 있겠네요.

나비굴: 그렇겠죠. 하지만 이 시간에 일을 하는 게 더 나을 거란 생각도 들어요.

코　치: 지금 일을 한다면 어떨 것 같나요?

나비굴: 평상시를 생각하면 늘 하던 일이니까 어느 정도 원하는 결과물은 나오겠죠.

코　치: 나비굴 씨 입장에서 어느 정도라는 기준은 어떤 의미인지요?

나비굴: 사실 중간에 있다 보니 의견을 맞추는 게 쉽지는 않아요. 그래도 그동안 큰 문제는 없어서 어느 정도 원하는 결과물을 낸 거라 생각해요.

코　치: 중간에 있다고 하시니 고래와 새우가 떠오르는데 어떠세요?

나비굴: 그런 것 같네요. 팀원도 알아서 일하게 하고 상사가 원하는 결과물을 낸다는 게 쉬운 일은 아니니까. 그래도 안 할 수는 없으니까요.

코　치: 두 가지 일을 한다는 게 대단하게 느껴지네요.

나비굴: 그렇게 말씀해 주셔서 감사합니다.

코　치: 괜찮으시다면 좀 더 이야기를 들어볼 수 있을까요?

나비굴: 미리 상사와 이야기하고 온 거라 잠깐이라면 괜찮을 것 같군요. 말하면서 조금 편해진 것도 있고요.

코　치: 어렵게 내주신 시간만큼 어떤 이야기를 나누면 좋을까요?

나비굴: 지금 하고 있는 일에 대해 나누면 좋을 것 같아요. 일을 하는 게 싫은 건 아니지만 시시때때로 크고 작은 일이 벌어지니까요.

코　치: 말씀하신 내용을 한 문장으로 정리해 주시겠어요?

나비굴: 크고 작은 일에 어떻게 하는 게 좋을지에 대해 나누고 싶습니다.

〈Reality단계(현실 점검)〉

코　치: 크고 작은 일이란 무엇을 말하는 건가요?

나비굴: 그냥 일을 하며 벌어지는 모든 일인 것 같아요. 전에 비슷한 일이 있었더라도 다른 방향으로 갈 때도 있거든요. 그래서 쉽지 않아요.

코　치: 좀 더 구체적으로 나눠 주시겠어요?

나비굴: 제가 보기엔 이렇게 하는 게 좋을 것 같은데 팀원이 불만을 제기하는 경우가 있어요. 그리고 이 정도면 될 것 같은데 상사가 수정 사항을 요청해서 처음부터 다시 하는 경우도 있어요. 말하면 끝이 없을 것 같기는 한데 그 두 입장이 전혀 달라서 결국엔 저 혼자 수습하는 경우도 있어요. 상사와 팀원의 입장을 잘 이해하는 방법에 대해 나누면 더 좋을 것 같군요.

코　치: 양쪽 입장을 잘 이해하기 위해 해보신 게 있다면 무엇인가요?

나비굴: 책을 조금 읽어 보기는 했는데 크게 도움을 받은 것 같지는 않아서 잘 모르겠어요.

〈Option단계(대안 탐색)〉

코　치: 그럼, 다른 방법을 찾아보는 것은 어떨까요? 어떤 방법을 생각
　　　　하시나요?

나비굴: 일단 잘 들어보는 것이 필요할 것 같아요. 가끔 바빠서 이야기
　　　　를 못 나눌 때도 있거든요. 나중에 문제가 생겼을 때 보면 그때
　　　　잘 들을 걸 싶지만 당장 일이 급하니 얼른 수정하라고 해요. 생
　　　　각해 보면 미안한 마음도 크죠.

코　치: 상황상 어쩔 수 없지만, 미안해 하시는 마음도 느껴지네요.

나비굴: 네. 그런 마음도 있어요.

코　치: 더 할 수 있는 게 있을까요?

나비굴: 그동안 제가 해온 방식을 틈틈이 알려주는 것도 좋을 것 같아요.
　　　　이야기를 나누다 보면 서로 더 잘 이해할 것 같아요.

코　치: 그 외 한번 해보고 싶은 게 있을까요?

나비굴: 글쎄요. 제가 이야기를 잘 전달했는지 확인해 보는 것도 좋을 것
　　　　같은데. 그 외엔 잘 모르겠네요.

코　치: 그중 어떤 것을 먼저 해볼 수 있을까요?

나비굴: 잘 듣기 위해 노력하는 걸 먼저 해볼 수 있을 것 같아요. 생각해
　　　　보니 곧 해볼 수 있을 것 같아요.

코　치: 곧이라고 하셨는데 언제부터 해보시겠어요?

나비굴: 다음 주 예정된 회의가 있는데 이때부터 잘 들어보려는 걸 해보
　　　　면 좋을 것 같아요.

〈Will단계(실행 의지)〉

코　치: 하시려는 지금의 의지는요?

나비굴: 다음 주이기도 해서 한 70% 정도요. 70%가 유지되면 할 수
　　　　있을 것 같아요.

코　치: 유지를 방해하는 것이 있는 걸로 들리는데 어떠세요?

나비굴: 맞아요. 전처럼 갑자기 바쁜 일이 생겨 회의 때 이야기를 못 나눌 수도 있을 거란 생각이 들어요.

코　치: 그럼 바빠질 것을 대비해 할 수 있는 게 있을까요?

나비굴: 바빠질 것을 대비해 미리 할 말을 적어두면 좋을 것 같군요.

코　치: 좋은 방법이네요. 그럼, 시도하신 후에 다시 이야기를 나눠 보는 건 어떠세요?

나비굴: 좋아요. 일정 확인해 보고 연락드릴게요. 그동안 하지 못한 이야기를 나눌 수 있어서 즐거웠습니다.

코　치: 저도 즐거웠습니다. 잘 들으실 수 있도록 옆에서 늘 응원드리겠습니다. 그럼 이번 코칭은 여기서 마무리해도 될까요?

나비굴: 네. 좋습니다.

나비굴 씨는 코칭 대화를 통해 무엇을 새롭게 인식했을까? 그는 자신의 부족한 부분을 인지하고 개선 방향을 설정하였다. 앞으로 적극적인 노력을 통해 상사와 팀원과의 소통을 개선하고 업무 효율성을 높일 수 있을 것으로 기대된다. 팀 성과 향상을 위한 지속적인 노력과 협력을 약속한 것이 고무적이다.

상기 세 가지 사례는 조직의 리더들이 조직 구성원과 코칭 대화를 어떻게 해 나갈 것인지에 대해 시사점을 던져주고 있다. 이제 리더들은 조직 현장에서 실제 조직 구성원을 코칭하여야 한다. 필자가 코칭 공부를 할 때 멘토 코치에게 질문을 하였다. 어떻게 하면 코칭을 잘 할 수 있나요? 가장 중요한 포인트는 무엇인지요? 이에 멘토 코치는 관건은 3P라고 했다. 여기서 3P는 Practice, Practice, Practice라고 하면서 결국 Practice만이 코칭을 잘 할 수 있는 비결이라는 것이다.

2024년 파리올림픽에서 우리에게 감동을 준 수많은 사례가 있었다. 그중에서 양궁 김우진 선수의 개인전 결승은 우리에게 잊지 못할 감동을 주었다. 같은 한국 선수 이우석 선수를 준결승에서 슛오프로 이기고, 결승에서 미국의 브레이디 엘리슨에게 또다시 슛오프로 금메달을 땄다. 그 과정을 보면 4세트까지 2:2 그리고 5세트 10:10:10 동점 이후 슛오프에서 김우진이 쏜 화살은 과녁 정중앙에서 55.8mm, 엘리슨은 60.7mm로 불과 4.9mm 차이였다. 김우진이 위기 상황에도 고도의 평정심을 유지하는 비결은 오랜 연습, 즉 practice의 결과였다.

또 하나의 감동은 태권도 57kg급 김유진 선수다. 그는 세계 랭킹 24위로 자신의 한계를 뛰어넘으며 세계 1위, 2위, 4위, 5위 선수들을 이기고 금메달을 땄다. 그가 금메달을 따고 인터뷰 시 올림픽 선수촌에서 연습할 때 하루에 발차기 연습을 몇 번을 했느냐의 질문에 천 번도 아니고 무려 만 번 정도 했다고 답했다. 183cm의 장신으로서 반복적인 발차기 결코 쉽지 않은 연습 즉, practice의 결과였다. 그의 말처럼 랭킹은 숫자에 불과하다.

결국 'Practice makes perfect'라는 격언은 언제나 옳다고 생각한다. 코칭도 마찬가지다.

3

코칭 문화 정착을 위한 단계별 접근

코칭 문화 정착을 위한 프로세스별 해야 할 일은 다음과 같다. 우선 코칭 문화 도입의 목적과 목표를 명확히 하여, 조직 구성원 모두가 이해하고 동참할 수 있도록 해야 한다. 그리고 경영진과 리더들이 코칭의 중요성을 이해하고 적극적으로 참여하도록 유도해야 한다. 왜냐하면 리더들이 조직 구성원의 모델링이 되어 코칭문화를 선도해야 하기 때문이다. 그 다음 코칭 스킬을 향상시키기 위해 자사에 맞는 체계적인 교육과 훈련 프로그램을 개발하고 정기적인 교육을 실시한다. 이어 코칭을 체계적으로 운영할 수 있도록 공식적인 프로그램과 관리 시스템을 구축한다.

코칭이 실시되었으면 코칭 활동의 효과를 평가하고, 조직 구성원의 피드백을 수집하여 개선 사항을 반영한다. 여기에서 중요한 것은 코칭을 받는 고객인 조직 구성원의 변화와 성장이 가장 중요하고 그들의 의견이 반영되어야 한다는 것이다. 그다음 코칭의 성공 사례를 공유하고 조직 전체에 코칭 문화를 확산시키기 위한 다양한 활동을 전개한다. 코칭 전후Before와 After 고객의 인식 변화와 실천사항 발표대회 등도 고객의 동의를 얻어 해볼 만하다. 마지막 코칭 문화를 지속적으로 발전 할 수 있도록 정기적인 모니터링과 새로운 기법 등을 도입하여 발전적 방향으로 나아간다. 이를 표로 제시하면 다음과 같다.

〈코칭 문화 정착을 위한 프로세스별 해야할 일〉

단계	해야할 일	세부내용
1. 목표설정	• 코칭 문화의 목표와 기대 효과 정의 • 코칭의 필요성 인식	• 코칭의 필요성과 중요성을 인식하고 공감대 형성 • 코칭의 목적과 기대효과 분명히 하기 • 조직의 비전과 연계 • 구체적이고 측정가능한 목표설정 (SMART)
2. 리더십 참여	경영진 및 리더의 코칭 참여 유도	• 경영진의 적극적 참여와 지원 확보 • 리더들의 코칭 모델링 역할
3. 교육 및 훈련	코칭 스킬 교육 및 훈련 프로그램 개발	• 코칭스킬, 대화법 교육실시 • 정기적인 워크숍 및 세미나 개최
4. 코칭시스템 구축	공식적인 코칭 프로그램 및 시스템 구축	• 코칭 프로세스와 절차 문서화 • 코칭 세션 예약 및 관리 시스템 도입
5. 피드백 및 평가	코칭의 효과성 평가 및 피드백 수집	• 정기적인 성과 평가와 피드백 수집 • 개선사항 반영 및 업데이트
6. 코칭문화 확산	조직 전체 코칭문화 전파	• 성공사례 공유 및 홍보 • 코칭 문화 정착을 위한 인센티브 제공
7. 지속적 개선 및 보완	지속적인 모니터링과 개선	• 정기적인 코칭 효과성 리뷰 • 새로운 기법과 트렌드 반영

실제 글로벌 우수기업 성공적인 코칭 문화 구축사례를 ChatGPT에 물어보니 세 가지 사례를 보여줬다. 먼저 Google의 "피플개발" 문화다. 구글은 목표와 주요 결과Objectives and Key Result, OKR 시스템을 통해 명확한 목표 설정과 성과관리를 한다. 정기적인 피드백과 360도 피드백 시스템을 통해 구성원들이 지속적으로 성장할 수 있는 환경을 조성한다. 리더십 프로그램에 의거 리더들이 코칭을 통해 조직 구성원들의 성장을 돕는 역할을 수행하고 있다.

두 번째 사례는 Microsoft "성장 마인드셋" 문화다. 사티아 나델라 CEO 취임 이후 마이크로소프트는 성장 마인드셋을 강조하며 코칭문화를 구축했다. 리더와 조직 구성원 간 정기적인 1:1 대화를 통해 목표와 성과를 논의한다. 리더들이 코칭 역량을 강화하여 이를 통해 조직의 변화를 이끌어가고 있다.

세 번째 사례는 Adobe의 "체크인" 문화다. Adobe는 연간 성과 리뷰를 폐지하고 대신 정기적인 "체크인" 프로그램을 도입하여 지속적인 피드백과 대화를 촉진하고 있다. 구성원들이 스스로 목표를 설정하고 책임감을 가지도록 한다. 데이터 기반의 분석을 통해 코칭의 효과를 측정하고 개선하고 있다.

4

DT 시대 코칭 트렌드

코칭의 트렌드에 앞서 먼저 경영의 트렌드를 살펴보는게 순서일 것이다. 왜냐하면 코칭은 경영의 트렌드에 맞게 진행되어야 하기 때문이다. DT 시대 경영 트렌드의 대명사는 아마, 디지털 환경 변화에 따른 혁신, 유연성과 민첩성 그리고 수평적 협업이라 할 수 있다. 변화와 혁신을 위해 조직 구성원들의 창의성과 자율성을 제고하고 새로운 시도와 실험을 장려해야 한다. 또한 수직적 위계질서 중심에서 벗어나 부서 간 협력과 팀워크를 통해 시너지를 창출해야 한다. 조직 구성원들의 무한한 잠재력을 이끌어내고 발휘하게 하는 코칭은 우리 조직에 혁신과 유연성을 가져다 줄 것이다.

구체적으로 경영환경을 살펴보면, 첫째, 디지털 전환이다. AI와 머신러닝, IoT, 클라우드 컴퓨팅을 활용한 비즈니스 모델 혁신, 데이터 기반의 의사결정의 중요성 증가이다. 둘째, 원격 근무와 하이브리드 모델의 확산이다. 팬데믹 이후 원격 근무 확산과 이를 지원하는 하이브리드 근무환경, 협업 도구와 디지털 커뮤니케이션 중요성이 요구되고 있다. 셋째, 지속 가능성과 ESG 경영의 중요성이다. 기업의 사회적 책임과 지속가능경영, ESG 기준을 고려한 투자 및 경영 전략, ESG 경영에 따른 기업의 비용 증가 이슈 등이 있다.

넷째, 고객 중심의 혁신이다. 고객 경험CX과 만족도를 최우선으로 하는 서비스 및 제품 개발이 되어야 한다.이를 위해 데이터 분석을 통한 고객 인사이트를 도출하고 제품과 서비스에 반영해야 한다. 다섯째, 다양성과 포용성에 대한 이슈이다. 다양한 인재의 채용과 포용적인 조직문화를 구축하고 차별 없는 근무 환경을 조성해야 한다.

필자가 최근 국내 메일 솔루션 국내 1위 IT 기업의 유병선 대표의 지니넷코리아 인터뷰 기사를 보았는데 앞으로 디지털 시대 어떻게 소통과 협업을 해야 하는지 알 수 있었다. 그는 "이제 메일과 메신저, 워크플로우, 캘린더 등을 잘 연결해 디지털 워크플레이스 분야 서비스 전문기업으로 도약합니다. 앞으로 소통형 협업 시장에서 새바람을 일으키겠습니다"라고 하면서 '써팀SirTEAM'이라는 야심작을 소개하였다.

"써팀은 팀원들을 존중하고Sir 팀 내의 수평적인 의사소통을 통해 TEAM 팀원들의 업무 생산성을 극대화해 성과를 달성하면서 일과 생활의 균형을 찾도록 지원한다는 비전을 갖고 만든 솔루션제품입니다"라고 하면서 "사업자와 경영자 관점에서 보면 비즈니스 커뮤니케이션 플랫폼이고, 사용자 관점에서는 디지털 네이티브인 MZ 세대에 적합한 디지털 워크플레이스 솔루션이다"라고 했다. 결론적으로 디지털 시대 올인원 협업 툴이라는 것이다. 물론 이러한 솔루션은 어떤 회사도 출시할 수 있을 것이다.

인터뷰 마지막 부분도 필자에게 인사이트를 주고 있다. 하버드 비즈니스 클래식 시리즈 '하이퍼포먼스 조직'에 따르면 고객과의 관계가 좋으면 1.7배 생산성이 향상되고, 내부 동료들과 관계가 좋으면 1.7배 생산성이 높아진다고 한다. 고객과 관계가 좋고 동료들과 관계가 좋은 인재는 생산성이 3~4배 좋아진다는 이야기다. 그래서 내부 동료 및 고객과 관계를 좋게 하는 '써팀'과 같은 디지털 협력 소통 도구가 필요하다고 하는데 공감이 간다.

디지털 경영 환경에 전략적으로 대응하기 위한 코칭이 되기 위해서는 다음과 같은 요소들을 고려해야 할 것이다. 이 부분은 ChatGPT와 대화를 하면서 필자의 생각을 정리하였다.

첫째, 디지털 코칭 플랫폼 구축이다. 즉 온라인 코칭 도구를 통해 코칭을 관리하고 추적할 수 있는 디지털 플랫폼 시대가 되었다. 예를 들어 CoachAccountable, BetterUp, CoachLogic 등의 플랫폼이 있다. 한편 줌, 마이크로소프트 팀즈Teams, 구글Meet 등의 온라인 도구를 통해 원격 코칭이 가능해졌다. 또한 코칭 기능을 제공하는 모바일 앱을 통해 언제 어디서나 코칭을 받을 수 있는 환경이 되었다. 특히 모바일 기기를 이용한 실시간 코칭으로 짧고 집중된 마이크로러닝Microlearning 효과를 볼 수 있게 되었다.

한편, 온라인과 오프라인 코칭을 결합한 하이브리드 모델인 블렌디드 코칭도 요즘 각광을 받고 있다. 이는 물리적 거리에 구애받지 않고 효과적인 코칭이 가능해졌기 때문이다. 이를 통해 디지털 콘텐츠와 리소스를 활용하여 조직 구성원이 스스로 학습하고 성장하는 기반이 되고 있다.

둘째, 데이터 기반 코칭이다. 테이터 분석을 통해 경영을 하듯이 코칭에서도 이를 기반으로 코칭의 효과를 측정하고 맞춤형 코칭 전략을 개발하고 있다. 특히 AI를 활용한 코칭 도구가 등장하였고 자동화된 피드백과 이에 적합한 코칭을 제공한다. 예를 들면 AI 코치인 Replika, Woebot 등이 있다. 또한 테이터 기반의 실시간 피드백으로 조직 구성원의 성과를 지속적으로 모니터링하는 것도 가능해졌다.

셋째, 개인화된 코칭이다. 개인의 필요와 목표에 기반한 맞춤형 코칭이 중요해지고 있다. 이는 리더십 진단, 360도 평가 결과 등을 기초로 각 개인의 강점과 약점을 고려하여 코칭 계획을 수립하고 진행하는 것이다. 상사, 동료, 부하직원으로부터 피드백을 받아 다각적인 관점에서 개인의 성장을 지원하게 된다.

넷째, 디지털 리더십 및 조직문화 변화 코칭이다. 디지털 시대에 맞는 리더십 역량을 개발하기 위한 코칭이 중요해졌다. 이는 디지털 툴 활용, 원격 팀 관리, 데이터 기반의 효과적인 의사결정 등을 포함한다. 빠르게 변화하는 환경에 적응할 수 있는 조직문화를 구축하기 위한 코칭도 필수적이다. 이는 혁신, 유연성, 지속적인 학습을 포함한다.

다섯째, 웰빙 및 심리적 지원 코칭이다. 디지털 시대의 스트레스와 번

아웃을 관리하기 위해 마음챙김과 회복력을 강화하는 코칭도 중요해졌다. 이에 직원의 정신적, 심리적 건강을 지원하는 코칭 프로그램이 대두되고 있다. 이는 조직 내 심리적 안전을 구축하고 조직 구성원들이 자신의 의사를 자유롭게 표현하도록 한다.

여섯째, 경영 전략과 연계된 코칭이다. 회사의 지속 가능성을 위한 자사의 전략에 적합한 인재가 되도록 하는 코칭이 필요하다. 자사가 진출하는 미래 사업 먹거리 관련 아이디어 창출을 위한 코칭 대화나 요즘 화두가 되고 있는 ESG 경영 원칙 관련 코칭 대화도 필요하다. 특히 MZ 세대가 관심이 많은 친환경 경영과 사회적 책임 활동 그리고 투명한 지배구조와 윤리적 경영 등에 조직 구성원들의 의견과 피드백이 중요해졌다.

〈생각해 볼 화두〉

1. 우리 조직의 변화 단계는 지금 어느 수준인가?
   성과달성 조직이라는 최종 단계의 진입과 유지를 위해 리더로서 무엇을 어떻게 하고 있는가?
2. 조직 구성원들의 태도를 스스로 자각하게 할 수 있는 리더로서 자신만의 방법은 무엇인가?
   – (예시) 조직 내 부적응자가 있을 때 그들을 어떻게 동기부여하는가?
   – (예시) 조직 내 핵심인력의 퇴사를 사전에 방지하고 그들이 더욱 보람을 느끼며 조직생활을 하게 하는 방법은 무엇인가?
3. 우리 조직에 코칭 문화를 정착시키기 위해 리더로서 무엇을 어떻게 해야 하나?

제9장

코칭과 동행하는
행복한 삶

강미숙

코칭은 구성원의 삶의 질을 향상시키고
긍정적이고 지속 가능한 성장을 지원하는
역할을 한다.

1

긍정 마인드셋과 감성 코칭

긍정 마인드셋Positive Mindset은 개인이 자신의 경험을 긍정적으로 해석하고, 도전과 실패를 성장의 기회로 보는 태도를 말한다. 이는 심리학자 캐롤 드웩Carol Dweck이 제시한 '성장 마인드셋growth mindset' 개념과 밀접한 관련이 있다. 성장 마인드셋을 가진 사람은 능력이 고정되어 있지 않고 노력과 학습을 통해 발전할 수 있다고 믿는다.

감성 코칭Emotional Coaching은 개인이 자신의 감정을 인식하고 조절하는 능력을 개발하도록 돕는 과정이다. 이는 감성지능Emotional Intelligence, EI과 밀접하게 관련되어 있으며, 대니얼 골먼Daniel Goleman의 연구가 이를 뒷받침한다. 감성 코칭은 개인과 집단의 대인관계에서 중요한 역할을 하며, 성공적이고 만족스러운 삶을 영위하는 데 기여한다.

긍정 마인드셋은 감성 코칭의 기초가 되며, 감성 코칭은 긍정 마인드셋을 실천하는 데 필요한 정서적 기술을 제공한다.

감성 코칭의 중요성

감성 코칭Emotional Coaching은 개인이 자신의 감정과 타인의 감정을 인식하고, 이해하며, 이를 효과적으로 관리하고 표현하는 기술을 통해 정서적 지능EQ을 향상시키고, 인간관계를 개선하는 코칭 방법이다. 우리 내면의 감정을 잘 이해하고, 이를 통해 자신과 타인과의 연결을 더욱 깊게 만들어준다.

1) 정서적 지능의 향상

정서적 지능EQ은 우리 삶을 더욱 풍요롭게 만드는 열쇠이다. 감성 코칭을 통해 우리는 감정의 언어를 배운다. 자신이 느끼는 감정을 명확히 인식하고, 이를 솔직하게 표현할 수 있으면, 삶은 한층 더 진솔해진다. 더 이상 감정의 노예가 아니라, 감정의 주인이 되는 것이다.

- 자기 인식Self-Awareness: "내가 지금 느끼는 이 감정은 무엇일까?"라는 질문을 스스로에게 던지면서, 내 내면의 진짜 소리를 듣게 된다.
- 자기 관리Self-Management: 감정을 잘 관리하게 되면, 스트레스와 불안에 흔들리지 않고, 마음의 평화를 유지할 수 있다.
- 사회적 인식Social Awareness: 타인의 감정을 공감하고 이해하게 되면, 더 따뜻한 관계를 맺고, 깊은 인간관계를 형성할 수 있다.
- 관계 관리Relationship Management: 갈등을 해결하고, 신뢰와 존중을 바탕으로 관계를 유지할 수 있다. 이는 사랑과 우정의 근간이 된다.

2) 혁신과 창의성 증진

혁신은 마음이 자유로워질 때 가능해진다. 감성 코칭은 우리 마음에 날개를 달아준다. 우리는 새로운 아이디어를 두려움 없이 제안하고, 실수를 성장의 발판으로 삼으며, 창의적인 문제 해결 능력을 키울 수 있다.

- **안전한 심리적 환경**: 심리적 안전감을 제공하여, 마음껏 날개를 펼칠 수 있다.
- **창의적 문제 해결**: 감정적으로 안정된 상태에서, 더 창의적인 해결책을 찾을 수 있다.
- **협력과 팀워크**: 감정적으로 연결된 팀원들은 서로를 이해하고, 협력하여 혁신적인 결과를 만들어낸다.

3) 리더십 개발

리더는 조직의 등대이다. 감성 코칭을 통해 리더는 자신의 감정을 잘 관리하고, 팀원들의 감정을 이해하며 이끌어가는 방법을 배운다. 이는 업무 성과를 높이는 것을 넘어서, 사람들에게 진정한 영감을 주는 리더로 거듭나게 한다.

- **감정적 리더십**: 리더는 자신의 감정을 잘 관리하고, 팀원들의 감정을 공감하며, 진정한 동기부여를 제공한다.
- **변화 관리**: 변화의 소용돌이 속에서도 흔들리지 않고, 팀원들을 안정적으로 이끌어간다.
- **동기 부여**: 감성 코칭은 리더가 팀원들의 감정적 니즈를 이해하고, 이를 바탕으로 동기를 부여하는 능력을 향상시킨다.

4) 조직 문화 개선

감성 코칭은 조직 문화를 따뜻하고, 존중과 신뢰가 넘치는 곳으로 만든다. 이는 모든 구성원이 서로를 이해하고 지지하는 분위기를 조성하여, 협력과 생산성을 극대화한다.

- **상호 존중**: 모든 구성원이 존중받고, 자신의 목소리를 낼 수 있는 환경을 만든다.
- **투명한 의사소통**: 투명하고 개방적인 의사소통을 통해 신뢰를 구축한다.
- **공동 목표**: 모든 구성원이 공동의 목표를 향해 협력할 수 있도록 돕는다.

5) 개인의 웰빙 증진

감성 코칭은 마음을 치유하고, 정서적 웰빙을 증진시킨다. 더 이상 스트레스와 불안에 얽매이지 않고, 마음의 평화를 찾을 수 있다. 이는 삶의 질을 높이고, 더 행복한 삶을 살아가게 한다.

- **스트레스 관리**: 감정 조절 기법을 통해 스트레스를 효과적으로 관리할 수 있다.
- **정서적 안정**: 감정을 조절하고, 정서적 안정을 유지할 수 있다.
- **삶의 만족도**: 감성 코칭은 우리의 전반적인 삶의 만족도를 높여준다.

감성 코칭을 통해 우리는 자신의 감정과 타인의 감정을 더 잘 이해하고 관리하며, 이를 통해 진정한 변화를 이끌어낼 수 있다. 감성 코칭은 우리의 마음을 열어주고, 더 따뜻하고 인간적인 세상을 만들어준다. 이를 통해 우리는 더 나은 정서적 건강과 만족스러운 인간관계를 구축할 수 있으며, 더 행복한 삶을 살아갈 수 있다.

〈감성적 피드백 기술〉

감성적 피드백은 상대방의 행동이나 성과를 긍정적이고 건설적인 방식으로 평가하여, 상대방이 자신의 행동을 개선하고 발전할 수 있도록 돕는 기술이다. 감성적 피드백은 주로 긍정적인 피드백을 통해 동기부여를 제공하고, 부정적인 피드백은 건설적인 조언으로 제공하여 상대방이 이를 수용하고 개선할 수 있도록 돕는다.

감성적 피드백의 중요성

감성적 피드백은 조직 내에서 팀원들이 서로의 성장을 지원하고, 긍정적인 업무 환경을 조성하는 데 중요한 역할을 한다. 이는 다음과 같은 이유로 중요하다.

- **동기부여**: 긍정적인 피드백은 팀원들에게 동기부여를 제공하여, 그들이 더 높은 성과를 달성하고자 하는 의욕을 높인다. 구체적이고 진심 어린 칭찬은 개인의 자신감을 증진시키고, 더 나은 결과를 이끌어낸다.

- **성과 향상**: 건설적인 피드백은 상대방이 자신의 약점을 인식하고 이를 개선할 수 있도록 돕는다. 이는 개인의 성과 향상과 팀 전체의 생산성 증대로 이어진다.

- **관계 강화**: 피드백을 주고받는 과정에서 신뢰와 존중이 형성된다. 이는 팀원들 간의 유대감을 강화하고, 협력적인 분위기를 조성하는 데 기여한다.

- **정서적 지지**: 감성적 피드백은 정서적 지지의 역할을 한다. 이는 팀원들이 직장에서 느끼는 스트레스와 불안을 줄여주고, 긍정적인 정서적 상태를 유지하는 데 도움을 준다.

감성적 피드백 기술의 주요 요소

구체적이고 명확한 피드백Specific and Clear Feedback:

- 피드백은 구체적이어야 한다. 모호한 피드백은 상대방에게 어떤 행동을 개선 해야 할지 명확히 전달하지 못한다.

- 예시: "오늘 회의에서 네가 제시한 아이디어가 매우 구체적이고 실용적이었어. 특히 비용 절감 방안이 인상적이었어."

즉시성Timeliness:

- 가능한 한 피드백은 상황이 발생한 직후에 제공하는 것이 좋다. 시간이 지나면 피드백의 효과가 줄어들 수 있다.

- 예시: "오늘 프레젠테이션 정말 훌륭했어. 바로 그 부분에서 청중의 관심을 끌었어."

긍정적 접근Positive Approach:

- 부정적인 피드백도 긍정적인 방식으로 전달한다. 이는 상대방이 피드백을 더 잘 수용할 수 있게 한다.

- 예시: "이번 프로젝트에서는 몇 가지 어려움이 있었지만, 앞으로 이런 방법을 사용해보면 더 좋은 결과를 얻을 수 있을 거야."

건설적 제안Constructive Suggestions:

- 피드백은 비판에 머무르지 않고, 개선할 수 있는 구체적인 방법을 제안해야 한다.

- 예시: "다음번에는 이 부분을 조금 더 구체적으로 설명해주면 좋을 것 같아. 이렇게 하면 더 쉽게 이해될 거야."

감성적 피드백 예시와 실행 방법

대화 예시

- **상황**: 팀원이 프로젝트에서 성과를 냈을 때.
  - **팀원**: "이번 프로젝트에서 고객이 매우 만족했다고 해요."
  - **팀장**: "정말 잘했어! 네가 기획한 아이디어가 특히 효과적이었어. 덕분에 고객 만족도가 높아졌어. 다음에도 이런 창의적인 아이디어를 기대할게."
- **상황**: 팀원이 실수를 했을 때.
  - **팀원**: "이번 보고서에서 실수가 있었어요."
  - **팀장**: "괜찮아, 누구나 실수할 수 있어. 다음번에는 이 부분을 조금 더 주의하면 좋겠어. 그래도 네가 빠르게 수정한 덕분에 큰 문제가 되지 않았어. 앞으로도 이렇게 신속히 대처해주면 좋겠어."

실행 방법

- **긍정적 시작**: 피드백을 줄 때 긍정적인 면부터 시작한다. 이를 통해 상대방이 피드백을 더 잘 받아들일 수 있게 한다.
  - 예시: "이번 프로젝트에서 네가 정말 열심히 했어."
- **구체적 지적**: 개선이 필요한 부분을 구체적으로 지적한다.
  - 예시: "다만, 다음번에는 보고서 작성 시 데이터 확인을 조금 더 철저히 하면 좋을 것 같아."

- **건설적 제안**: 어떻게 개선할 수 있을지 구체적인 제안을 한다.
  - 예시: "데이터 검토를 위해 체크리스트를 활용해보면 실수를 줄이는 데 도움이 될 거야."
- **긍정적 마무리**: 피드백을 긍정적인 말로 마무리하여 상대방의 동기부여를 높인다.
  - 예시: "그래도 네가 항상 최선을 다해줘서 고마워. 덕분에 우리 팀이 더 나아지고 있어."

예시 대화의 수정

- 팀장과 팀원 대화
  - 팀원: "이번 보고서에서 실수가 있었어요."
  - 팀장: "괜찮아, 누구나 실수할 수 있어. 이번에는 이 부분에서 실수가 있었지만, 네가 빠르게 수정한 덕분에 큰 문제가 되지 않았어. 다음번에는 데이터 확인을 조금 더 철저히 하면 좋겠어. 네가 항상 최선을 다해줘서 고마워."

이러한 구체적인 설명과 대화 예시를 통해 감성적 피드백 기술의 중요성을 이해하고, 실생활에서 적용할 수 있는 방법을 배울 수 있다.

> 〈감성 지능을 높이는 코칭기법〉
> 감성 지능Emotional Intelligence은 자신과 타인의 감정을 인식하고, 이를 적절하게 표현하며, 감정을 조절하고, 대인 관계에서 효과적으로 소통하는 능력을 의미한다. 감성 지능을 높이는 코칭기법은 개인이 자신의 감정을 이해하고, 타인의 감정을 공감하며, 스트레스를 관리하고, 긍정적인 인간관계를 형성하는 데 중점을 둔다.

감성 지능의 중요성

감성 지능은 개인과 조직 모두에게 여러 가지 중요한 이점을 제공한다. 높은 감성 지능은 다음과 같은 이유로 중요하다:

- 개인적 성장: 자신과 타인의 감정을 잘 이해하고 관리하는 능력은 개인의 정서적 안정과 성장에 크게 기여한다.
- 관계 강화: 감성 지능이 높은 사람은 타인과의 소통이 원활하고, 공감을 통해 깊은 인간관계를 형성할 수 있다.
- 스트레스 관리: 감정을 효과적으로 조절하는 능력은 스트레스 상황에서도 평정심을 유지하고, 정신적 건강을 지키는 데 도움이 된다.
- 리더십 향상: 감성 지능은 리더십의 중요한 요소로, 팀을 이끌고 동기를 부여하며, 갈등을 해결하는 데 중요한 역할을 한다.

감성 지능을 높이는 코칭기법의 주요 요소

감정 인식 Emotion Awareness

자신의 감정을 인식하고 이해하는 능력을 기르는 것이 첫 번째 단계다. 이는 자신이 어떤 감정을 느끼고 있는지, 그 감정의 원인이 무엇인지 명확히 아는 것을 의미한다.

- 감정 일기 쓰기: 매일 느낀 감정을 일기에 기록하고, 그 감정이 일어난 상황과 원인을 분석한다.
  - 예시: "오늘 회의에서 느꼈던 긴장감은 내가 충분히 준비하지 않았다는 불안에서 비롯된 것 같다."
- 자기 성찰 시간: 하루의 끝에 자신이 경험한 감정을 돌아보는 시간을 가진다.

- 예시: "오늘 어떤 감정을 느꼈고, 왜 그런 감정을 느꼈는지 생각해보기."

감정 관리Emotion Regulation

자신의 감정을 효과적으로 관리하는 능력을 기르는 것이 중요하다. 이는 감정을 건강하게 표현하고, 스트레스 상황에서도 평정심을 유지하는 능력을 포함한다.

- 호흡 조절: 스트레스가 발생할 때 깊은 호흡을 통해 마음을 가라앉히고 안정된 상태를 유지한다.
  - 예시: "스트레스를 받을 때, 깊게 숨을 들이마시고 천천히 내쉬면서 마음을 진정시키기."
- 명상과 마음챙김 연습: 매일 일정 시간을 할애해 명상이나 마음챙김을 연습한다.
  - 예시: "매일 아침 10분 동안 눈을 감고 편안한 자세로 앉아 천천히 호흡하면서 자신의 호흡에 집중하기."

사회적 인식Social Awareness

타인의 감정을 공감하고 이해하는 능력을 기르는 것이 필요하다. 이는 대인 관계에서 중요한 역할을 한다.

- 적극적 경청: 타인의 말을 경청하고, 그들의 감정을 이해하려고 노력한다.
  - 예시: "친구가 어려움을 이야기할 때, 말 중간에 끼어들지 않고 끝까지 들어주는 것."
- 비언어적 신호 인식: 상대방의 표정, 몸짓, 목소리 톤 등 비언어적 신호를 주

의 깊게 관찰한다.

- 예시: "동료의 얼굴이 어두워 보이면, '무슨 일 있어?'라고 조심스럽게 물어보자."

관계 관리 Relationship Management

감정을 효과적으로 소통하고, 갈등을 해결하며, 협력적인 관계를 유지하는 능력을 기른다. 이는 신뢰와 존중을 바탕으로 한 강력한 코칭 관계를 형성하고 유지하는 데 도움을 준다.

- **감성적 피드백 제공**: 상대방의 감정을 고려하여 긍정적이고 건설적인 방식으로 피드백을 제공하고, 구체적이고 명확하게 전달한다.
  - 예시: "팀원에게 '이번 프로젝트에서 네가 기여한 부분이 정말 컸어. 다만, 다음번에는 시간을 조금 더 잘 관리하면 더 좋을 것 같아'라고 피드백하기."
- **갈등 해결 기술**: 갈등 상황에서 감정을 조절하고, 문제를 해결하기 위한 건설적인 대화를 나눈다.
  - 예시: "갈등이 생겼을 때, 상대방의 입장을 먼저 이해하고, 해결책을 함께 찾기 위해 대화하기."

대화 예시

- **상황**: 직장에서 팀원이 프로젝트에서 어려움을 겪고 있을 때.
  - **팀원**: "이번 프로젝트가 너무 복잡해서 힘들어."
  - **팀장**: "네가 얼마나 힘든지 이해해. 어떤 부분이 가장 어려운지 말해줄 수

있어?"

예시 대화의 수정

  – **팀원**: "이번 프로젝트가 너무 복잡해서 힘들어."

  – **팀장**: "네가 얼마나 힘든지 이해해. 어떤 부분이 가장 어려운지 말해줄 수
    있어? 우리가 함께 해결 방법을 찾을 수 있을 거야."

이러한 구체적인 설명과 대화 예시를 통해 감성 지능을 높이는 코칭
기법의 중요성을 이해하고, 실생활에서 적용할 수 있는 방법을 배울 수
있다. 감성 지능을 높이는 코칭기법은 감정 인식, 감정 관리, 타인의 감
정 이해, 관계 관리, 마음 다스림 등의 요소로 구성된다. 이러한 요소들
은 개인의 정서적 웰빙과 인간관계를 향상시키는 데 필수적이다. 감성
지능을 높이는 코칭기법을 통해 우리는 더 나은 인간관계를 형성하고,
성공적이고 행복한 삶을 살아갈 수 있다.

코칭과 동행하는 행복한 삶

코칭은 형식화한 기술이나 방법론의 전달을 넘어서, 사람과 사람 간의 진정한 소통과 이해를 기반으로 한다. 그 본질은 사랑이다. 사랑은 인간이 경험할 수 있는 가장 깊고 진실한 감정으로, 이를 통해 인간은 가장 큰 행복을 느낀다. 자신에 대한 사랑, 부모자녀간의 사랑, 형제자매간의 사랑, 친구 동료간의 사랑은 우리가 살아가며 만나는 모든 곳에 사랑의 실천 즉 코칭이 필요한 이유이다. 사람은 사랑을 주고받을 때 가장 행복하다. 이는 감성 코칭의 핵심 원리로 작용하며, 개인의 성장과 발전을 도모한다. 감성 코칭을 통해 우리는 사랑을 지속 가능하게 만들고, 이를 통해 행복한 삶을 영위할 수 있다.

각 종교는 지혜를 고유한 방식으로 해석하지만, 공통적으로 지혜는 인간 삶의 올바른 방향성을 제시하며, 개인과 공동체의 행복과 성장을 도모한다는 점을 강조한다. 코칭에서의 지혜는 지식이나 기술을 넘어서는 중요한 요소이다. 이는 문제 해결, 의사결정, 윤리적 지도, 감정적 지원, 미래 지향적 코칭 등 다양한 측면에서 핵심적인 역할을 한다. 지혜로운 코칭은 코칭 받는 사람이 자신의 잠재력을 최대한 발휘하고, 지속 가능한 성장을 이룰 수 있도록 돕는다. 이를 위해 코치는 끊임없는 학습과 성찰을 통해 자신의 지혜를 발전시키고, 이를 바탕으로 코칭 과정을 이끌어 나가야 한다.

코칭은 지혜를 실천하는 과정이며, 지혜는 코칭을 통해 더욱 발전할 수 있다. 코칭을 통해 개인은 자신의 감정과 행동을 깊이 이해하고, 목표를 달성하며, 삶의 다양한 상황에서 지혜로운 결정을 내릴 수 있게 된다. 이로써 코칭과 지혜는 서로를 보완하며, 개인의 성장을 돕고, 더 나은 삶을 살아갈 수 있도록 한다. 즉 코칭은 사람과 사람 사이의 진정한 소통과 이해를 기반으로 한 긍정적인 변화를 이끌어낸다.

주석 ○

- **성경에서의 지혜**: 성경은 지혜를 인간 삶의 중요한 덕목으로 강조한다. 잠언 2:6에서는 "여호와는 지혜를 주시며 지식과 명철을 그 입에서 내심이라"라고 말한다. 이는 지혜가 단편적인 지식이 아니라, 삶을 올바르게 인도하는 통찰력임을 나타낸다. 코칭에서도 지혜는 중요한 요소이다. 코치는 지혜를 통해 고객이 자신의 문제를 통찰하고, 올바른 결정을 내리도록 돕는다.

- **불교에서의 지혜**: 불교에서는 '반야般若'라는 개념으로 지혜를 설명한다. 이는 모든 사물의 본질을 꿰뚫어 보는 통찰력이다. 불교는 지혜를 통해 고통에서 벗어나 해탈에 이를 수 있다고 가르친다. 코칭에서의 지혜는 고객의 마음

을 이해하고, 그들이 삶의 어려움을 극복하도록 돕는 역할을 한다.

- 이슬람교에서의 지혜: 코란 2:269에서는 "그분은 지혜를 원하는 자에게 주신다. 지혜를 받은 자는 많은 선을 받는다. 그러나 지혜를 깨닫는 자만이 그 것을 이해할 수 있다"라고 말한다. 이는 지혜가 신의 선물이며, 이를 통해 올바른 삶을 영위할 수 있음을 나타낸다.

- 힌두교에서의 지혜: 바가바드 기타 4:38에서는 "지혜처럼 순수한 것은 없다. 그 지혜는 스스로에게 진리를 깨닫는 자에게 시간이 흐르면서 자연스럽게 찾아온다"라고 말한다. 이는 지혜가 영적인 순수함과 깨달음의 핵심임을 나타낸다.

- 유대교에서의 지혜: 잠언 3:13-14에서는 "지혜를 얻은 자와 명철을 얻은 자는 복이 있나니, 이는 지혜를 얻는 것이 은을 얻는 것보다 낫고, 그 이익이 정금보다 나음이니라"라고 설명한다. 이는 지혜의 가치를 매우 높이 평가하고 있다.

- 도교에서의 지혜: 노자의 도덕경 33장에서는 "자기를 아는 자는 지혜롭고, 남을 아는 자는 총명하다. 자신을 이기는 자는 강하고, 남을 이기는 자는 힘이 세다"라고 말한다. 이는 지혜가 자기 이해와 관련이 있음을 나타낸다.

나의 찐동반자 셀프코칭

셀프코칭은 자신이 자신의 코치가 되어 자신의 감정, 생각, 행동을 인식하고 발전시키는 과정이다. 이는 자아 성찰과 자기 개선을 통해 더 나은 삶을 살고자 하는 노력을 의미한다. 자신의 내면을 깊이 들여다보고 자신을 이해하며 목표를 설정하고 그 목표를 달성하기 위해 필요한 행동을 취하는 데 셀프코칭은 큰 도움을 준다.

셀프코칭의 중요성

셀프코칭은 개인의 성장과 발전을 촉진하는 중요한 방법이다. 이를 통해 개인은 자기 자신을 더 잘 이해하고, 자신의 삶을 더 주도적으로 이끌어 갈 수 있게 된다. 셀프코칭의 중요성은 다음과 같다.

- **자기 인식**: 셀프코칭을 통해 자신의 감정과 생각을 깊이 있게 이해할 수 있다. 이는 자신을 더 잘 이해하고, 스트레스 상황에서도 적절하게 대응할 수 있게 한다.
- **목표 설정**: 명확하고 도전적인 목표를 설정함으로써, 삶의 방향성을 잡고 동기부여를 유지할 수 있다.
- **자기 개선**: 자신의 약점을 인식하고 이를 개선하기 위한 구체적인 행동을 취함으로써, 지속적으로 성장할 수 있다.
- **자기 주도성**: 셀프코칭은 개인이 자신의 삶을 더 주도적으로 이끌어 갈 수 있도록 돕는다. 이는 자신감과 자기 효능감을 높이는 데 중요한 역할을 한다.

이러한 AI 기술과 도구들은 셀프코칭을 보다 효율적이고 효과적으로 할 수 있게 도와준다. 향후 더 많은 기술들이 등장할 것으로 기대되며 자신에게 맞는 셀프코칭을 통해 행복을 유지하고 성장하는 삶을 살아가길 기대한다.

3

행복한 삶을 위한
코칭 원칙 8가지

"행복한 삶을 위한 코칭 원칙 8가지"는 일상 속 대화와 상호작용을 통해 가정과 직장에서 행복하고 의미 있는 삶을 실현하는 데 초점을 맞춘다. 경청과 공감, 명확한 목표 설정, 긍정적인 피드백, 개방적인 의사소통, 책임감 부여, 지속적인 성장 지원, 균형 유지 같은 원칙들은 개인, 가족, 그리고 조직이 더 나은 삶을 살아가도록 돕는 핵심 요소들이다. 이 원칙들을 꾸준히 실천함으로써 우리는 서로를 더 깊이 이해하고, 지지하며, 함께 성장하는 행복한 삶을 만들어 나갈 수 있다.

경청Active Listening

• 원칙: 상대방의 말을 주의 깊게 듣고 이해하며 반응한다.

• 실천 방법:

– 상대방이 말을 할 때 눈을 맞추고 집중한다.

- 말을 끊지 않고 끝까지 듣는다.
- 이해한 내용을 반복하거나 요약하여 상대방이 제대로 전달되었음을 확인한다.
- 비언어적 신호 고개 끄덕임, 미소 등를 통해 적극적으로 경청하고 있음을 표현한다.

공감Empathy

• 원칙: 상대방의 감정을 이해하고 그 입장에서 생각하고 느끼려고 노력한다.
• 실천 방법:
- 상대방의 감정을 인정하고 그에 대한 이해를 표현한다.
- 감정을 다룰 때는 판단하지 않고 열린 마음으로 접근한다.
- 필요할 때 감정적인 지원을 제공하고 그들이 혼자가 아님을 느끼게 한다.

명확한 목표 설정Clear Goal Setting

• 원칙: 구체적이고 달성 가능한 목표를 설정하여 방향성을 제시한다.
• 실천 방법:
- SMART 목표 설정: 구체적Specific, 측정 가능Measurable, 달성 가능Achievable, 관련성Relevant, 시간 제한Time-bound 요소를 고려한다.
- 목표 설정 시 상대방과 협력하여 현실적이고 의미 있는 목표를 설정한다.
- 표 달성을 위한 단계와 계획을 함께 논의하고 구체화한다.

긍정적 피드백Positive Feedback

• 원칙: 긍정적인 행동과 성과를 인정하고 칭찬한다.

- 실천 방법:

  – 구체적이고 진심 어린 칭찬을 한다. 예: "오늘 회의에서 의견을 명확하게 전달한 점이 인상 깊었어요."

  – 성과를 축하하고 긍정적인 행동을 강화한다.

  – 피드백을 제공할 때는 건설적이고 발전적인 방향을 제시한다.

개방적 의사소통Open Communication

- 원칙: 솔직하고 개방적인 의사소통을 장려하여 신뢰를 구축한다.
- 실천 방법:

  – 생각과 감정을 솔직하게 표현하도록 격려한다.

  – 의사소통 과정에서 투명성을 유지하고 중요한 정보는 공유한다.

  – 의사소통 시 경청과 공감을 바탕으로 진정성을 유지한다.

책임감 부여Empowerment

- 원칙: 상대방에게 권한과 책임을 부여하여 자율성과 자기주도성을 촉진한다.
- 실천 방법:

  – 상대방이 자신의 업무나 과제에 대해 책임을 지도록 독려한다.

  – 필요한 자원과 지원을 제공하여 자율적으로 문제를 해결할 수 있도록 한다.

  – 성과를 인정하고 실패를 학습의 기회로 삼아 긍정적으로 피드백한다.

지속적인 성장 지원Continuous Development Support

- 원칙: 지속적인 학습과 성장을 장려하고 지원한다.

- 실천 방법:

  - 개인의 발전 목표와 관심사를 이해하고 이에 맞는 지원을 제공한다.

  - 교육 및 훈련 기회를 제공하고 자기계발을 장려한다.

  - 성과와 발전 과정을 정기적으로 평가하고 피드백을 제공한다.

균형 유지Balance

- 원칙: 일과 삶의 균형을 유지하여 전반적인 행복을 추구한다.
- 실천 방법:

  - 업무와 가정 생활 간의 균형을 유지하도록 지원한다.

  - 스트레스 관리와 건강한 생활 습관을 촉진한다.

  - 휴식과 여가 시간을 존중하고 적절한 휴식을 취할 수 있도록 한다.

- 이러한 코칭 원칙을 일상에서 실천함으로써, 우리는 서로를 더 깊이 이해하고 지지하며, 함께 성장하는 행복한 삶을 만들어 갈 수 있다. 이 원칙들은 가정과 직장에서의 대화와 상호작용을 통해 개인과 가족, 그리고 조직 모두가 더 나은 삶을 살 수 있도록 돕는 중요한 요소들이다.

코칭 대화법은 가정, 직장, 친구 관계에서 서로를 깊이 이해하고 존중하며, 함께 성장할 수 있는 강력한 도구이다. 감정적 공감과 이해, 칭찬과 긍정적 피드백, 문제 해결과 지원, 목표 설정과 동기 부여, 솔직한 소통과 신뢰 구축을 통해 우리는 더 깊은 유대감을 쌓고, 서로를 지지하며 성장하는 삶을 만들어갈 수 있게 될 것이다.

[나가며]

코칭의 세계는 지금 거대한 변화의 물결 속에 있다. 디지털 혁신과 인공지능의 발전은 우리 삶과 일하는 방식을 재구성하고 있으며, 이와 더불어 코칭 역시 변화의 중심에 서 있다. 그러나 이러한 변화는 코칭의 본질을 흔드는 것이 아니다. 오히려 기술의 발전은 코칭이 미래에도 더욱 강력하고 유의미한 역할을 수행할 수 있도록 돕고 있다. 이는 새로운 도구와 방법론이 코칭의 영역을 확장하고 있다는 점에서 매우 주목할 만하다.

기술과 인간의 협업

AI와 디지털 기술의 도입은 코칭의 방법론을 근본적으로 재편하고 있다. 이제 코칭은 대면 대화에만 의존하지 않는다. 데이터 기반의 인사이트와 디지털 플랫폼을 통해 훨씬 풍부하고 다층적인 경험을 제공할 수 있다. AI는 고객의 행동 패턴을 분석하고, 개인화된 피드백을 통해 고객이 더 효과적으로 목표를 달성할 수 있도록 돕는다. 뿐만 아니라 코칭 세션에서 고객이 제시한 정보를 실시간으로 분석하고, 그들의 목표를 달성하기 위해 최적의 전략을 제안한다.

그러나 중요한 것은, 이러한 기술적 발전이 인간 코치의 역할을 대체하는 것이 아니라는 사실이다. 기술은 인간 코치의 역량을 더욱 확장하고, 그들이 보다 깊이 있는 코칭을 제공할 수 있도록 지원하는 도구로 작용하고 있다. AI가 데이터 처리와 같은 반복적이고 기계적인 작업을 대신할 수 있을지 몰라도, 코칭에서 핵심적인 요소는 여전히 인간 대 인간의 상호작용이다. 고객의 감정적 변화와 내면을 깊이 이해하는 능력은 AI가 쉽게 따라할 수 없는 영역이다. 따라서 미래의 코칭은 기술과 인간이 조화롭게 협업하는 형태로 발전해야 한다.

AI가 코칭의 새로운 가능성을 열다

코칭의 미래는 AI기술과 밀접하게 연관되어 있다. AI는 인간의 지능을 모방하기 때문에 인지적 노력과 절차적 사고를 대신하며, 수집한 데이터를 분석하고 미래의 행동이나 사건을 예측하는데 주로 쓰인다. 이는 코치가 더 효율적이고 정확한 지원을 제공할 수 있도록 돕는다. 고객의 성향을 파악해 그들이 어떤 코칭 방식에 반응하는지 분석하고, 고객이 더 나은 성과를 이끌어낼 수 있도록 지원한다.

그러나 인간 코치만이 제공할 수 있는 감정적 연결과 직관, 정서적 지원은 AI가 따라할 수 없는 영역이다. 코치는 AI가 제공하는 데이터를 바탕으로 더욱 심층적인 대화를 나누고, 고객의 감정적 니즈를 충족시킬 수 있다. 이는 AI와 인간 코치가 협력하여 더 나은 결과를 이끌어낼 수 있음을 보여준다.

코칭의 영향력: 개인에서 조직으로

코칭은 개인의 성장과 발전을 돕는 데 그치지 않고, 더 나아가 사회 전체에 긍정적인 변화를 불러일으킬 수 있는 잠재력을 지니고 있다. 코칭을 받은 개인은 자신의 목표를 더 명확하게 설정하고, 더 나은 의사결정을 내리며, 문제 해결 능력을 향상시킨다. 이는 그들이 속한 조직과 사회의 성과와 행복에도 긍정적인 영향을 미친다. 더욱이, 코칭은 사회적 연결과 협력을 촉진하며, 서로 다른 배경을 지닌 사람들이 공동의 목표를 달성할 수 있도록 돕는다.

코칭이 조직 내에서 중요한 이유는 직원들의 성과와 몰입도를 높이기 때문이다. 코칭을 받은 직원들은 더 높은 생산성과 직무 만족도를 보고하고 있으며, 이는 조직 전체의 성과에도 직결된다. 리더가 코칭을 통해 팀원들과 신뢰 관계를 구축하고 그들의 성장을 지원하면, 그 효과는 배가된다. 팀원들은 자신의 잠재력을 더 잘 발휘할 수 있게 되고, 이는 조직의 성과 향상으로 이어진다.

조직 내에서의 코칭은 특히 리더십 개발에 큰 역할을 한다. 리더가 코칭을 통해 자신의 리더십 능력을 강화하면, 팀원들과의 관계가 더욱 원활해지고 협업이 증진된다. 코칭을 통해 팀원들은 자신의 문제를 스스로 해결할 수 있는 능력을 키우며, 이를 통해 자율성과 책임감을 동시에 갖추게 된다.

윤리적 고려와 AI시대의 딜레마

AI와 디지털 기술의 발전은 코칭에 새로운 가능성을 열어주지만, 동시에 윤리적 딜레마와 도전을 불러일으킨다. 데이터 보안과 프라이버시 문제는 AI 기반 코칭에서 매우 중요한 고려사항이다. 고객의 개인 정보를 다루는 과정에서 AI가 얼마나 투명하고 공정하게 작동하는지에 대한 신뢰가 필수적이다. AI의 결정 과정이 어떻게 이루어지는지에 대한 투명성은 코칭의 신뢰를 유지하는 데 핵심적이다.

코칭에서 AI와 인간 코치의 조화는 기술을 윤리적으로 사용하는 데 있어서도 중요하다. AI는 고객 데이터를 실시간으로 분석하고, 맞춤형 피드백을 제공하는 도구로 활용될 수 있지만, 그 과정에서 인간의 감정적, 정서적 요구를 무시해서는 안 된다. 고객의 신뢰를 유지하고 그들의 권리를 보호하는 것이 코칭에서 윤리적 기준을 지키는 중요한 요소다.

코치형 리더의 등장

디지털 시대가 빠르게 변화하는 가운데, '코치형 리더'의 역할이 더욱 중요해지고 있다. 코치형 리더는 관리자나 지시자의 역할에 머무르지 않는다. 이들은 팀원들의 잠재력을 극대화하고 그들의 성장을 도와, 조직 내에서 긍정적인 변화를 이끄는 핵심적인 역할을 한다. AI시대에는 특히 이러한 리더들이 필요하다. AI는 데이터를 분석하고 전략적 결정을 내리는 데 도움을 줄 수 있지만, 인간의 감정적 연결과 정서적 지원은 여전히 코치형 리더가 제공해야 할 필수적인 부분이다.

코치형 리더는 자신뿐만 아니라 팀원들의 성장도 지원하며, 그들의 역량을 최대한 발휘할 수 있도록 돕는다. 이들은 팀원들이 스스로 문제를 해결하고 목표를 달성할 수 있도록 격려하며, 이를 통해 팀 전체의 성과를 극대화한다. AI와 같은 기술은 이러한 리더십을 더욱 전략적으로 만들 수 있지만, 그 근본에는 여전히 인간적 이해와 공감이 필요하다.

코치형 리더가 되기 위해서는 자기 인식과 공감 능력, 윤리적 판단력, 그리고 의사소통 기술이 필수적이다. 이 책에서 다룬 바와 같이, 코칭은 리더가 이러한 역량을 개발하고 조직을 이끄는 데 중요한 도구가 된다. 리더는 AI의 도움을 받아 데이터에 기반한 결정을 내리면서도, 인간적 요소를 바탕으로 팀원들과의 관계를 강화하고 그들의 성장을 지원해야 한다.

코칭의 혁신: 새로운 시대를 준비하다

미래의 코칭은 AI, 빅데이터, 디지털 플랫폼 등 다양한 기술과 융합해 지속적으로 혁신될 것이다. 기술의 발전은 코칭의 범위를 확장하고, 더 많은 사람들이 코칭의 혜택을 누릴 수 있게 한다. 하지만 기술의 발전이 아무리 빠르더라도, 코칭의 핵심은 여전히 '인간'이다. AI는 코칭의 도구일 뿐, 고객과 코치 간의 신뢰와 감정적 연결을 대신할 수 없다. 인간 코치는 고객의 내면을 탐구하고, 그들의 정서적 필요를 이해하는 능력을 바탕으로 코칭을 수행한다.

결국, 코칭의 혁신은 기술적인 발전에만 국한되지 않는다. AI와 빅데이터를 활용한 분석과 예측이 필수적인 역할을 하겠지만, 인간 코치의 공감력과 직관력은 그만큼 중요하게 다루어져야 한다. 이 책은 코칭의 미래와 그 가능성에 대해 심도 있게 다루었으며, 독자들이 코칭의 본질을 이해하고 이를 통해 더 나은 리더로 성장할 수 있도록 돕고자 한다.

코칭은 단순한 기술이나 도구가 아니다. 코칭은 사람의 잠재력을 깨우고, 이를 실현하는 과정이다. AI시대에도 인간 코치는 여전히 중요한 역할을 할 것이며, 코칭은 그 어느 때보다 중요한 도구가 될 것이다. 이 책을 통해 독자들이 코칭의 혁신적인 가능성을 발견하고, 이를 통해 더 나은 삶과 조직을 만들어가기를 기대한다.

1. 국제코치연맹International Coach Federation 코칭 역량

A. 기초세우기(Foundation)

첫째, 윤리적 실천을 보여준다(Demonstrates Ethical Practice)
정의: 코칭윤리와 코칭표준을 이해하고 지속적으로 적용한다(Definition: Understands and consistently applies coaching ethics and standards of coaching).

1) 고객, 스폰서 및 이해 관계자와의 상호작용에서 코치의 진실성과 정직성을 보여준다(Demonstrates personal integrity and honesty in interactions with clients, sponsors and relevant stakeholders).
2) 고객의 정체성, 환경, 경험, 가치 및 신념에 민감성을 가지고 대한다(Is sensitive to clients' identity, environment, experiences, values and beliefs).
3) 고객, 스폰서 및 이해 관계자에게 적절하고, 존중하는 언어를 사용한다 (Uses language appropriate and respectful to clients, sponsors and relevant stakeholders).
4) ICF 윤리 강령을 준수하고 핵심 가치를 지지한다(Abides by the ICF Code of Ethics and upholds the Core Values).

5) 이해 관계자 합의 및 관련 법률에 따라 고객 정보에 대해 비밀을 유지한다(Maintains confidentiality with client information per stakeholder agreements and pertinent laws).

6) 코칭, 컨설팅, 심리치료 및 다른 지원 전문직과의 차별성을 유지한다(Maintains the distinctions between coaching, consulting, psychotherapy and other support professions).

7) 필요한 경우, 고객을 다른 지원 전문가에게 추천한다(Refers clients to other support professionals, as appropriate).

둘째, 코칭 마인드셋을 구현한다(Embodies a Coaching Mindset)
정의: 개방적이고 호기심이 많으며, 유연하고 고객 중심적인 사고방식(마인드셋)을 개발하고 유지한다(Definition: Develops and maintains a mindset that is open, curious, flexible and client-centered).

---

1) 코치는 선택에 대한 책임이 고객 자신에게 있음을 인정한다(Acknowledges that clients are responsible for their own choices).

2) 코치로서 지속적인 학습 및 개발에 참여한다(Engages in ongoing learning and development as a coach).

3) 코치는 코칭능력을 향상시키기 위해 성찰훈련을 지속한다(Develops an

ongoing reflective practice to enhance one's coaching).

4) 코치는 자기 자신과 다른 사람들이 상황과 문화에 의해 영향 받을 수 있음을 인지하고 개방적 태도를 취한다(Remains aware of and open to the influence of context and culture on self and others).

5) 고객의 유익을 위해 자신의 인식과 직관을 활용한다(Uses awareness of self and one's intuition to benefit clients).

6) 감정 조절 능력을 개발하고 유지한다(Develops and maintains the ability to regulate one's emotions).

7) 정신적, 정서적으로 매 세션을 준비한다(Mentally and emotionally prepares for sessions).

8) 필요하면 외부자원으로부터 도움을 구한다(Seeks help from outside sources when necessary).

B. 관계의 공동구축(Co-Creating the Relationship)

셋째, 합의를 도출하고 유지한다(Establishes and Maintains Agreements)

정의: 고객 및 이해 관계자와 협력하여 코칭관계, 프로세스, 계획 및 목표에 대한 명확한 합의를 한다. 개별 코칭 세션은 물론 전체 코칭과정에 대한 합의를 도출한다(Definition: Partners with the client and relevant stakeholders to create clear agreements about the coaching relationship, process, plans and goals. Establishes agreements for the overall coaching engagement as well as those for each coaching session).

---

1) 코칭인 것과 코칭이 아닌 것에 대해 설명하고 고객 및 이해 관계자에게 프로세스를 설명한다(Explains what coaching is and is not and describes the process to the client and relevant stakeholders).

2) 관계에서 무엇이 적절하고 적절하지 않은지, 무엇이 제공되고 제공되지 않는지, 고객 및 이해 관계자의 책임에 관하여 합의한다(Reaches agreement about what is and is not appropriate in the relationship, what is and is not being offered, and the responsibilities of the client and relevant stakeholders).

3) 코칭진행방법(logistics), 비용, 일정, 기간, 종결, 비밀 보장, 다른 사람의 포함 등과 같은 코칭관계의 지침 및 특이사항에 대해 합의한다(Reaches agreement about the guidelines and specific parameters of the coaching relationship such as logistics, fees, scheduling, duration, termination, confidentiality and inclusion of others).

4) 고객 및 이해 관계자와 함께 전체 코칭 계획 및 목표를 설정한다(Partners with the client and relevant stakeholders to establish an overall coaching plan and goals).

5) 고객과 코치 간에 서로 맞는지(client-coach compatibility)를 결정하기 위해 파트너십을 갖는다(Partners with the client to determine client-coach compatibility).

6) 고객과 함께 코칭 세션에서 달성하고자 하는 것을 찾거나 재확인한다(Partners with the client to identify or reconfirm what they want to accomplish in the session).

7) 고객과 함께 세션에서 달성하고자 하는 것을 얻기 위해 고객 스스로가 다뤄야 하거나 해결해야 한다고 생각하는 것을 분명히 한다(Partners with the client to define what the client believes they need to address or resolve to achieve what they want to accomplish in the session).

8) 고객과 함께 코칭과정 또는 개별 세션에서 고객이 달성하고자 하는 목표에 대한 성공 척도를 정의하거나 재확인한다(Partners with the client to define or reconfirm measures of success for what the client wants to accomplish in the coaching engagement or individual session).

9) 고객과 함께 세션의 시간을 관리하고 초점을 유지한다(Partners with the client to manage the time and focus of the session).

10) 고객이 달리 표현하지 않는 한 고객이 원하는 성과를 달성하기 위한 방향으로 코칭을 계속한다(Continues coaching in the direction of the client's desired outcome unless the client indicates

otherwise).

11) 고객과 함께 코칭 경험을 존중하며 코칭관계를 종료한다(Partners with the client to end the coaching relationship in a way that honors the experience).

넷째, 신뢰와 안정감을 조성한다(Cultivates Trust and Safety)

정의: 고객과 함께, 고객이 자유롭게 나눌 수 있는 안전하고 지지적인 환경을 만든다. 상호 존중과 신뢰 관계를 유지한다(Definition: Partners with the client to create a safe, supportive environment that allows the client to share freely. Maintains a relationship of mutual respect and trust).

---

1) 고객의 정체성, 환경, 경험, 가치 및 신념 등의 맥락 안에서 고객을 이해하려고 노력한다(Seeks to understand the client within their context which may include their identity, environment, experiences, values and beliefs).

2) 고객의 정체성, 인식, 스타일 및 언어를 존중하고 고객에 맞추어 코칭한다(Demonstrates respect for the client's identity, perceptions, style and language and adapts one's coaching to the client).

3) 코칭과정에서 고객의 고유한 재능, 통찰 및 노력을 인정하고 존중한

다(Acknowledges and respects the client's unique talents, insights and work in the coaching process).

4) 고객에 대한 지지, 공감 및 관심을 보여준다(Shows support, empathy and concern for the client).

5) 고객이 자신의 감정, 인식, 관심, 신념, 및 제안하는 바를 그대로 표현하도록 인정하고 지원한다(Acknowledges and supports the client's expression of feelings, perceptions, concerns, beliefs and suggestions).

6) 고객과의 신뢰를 구축하기 위해 인간으로서의 한계를 인정하고 개방성과 투명성을 보여준다(Demonstrates openness and transparency as a way to display vulnerability and build trust with the client).

다섯째, 프레즌스(Presence)를 유지한다(Maintains Presence)
정의: 개방적이고 유연하며 중심이 잡힌 자신감 있는 태도로 완전히 깨어서 고객과 함께 한다(Definition: Is fully conscious and present with the client, employing a style that is open, flexible, grounded and confident).

---

1) 고객에게 집중하고 관찰하며 공감하고 적절하게 반응하는 것을 유지한다(Remains focused, observant, empathetic and responsive to

the client).

2) 코칭과정 내내 호기심을 보여준다(Demonstrates curiosity during the coaching process).

3) 고객과 프레즌스(현존)를 유지하기 위해 감정을 관리한다(Manages one's emotions to stay present with the client).

4) 코칭과정에서 고객의 강한 감정 상태에 대해 자신감 있는 태도로 함께 한다(Demonstrates confidence in working with strong client emotions during the coaching process).

5) 코치가 알지 못함의 영역을 코칭할 때도 편안하게 임한다(Is comfortable working in a space of not knowing).

6) 침묵, 멈춤, 성찰을 위한 공간을 만들거나 허용한다(Creates or allows space for silence, pause or reflection).

C. 효과적으로 의사소통하기(Communicating Effectively)

여섯째, 적극적으로 경청한다(Listens Actively)

정의: 고객의 시스템 맥락에서 전달하는 것을 충분히 이해하고, 고객의 자기표현(self-expression)을 돕기 위하여 고객이 말 한 것과 말 하지 않은 것에 초점을 맞춘다(Definition: Focuses on what the client is and is not saying to fully understand what is being communicated in the context of the client systems and to support client self-expression).

---

1) 고객이 전달하는 것에 대한 이해를 높이기 위해 고객의 상황, 정체성, 환경, 경험, 가치 및 신념을 고려한다(Considers the client's context, identity, environment, experiences, values and beliefs to enhance understanding of what the client is communicating).

2) 고객이 전달한 것에 대해 더 명확히 하고 이해하기 위해 반영하거나 요약한다(Reflects or summarizes what the client communicated to ensure clarity and understanding).

3) 고객이 소통한 것 이면에 무언가 더 있다고 생각될 때 이것을 인식하고 질문한다(Recognizes and inquires when there is more to what the client is communicating).

4) 고객의 감정, 에너지 변화, 비언어적 신호 또는 기타 행동에 대해 주목하고, 알려주며 탐색한다(Notices, acknowledges and explores the client's emotions, energy shifts, non-verbal cues or other behaviors).

5) 고객이 전달하는 내용의 완전한 의미를 알아내기 위해 고객의 언어, 음성 및 신체 언어를 통합한다(Integrates the client's words, tone of voice and body language to determine the full meaning of what is being communicated).

6) 고객의 주제(theme)와 패턴(pattern)을 분명히 알기 위해 세션 전반에 걸쳐 고객의 행동과 감정의 흐름(trends)에 주목한다(Notices trends in the client's behaviors and emotions across sessions to discern themes and patterns).

일곱째, 알아차림을 불러일으킨다(Evokes Awareness)

정의: 강력한 질문, 침묵, 은유(metaphor) 또는 비유(analogy)와 같은 도구와 기술을 사용하여 고객의 통찰과 학습을 촉진한다(Definition: Facilitates client insight and learning by using tools and techniques such as powerful questioning, silence, metaphor or analogy).

---

1) 가장 유용한 것이 무엇인지 결정할 때 고객의 경험을 고려한다(Considers client experience when deciding what might be most useful).

2) 알아차림이나 통찰을 불러일으키기 위한 방법으로 고객에게 도전한다 (Challenges the client as a way to evoke awareness or insight).

3) 고객의 사고방식, 가치, 욕구 및 원함 그리고 신념 등 고객에 대하여 질문한다(Asks questions about the client, such as their way of thinking, values, needs, wants and beliefs).

4) 고객이 현재의 생각을 뛰어 넘어 탐색하도록 도움이 되는 질문을 한다(Asks questions that help the client explore beyond current thinking).

5) 고객이 이 순간에 경험하고 있는 것을 더 많이 공유하도록 초대한다(Invites the client to share more about their experience in the moment).

6) 고객의 발전(client's progress)을 위해 무엇이 잘되고 있는지에 주목한다(Notices what is working to enhance client progress).

7) 고객의 욕구에 맞추어 코칭 접근법을 조정한다(Adjusts the coaching approach in response to the client's needs).

8) 고객이 현재와 미래의 행동, 사고 또는 감정 패턴에 영향을 미치는 요인을 식별하도록 도와준다(Helps the client identify factors that influence current and future patterns of behavior, thinking or emotion).

9) 고객이 어떻게 앞으로 나아갈 수 있는지, 무엇을 하려고 하고 할 수 있는지 생각해 내도록 초대한다(Invites the client to generate ideas about how they can move forward and what they are willing or able to do).

10) 관점을 재구성(reframing)할 수 있도록 고객을 지원한다(Supports the client in reframing perspectives).

11) 고객이 새로운 학습을 할 수 있는 잠재력을 갖도록 관찰, 통찰 및 느낌을 있는 그대로 공유한다.(Shares observations, insights and

feelings, without attachment, that have the potential to create new learning for the client).

D. 학습과 성장 북돋우기(Cultivating Learning and Growth)

여덟째, 고객의 성장을 촉진한다(Facilitates Client Growth)
정의: 고객이 학습과 통찰을 행동으로 전환할 수 있도록 협력한다. 코칭과
정에서 고객의 자율성을 촉진한다(Definition: Partners with the
client to transform learning and insight into action. Promotes
client autonomy in the coaching process).

---

1) 새로운 알아차림, 통찰, 학습을 세계관 및 행동에 통합하기 위해 고객
   과 협력한다(Works with the client to integrate new awareness,
   insight or learning into their world view and behaviors).
2) 새로운 학습을 통합하고 확장하기 위해 고객과 함께 고객의 목표와 행
   동, 그리고 책임 측정 방안(accountability measures) 을 설계한다
   (Partners with the client to design goals, actions and account-
   ability measures that integrate and expand new learning).
3) 목표, 행동 및 책임 방법을 설계하는데 있어서 고객의 자율성을 인정하
   고 지지한다(Acknowledges and supports client autonomy in the

design of goals, actions and methods of accountability).

4) 고객이 잠재적 결과를 확인해보거나 이미 수립한 실행단계로부터 배운
것을 지지한다(Supports the client in identifying potential results
or learning from identified action steps).

5) 고객이 지닌 자원(resource), 지원(support) 및 잠재적 장애물(poten-
tial barriers)을 포함하여 어떻게 자신이 앞으로 나아 갈지에 대해 고려
하도록 한다(Invites the client to consider how to move forward,
including resources, support and potential barriers).

6) 고객과 함께 세션에서 또는 세션과 세션 사이에서 학습하고 통찰한 것
을 요약한다(Partners with the client to summarize learning and
insight within or between sessions).

7) 고객의 진전과 성공을 축하한다(Celebrates the client's progress
and successes).

8) 고객과 함께 세션을 종료한다(Partners with the client to close the
session).

2. 한국코치협회Korea Coach Association 코칭 역량

KCA 코칭역량 모델

- 형상 : 마차Coach의 수레바퀴Wheel 상징
- 색상 : 코치다움은 나무의 뿌리 상징, 코칭다움은 나무의 잎 상징

KCA 코칭역량

한국코치협회는 2017년 인증위원회를 중심으로 코칭 역량에 대한 연구를
본격적으로 시작하였다. 그 결과, 2018년 대한민국 코치대회에서 '코치다

움'과 '코칭다움'을 핵심으로 하는 KCA Korea Coach Association 코칭 역량 표준 모델을 발표하였다. 이 모델은 이후 신뢰도와 타당도에 대한 통계적 분석을 통해 수정·보완되었고, 2021년 한국코치협회 홈페이지에 공식적으로 공지되었다.

KCA 코칭 역량은 코칭의 고유한 전문성을 강조하며, 다른 유사 영역과의 차별화를 꾀하고 있다. 이 역량 모델은 '코치다움'과 '코칭다움'이라는 두 가지 핵심 개념을 바탕으로 총 8개의 역량으로 구성되어 있다. 코칭을 수레바퀴에 비유하면, '코치다움'과 '코칭다움'이 서로 조화를 이루어야만 코칭이 수레바퀴처럼 원활하게 굴러갈 수 있다.

'코치다움'은 코치가 개인적인 삶과 코칭 현장에서 코칭 윤리를 실천하고, 자기 인식과 자기 관리의 기반 위에 전문 역량을 발전시키는 것을 의미한다. 반면에 '코칭다움'은 코칭 현장에서 고객과 신뢰 관계를 형성하고, 적극적인 경청과 의식의 확장을 통해 고객의 성장을 돕는 것을 의미한다.

한국코치협회는 코칭의 핵심 역량으로서 '코치다움'에 포함되는 4가지 역량 윤리 실천, 자기 인식, 자기 관리, 전문 계발과 '코칭다움'에 포함되는 4가지 역량 관계 구축, 적극 경청, 의식 확장, 성장 지원으로 총 8가지 역량을 정리하였다.

'코칭다움' 역량군

역량	정의	핵심요소	행동지표
윤리 실천	(사)한국코치협회에서 규정한 기본 윤리, 코칭에 대한 윤리, 직무에 대한 윤리, 고객에 대한 윤리를 준수하고 실천한다.	기본 윤리	코치는 기본 윤리를 준수하고 실천한다.
		코칭에 대한 윤리	코치는 코칭에 대한 윤리를 준수하고 실천한다.
		직무에 대한 윤리	코치는 직무에 대한 윤리를 준수하고 실천한다.
		고객에 대한 윤리	코치는 고객에 대한 윤리를 준수하고 실천한다.
자기 인식	현재 상황에 대한 민감성을 유지하고 직관 및 성찰과 자기 평가를 통해 코치 자신의 존재감을 인식한다.	상황 민감성 유지	지금 여기의 생각, 감정, 욕구에 집중한다. 생각, 감정, 욕구가 발생하는 배경과 이유를 감각적으로 알아차린다.
		직관과 성찰	직관과 성찰을 통해 자신의 생각, 감정, 욕구가 미치는 영향을 인식한다.
		자기 평가	자신의 특성, 강약점, 가정과 전제, 관점을 평가하고 수용한다.
		존재감 인식	자신의 존재를 인식하고 신뢰한다.
자기 관리	신체적, 정신적, 정서적 안정 및 개방적, 긍정적, 중립적 태도를 유지하며 언행을 일치시킨다.	신체적, 정신적, 정서적 안정	코치는 코칭을 시작하기 전에 신체적, 정신적, 정서적 안정을 유지한다.
			코치는 다양한 코칭 상황에서 침착하게 대처한다.
		개방적, 긍정적, 중립적 태도	코치는 솔직하고 개방적인 태도를 유지한다.
			코치는 긍정적인 태도를 유지한다.
			코치는 고객의 기준과 패턴에 대한 판단을 유보하고 중립적인 태도를 유지한다.
		언행일치	코치는 말과 행동을 일치시킨다.

역량	정의	핵심요소	행동지표
전문 계발	코칭 합의와 과정 관리 및 성과 관리를 하고 코칭에 필요한 관련 지식, 기술, 태도 등의 전문 역량을 계발한다.	코칭 합의	고객에게 코칭을 제안하고 협의한다.
			고객과 코칭 계약을 하고, 코칭 동의와 코칭 목표를 합의한다.
		과정 관리	코칭 과정 전체를 관리하고 이해관계자를 포함한 고객과 소통한다.
		성과 관리	고객과 합의한 코칭 주제와 목표에 대한 성과를 관리한다.
		전문 역량 계발	코칭에 필요한 관련 지식, 기술, 태도 등의 전문 역량을 계발한다.

'코칭다움' 역량군

역량	정의	핵심요소	행동지표
관계 구축	고객과의 수평적 파트너십을 기반으로 신뢰감과 안전감을 형성하며 고객의 존재를 인정하고 진솔함과 호기심을 유지한다.	수평적 파트너십	코치는 고객을 수평적인 관계로 인정하며 대한다.
		신뢰감과 안전감	고객과 라포를 형성하여 안전한 코칭 환경을 유지한다. 고객에게 긍정 반응, 인정, 칭찬, 지지, 격려 등의 언어를 사용한다.
		존재 인정	고객의 특성, 정체성, 스타일, 언어와 행동 패턴을 알아주고 코칭에 적용한다.
		진솔함	코치는 고객에게 자신의 생각, 느낌, 감정, 알지 못함, 취약성 등을 솔직하게 드러낸다.
적극 경청	고객이 말한 것과 말하지 않은 것을 맥락적으로 이해하고 반영 및 공감하며, 고객 스스로 자신의 생각, 감정, 욕구, 의도를 표현하도록 돕는다.	맥락적 이해	고객이 말한 것과 말하지 않은 것을 맥락적으로 헤아려 듣고 표현한다.
		반영	눈 맞추기, 고개 끄덕이기, 동작 따라하기, 어조 높낮이와 속도 맞추기, 추임새 등을 하면서 경청한다. 고객의 말을 재진술, 요약하거나 직면하도록 돕는다.

역량	정의	핵심요소	행동지표
		공감	고객의 생각이나 감정을 이해하며, 이해한 것을 고객에게 표현한다. 고객의 의도나 욕구를 이해하며, 이해한 것을 고객에게 표현한다.
		고객의 표현 지원	고객이 자신의 생각, 감정, 의도, 욕구를 표현하도록 돕는다.
의식 확장	질문, 기법 및 도구를 활용하여 고객의 의미 확장과 구체화, 통찰, 관점전환과 재구성, 가능성 확대를 돕는다.	질문	긍정적, 중립적 언어로 개방적 질문을 한다.
		기법과 도구 활용	고객의 상황과 특성에 따라 침묵, 은유, 비유 등 다양한 기법과 도구를 활용한다.
		의미 확장과 구체화	고객의 말에서 의미를 확장하도록 돕는다. 고객의 말을 구체화하거나 명료화 하도록 돕는다.
		통찰	고객이 알아차림이나 통찰을 하도록 돕는다.
		관점 전환과 재구성	고객이 관점을 전환하거나 재구성하도록 돕는다.
		가능성 확대	고객의 상황, 경험, 사고, 가치, 욕구, 신념, 정체성 등의 탐색을 통해 가능성 확대를 돕는다.
성장 지원	고객의 학습과 통찰을 정체성과 통합하고, 자율성과 책임감을 고취한다. 고객의 행동 전환을 지원하고, 실행 결과를 피드백하며 변화와 성장을 축하한다.	정체성과의 통합 지원	고객의 학습과 통찰을 자신의 가치관 및 정체성과 통합하도록 지원한다.
		자율성과 책임 고취	고객이 행동 설계 및 실행을 자율적이고 주도적으로 하도록 고취한다.
		행동 전환 지원	고객이 실행 계획을 실천할 수 있는 후원 환경을 만들도록 지원한다.
			고객이 행동 전환을 지속하도록 지지하고 격려한다.
		피드백	고객이 실행한 결과를 성찰하도록 돕고, 차기 실행에 반영하도록 지원한다.
		변화와 성장 축하	고객의 변화와 성장을 축하한다.

3. 코칭 용어

역량	정의	해설
코칭 Coaching	고객이 목표를 달성하고 성장을 촉진하도록 돕는 대화형 과정.	코칭은 개인이나 조직이 목표를 설정하고 이를 달성하기 위한 과정에서 코치의 지원과 안내를 받는 대화 중심의 방법이다.
코치 Coach	코칭 과정에서 고객을 지원하고 안내하는 사람.	코치는 고객의 목표 달성을 위해 질문, 피드백, 격려 등을 통해 지원하고, 고객의 잠재력을 최대한 발휘할 수 있도록 돕는 전문가이다.
고객 Client	코칭을 받는 사람, 코칭 세션의 중심 인물.	고객은 코칭을 통해 자신의 목표를 달성하고자 하는 사람으로, 코칭 세션의 모든 활동의 중심이 되는 인물이다.
코칭 계약 Coaching Agreement	코치와 고객 간에 코칭의 범위와 목표를 정의하는 공식적 합의.	코칭 계약은 코치와 고객 간의 관계의 기초를 형성하며, 코칭의 기대치, 목표, 윤리적 가이드라인 등을 명확히 하는 문서이다.
목표 설정 Goal Setting	고객이 달성하고자 하는 목표를 명확히 하는 과정.	목표 설정은 고객이 명확한 방향성과 동기를 가지고 목표를 달성할 수 있도록 돕는 중요한 코칭 과정의 일부이다.
액션 플랜 Action Plan	목표 달성을 위한 구체적인 단계와 행동을 계획하는 것.	액션 플랜은 고객이 설정한 목표를 달성하기 위해 필요한 구체적인 행동을 정의하고 계획하는 과정이다.
피드백 Feedback	고객의 행동과 성과에 대한 코치의 반응과 조언.	피드백은 고객의 발전을 촉진하기 위해 코치가 제공하는 긍정적, 비판적 반응과 제안이다.
자기 인식 Self-awareness	자신의 생각, 감정, 행동에 대한 인식을 향상시키는 것.	자기 인식은 고객이 자신의 내면 상태를 더 잘 이해하고, 이를 바탕으로 더 나은 결정을 내릴 수 있도록 돕는 과정이다.
적극적 경청 Active Listening	고객의 말을 적극적으로 듣고 이해하는 것.	경청은 고객의 이야기를 깊이 있게 듣고, 그들의 감정과 생각을 이해하는 데 중점을 둔 코칭 기술이다.

역량	정의	해설
라포 형성 Rapport Building	코치와 고객 간의 신뢰와 친밀감을 형성하는 과정.	라포 형성은 코치와 고객 간의 긍정적이고 신뢰감 있는 관계를 구축하여 코칭 과정이 원활하게 진행되도록 돕는다.
동기 부여 Motivation	고객이 목표를 향해 나아가도록 격려하는 것.	동기 부여는 고객이 목표를 지속적으로 추구할 수 있도록 코치가 제공하는 격려와 지원을 포함한다.
자기 효능감 Self-efficacy	고객이 자신의 능력을 믿고 목표를 달성할 수 있다고 생각하는 정도.	자기 효능감은 고객이 자신의 능력과 잠재력에 대한 신뢰를 가지며, 도전 과제를 극복할 수 있다는 자신감을 의미한다.
비전 설정 Visioning	고객이 원하는 미래를 상상하고 정의하는 것.	비전 설정은 고객이 자신의 이상적인 미래 모습을 그려보고, 이를 달성하기 위한 목표와 계획을 세우는 과정이다.
의사소통 기술 Communication Skills	효과적인 대화를 위해 필요한 기술들.	의사소통 기술은 코칭 과정에서 명확하고 효과적인 대화를 나누기 위해 필요한 모든 기술적 요소들을 포함한다.
질문 기법 Questioning Techniques	고객의 사고를 확장하고 통찰을 촉진하기 위해 질문을 사용하는 방법.	질문 기법은 고객의 생각과 감정을 탐색하고, 그들의 사고를 자극하여 더 깊은 통찰을 이끌어내는 중요한 도구이다.
책임감 부여 Accountability	고객이 목표에 대한 책임을 지고 행동하도록 돕는 것.	책임감 부여는 고객이 자신이 설정한 목표에 대한 책임을 느끼고, 이를 달성하기 위해 지속적으로 노력하게 하는 코칭 요소이다.
의식 확장 Awareness Raising	고객이 새로운 통찰이나 관점을 갖도록 돕는 것.	의식 확장은 고객이 자신의 상황이나 문제에 대해 새로운 시각을 가지도록 도와주는 과정이다.
회복 탄력성 Resilience	어려움 속에서도 다시 일어설 수 있는 능력.	회복 탄력성은 고객이 실패나 어려움에 직면했을 때, 다시 일어나 목표를 향해 나아갈 수 있는 능력이다.

역량	정의	해설
마인드셋 Mindset	고객의 사고방식이나 태도.	마인드셋은 고객의 목표 달성에 큰 영향을 미치는 사고방식이나 태도로, 이를 변화시키는 것이 코칭의 중요한 부분이다.
코칭 세션 Coaching Session	코치와 고객이 만나는 공식적인 시간.	코칭 세션은 코치와 고객이 만나 대화하고, 목표 설정과 성과 평가 등을 수행하는 공식적인 만남이다.
코칭 모델 Coaching Model	특정한 코칭 접근법이나 방법론을 설명하는 체계.	코칭 모델은 다양한 코칭 방법론 중 하나로, 특정한 목적을 달성하기 위한 체계적인 접근 방식을 제공한다.
성찰 Reflection	자신의 경험과 행동에 대해 깊이 생각하고 이해하는 과정.	성찰은 고객이 자신의 경험과 행동을 돌아보고, 이를 통해 새로운 통찰을 얻는 과정이다.
반영 Reflection	고객이 자신의 경험과 감정을 이해하고 학습하는 과정.	반영은 고객이 자신의 경험을 통해 배우고, 이를 통해 자기 자신을 더 잘 이해하는 것을 돕는 과정이다.
강점 Strength	고객이 잘하는 능력이나 기술, 긍정적인 특성.	강점은 고객이 목표 달성에 활용할 수 있는 긍정적인 자질이나 능력으로, 이를 강화하는 것이 중요하다.
약점 Weakness	고객이 개선해야 할 부분이나 부족한 점.	약점은 고객이 목표 달성에 방해가 될 수 있는 요소로, 이를 극복하거나 개선하는 것이 필요하다.
스마트 목표 SMART Goals	구체적, 측정 가능, 달성 가능, 관련성, 시간 제한이 있는 목표 설정 방식.	스마트 목표는 목표 설정 시 구체적이고 측정 가능한 기준을 제시하여, 목표 달성의 가능성을 높인다.
장애물 극복 Overcoming Obstacles	목표 달성을 방해하는 요소를 제거하거나 극복하는 과정.	장애물 극복은 고객이 목표 달성 과정에서 직면하는 도전 과제나 장애물을 해결하는 것을 돕는다.

역량	정의	해설
경계 설정 Boundary Setting	코칭 관계에서 적절한 한계를 설정하는 것.	경계 설정은 코치와 고객 간의 건강한 관계 유지를 위해 필요한 한계를 명확히 하는 과정이다.
윤리 Ethics	코칭 과정에서의 올바른 행동과 도덕적 기준.	윤리는 코칭 과정에서의 모든 행동과 결정이 올바르고 도덕적으로 이루어지도록 하는 기준이다.
재구성 Reframing	상황이나 문제를 새로운 시각으로 바라보도록 돕는 것.	재구성은 고객이 기존의 문제나 상황을 다른 관점에서 바라볼 수 있도록 유도하여 새로운 해결책이나 이해를 이끌어내는 방법이다.
기술 개발 Skill Development	새로운 기술을 배우고 연습하는 과정.	기술 개발은 고객이 자신의 역량을 강화하고 새로운 기술을 습득하여 목표를 더 효과적으로 달성할 수 있도록 지원하는 과정이다.
경험 학습 Experiential Learning	고객이 직접 경험을 통해 배우도록 하는 코칭 방식.	경험 학습은 고객이 실제 상황에서의 경험을 통해 학습하고, 이를 바탕으로 더 나은 의사결정을 내릴 수 있도록 돕는 접근 방법이다.
성찰 일기 Reflection Journal	고객이 자신의 생각과 경험을 기록하는 도구.	성찰 일기는 고객이 코칭 세션에서 얻은 통찰이나 경험을 기록하고, 이를 통해 지속적으로 학습하고 성장할 수 있도록 돕는 도구이다.
확증 편향 Confirmation Bias	자신의 신념을 강화하는 정보만 받아들이는 경향.	확증 편향은 고객이 자신의 기존 신념이나 생각을 지지하는 정보만을 선택적으로 받아들이는 경향을 말하며, 이를 극복하는 것이 중요하다.
무의식적 편견 Unconscious Bias	무의식적으로 가지는 편견.	무의식적 편견은 고객이 인식하지 못하는 가운데 특정한 편견이나 고정관념을 가지고 있는 상태를 말하며, 이는 코칭 과정에서 다루어야 할 중요한 요소이다.
코칭 피라미드 Coaching Pyr- amid	코칭의 핵심 요소들을 단계적으로 정리한 모델.	코칭 피라미드는 코칭의 다양한 요소들을 구조적으로 정리하여, 코칭의 기초부터 고급 단계까지 체계적으로 접근할 수 있도록 돕는다.

역량	정의	해설
트리거 Trigger	특정 감정이나 행동을 유발하는 사건이나 상황.	트리거는 고객의 특정 행동이나 반응을 일으키는 원인으로, 이를 이해하고 관리하는 것이 코칭에서 중요한 부분이다.
솔루션 집중 Solution-focused	문제보다는 해결책에 초점을 맞추는 접근법.	솔루션 집중 접근은 고객이 문제를 해결하기 위한 방법에 초점을 맞추고, 긍정적인 결과를 도출하는 데 중점을 두는 코칭 방법이다.
피드백 루프 Feedback Loop	지속적인 피드백과 그에 따른 개선 과정.	피드백 루프는 고객이 목표 달성 과정에서 지속적으로 피드백을 받고, 이를 바탕으로 개선하고 발전할 수 있도록 하는 반복적인 과정이다.
체크인 Check-in	코칭 세션 시작 시 현재 상태나 감정을 공유하는 시간.	체크인은 코칭 세션의 시작 부분에서 고객의 현재 상태나 감정을 확인하고, 이를 바탕으로 세션을 효과적으로 진행하기 위한 과정이다.
브레인스토밍 Brainstorming	창의적인 아이디어를 자유롭게 내놓는 과정.	브레인스토밍은 고객이 다양한 아이디어를 자유롭게 생각해내고, 이를 통해 문제 해결이나 목표 달성에 필요한 창의적인 해결책을 찾는 방법이다.
멘토링 Mentoring	경험 있는 사람이 경험이 적은 사람을 지도하고 지원하는 것.	멘토링은 경험이 풍부한 멘토가 고객에게 조언과 지원을 제공하여, 그들의 성장을 돕고 목표 달성을 위한 방향을 제시하는 과정이다.
디브리핑 Debriefing	세션 후에 진행 과정을 검토하고 논의하는 것.	디브리핑은 코칭 세션이 끝난 후에 고객과 함께 세션의 내용을 되돌아보고, 중요한 학습 포인트나 다음 단계를 논의하는 과정이다.
촉진 Facilitation	고객의 학습과 성장을 돕기 위한 코칭 기법.	촉진은 코치가 고객의 학습과 성장을 돕기 위해 세션을 진행하고, 고객이 스스로 목표를 달성할 수 있도록 지원하는 기술이다.
네러티브 코칭 Narrative Coaching	고객의 이야기를 통해 의미를 탐색하는 코칭 방식.	네러티브 코칭은 고객의 이야기를 바탕으로 그들의 경험과 신념을 탐색하고, 이를 통해 새로운 통찰과 변화의 기회를 발견하는 접근 방법이다.

역량	정의	해설
시스템 사고 Systems Thinking	상황이나 문제를 전체적으로 보는 사고 방식.	시스템 사고는 고객이 문제나 상황을 개별적인 사건이 아닌, 전체적인 시스템의 일부분으로 이해하도록 돕는 사고방식이다.
마음챙김 Mindfulness	현재 순간에 집중하고 주의를 기울이는 것.	마음챙김은 고객이 현재 순간에 주의를 집중하고, 자신의 생각과 감정을 인식하여 스트레스 관리와 자기 인식을 향상시키는 데 도움을 준다.
자기 확신 Self-confidence	자신의 능력과 가치에 대한 믿음.	자기 확신은 고객이 자신의 능력과 가치에 대해 신뢰를 가지며, 목표를 달성할 수 있는 자신감을 의미한다.
의도 설정 Intentionality	특정 결과를 염두에 두고 행동하는 것.	의도 설정은 고객이 명확한 목표나 결과를 설정하고, 이를 달성하기 위해 의도적으로 행동하는 것을 의미한다.
실행 관리 Execution Management	계획한 행동을 실천하고 관리하는 것.	실행 관리는 고객이 설정한 목표와 계획을 실행하기 위해 필요한 모든 단계를 관리하고, 목표를 달성할 수 있도록 지속적으로 조정하는 과정이다.
중재 Mediation	갈등 해결을 위한 중립적인 개입.	중재는 고객이 갈등 상황에서 객관적이고 중립적인 입장에서 문제를 해결할 수 있도록 돕는 과정이다.
동기 유발 Incentivizing	고객이 목표를 달성하도록 동기를 부여하는 것.	동기 유발은 고객이 목표 달성에 대한 열정을 가지고 지속적으로 노력할 수 있도록 동기 부여하는 방법이다.
신뢰 구축 Trust Building	고객과의 신뢰를 형성하는 과정.	신뢰 구축은 코칭 과정에서 고객과 코치 간의 신뢰 관계를 형성하여, 코칭이 효과적으로 진행될 수 있도록 하는 중요한 요소이다.
초점 유지 Maintaining Focus	코칭 세션 동안 주요 주제나 목표에 집중하는 것.	초점 유지는 코칭 세션에서 주제나 목표를 일관되게 유지하며, 고객이 원하는 결과를 달성할 수 있도록 도와주는 과정이다.

역량	정의	해설
코칭 일지 Coaching Log	코칭 세션의 내용을 기록하는 도구.	코칭 일지는 코칭 세션에서 논의된 내용과 고객의 진행 상황을 기록하여, 코치와 고객이 지속적으로 발전할 수 있도록 돕는 도구이다.
상담 Counseling	심리적 문제를 다루는 상담과 코칭의 차이를 이해하는 것.	상담은 주로 정서적 문제를 다루는 데 중점을 두며, 코칭은 목표 달성과 성장을 위한 지원에 중점을 둔다.
이해관계자 분석 Stakeholder Analysis	코칭의 영향을 받을 수 있는 모든 이해관계자를 파악하는 것.	이해관계자 분석은 고객의 목표 달성 과정에서 영향을 미칠 수 있는 모든 관계자를 파악하고, 이들과의 관계를 관리하는 데 도움을 주는 과정이다.
리소스 식별 Resource Identification	고객이 목표를 달성하는 데 필요한 자원이나 도구를 식별하는 것.	리소스 식별은 고객이 목표를 달성하는 데 필요한 자원이나 도구를 찾아내고, 이를 효과적으로 활용할 수 있도록 돕는 과정이다.
자기 계발 Personal Development	개인의 성장을 위한 활동이나 과정.	자기 계발은 고객이 개인적으로나 직업적으로 발전할 수 있는 능력과 자질을 개발하기 위해 참여하는 활동이나 과정이다.
성취 Achievement	고객이 목표를 달성한 상태.	성취는 고객이 설정한 목표를 성공적으로 달성한 결과를 말하며, 코칭의 주요 목적 중 하나이다.
장기 목표 Long-term Goal	오랜 기간 동안 이루고자 하는 목표.	장기 목표는 고객이 일정 기간 동안 달성하려고 설정한 목표로, 장기적인 계획과 전략을 필요로 한다.
단기 목표 Short-term Goal	비교적 짧은 시간 내에 이루고자 하는 목표.	단기 목표는 빠르게 달성할 수 있는 목표로, 고객이 즉각적인 결과를 얻고 동기부여를 유지할 수 있도록 돕는다.
구성 요소 Component	코칭 모델이나 접근법의 필수적인 부분.	구성 요소는 코칭 과정에서 특정 목표를 달성하기 위해 필요한 기본적인 요소나 단계이다.
코칭 프로세스 Coaching Process	코칭 세션에서 사용되는 단계별 접근법.	코칭 프로세스는 코칭 세션을 효과적으로 이끌기 위해 필요한 단계적 접근 방법으로, 각 단계에서의 주요 활동과 목표를 포함한다.

역량	정의	해설
문제 인식 Problem Identification	고객이 직면한 문제를 명확히 하는 과정.	문제 인식은 고객이 자신의 문제나 도전을 명확히 정의하고, 이를 해결하기 위한 첫 단계를 밟는 과정이다.
행동 변화 Behavior Change	고객이 자신의 행동을 수정하고 발전시키는 과정.	행동 변화는 고객이 목표 달성을 위해 기존의 행동 패턴을 수정하고, 새로운 긍정적 행동을 채택하는 것을 돕는 과정이다.
목표 달성 Goal Achievement	설정한 목표를 달성하는 것.	목표 달성은 고객이 코칭을 통해 설정한 목표를 성공적으로 이루는 상태를 의미하며, 코칭의 주요 결과물 중 하나이다.
코칭 프레임워크 Coaching Framework	코칭 과정에서 사용되는 구조와 체계.	코칭 프레임워크는 코칭 세션을 체계적으로 구성하고 진행할 수 있도록 하는 구조적 틀을 제공한다.
코칭 평가 Coaching Evaluation	코칭 과정과 결과에 대한 평가.	코칭 평가는 코칭 세션의 효과성과 고객의 목표 달성 정도를 평가하여, 필요한 개선점이나 다음 단계를 제시하는 과정이다.
코칭 스타일 Coaching Style	코치의 개인적인 코칭 접근 방식.	코칭 스타일은 코치가 고객과 상호작용하고 지원하는 방식으로, 각 코치마다 고유한 스타일과 접근법이 존재한다.
행동 유발 Behavioral Triggering	행동 변화를 유도하는 자극.	행동 유발은 특정한 자극이나 사건이 고객의 행동 변화를 일으키도록 하는 것으로, 이를 통해 긍정적인 변화가 촉진된다.
장애물 Barrier	고객이 목표 달성에서 직면하는 어려움.	장애물은 고객이 목표를 달성하는 과정에서 만나게 되는 물리적, 정서적 또는 정신적 장벽을 의미하며, 이를 극복하는 것이 코칭의 중요한 부분이다.
코칭 목표 Coaching Goal	코칭 세션을 통해 달성하고자 하는 목표.	코칭 목표는 고객이 코칭 과정에서 달성하기 위해 설정한 구체적인 결과나 성과를 의미한다.
실천 계획 Implementation Plan	행동 변화를 위한 전략적 계획.	실천 계획은 고객이 목표 달성을 위해 구체적으로 무엇을 해야 하는지 정의한 계획이다.

역량	정의	해설
코칭 다이어리 Coaching Diary	고객이 자신의 코칭 경험과 성과를 기록하는 도구.	코칭 다이어리는 고객이 코칭 세션 동안 얻은 통찰, 감정, 경험 등을 기록하여 지속적인 자기 성찰과 성장을 돕는 도구이다.
내면의 장애 Internal Barriers	내면의 신념이나 감정이 목표 달성을 방해하는 것.	내면의 장애는 고객이 목표 달성에 있어 자신의 신념이나 감정에서 발생하는 방해 요소로, 이를 극복하는 것이 중요한 코칭 과제이다.
코칭 이슈 Coaching Issue	코칭 과정에서 다루어야 할 주요 문제.	코칭 이슈는 고객이 해결해야 할 주요 과제나 문제로, 코칭 세션에서 집중적으로 다뤄야 할 주제이다.
성찰적 질문 Reflective Questioning	성찰과 통찰을 촉진하는 질문.	성찰적 질문은 고객이 자신의 경험과 감정을 깊이 생각하고, 이를 통해 새로운 통찰을 얻을 수 있도록 돕는 질문 기법이다.
피어 코칭 Peer Coaching	동료 간의 상호 코칭 과정.	피어 코칭은 동료 간의 상호 지원과 피드백을 통해 성장을 도모하는 코칭 방법으로, 협력과 신뢰가 중요한 요소이다.
코칭 고객 리포트 Client Report	고객의 성과와 발전을 기록한 보고서.	고객 리포트는 고객의 목표 달성 과정과 성과를 문서화하여, 코치와 고객이 성과를 평가하고 다음 단계를 계획할 수 있도록 돕는다.
컨설팅 Consulting	전문가가 특정 문제를 해결하거나 특정 목표를 달성하기 위해 조직이나 개인에게 조언과 지침을 제공하는 과정	컨설팅은 특정한 문제나 과제에 대해 전문적인 해결책을 제시하고, 필요한 경우 실행 방안을 구체적으로 마련하는 데 중점을 둔다.